绿色交通建设与维护丛书

城市桥梁养护与管理

邢晓东 编

中国建设科技出版社有限责任公司
China Construction Science and Technology Press Co., Ltd.
北京

图书在版编目（CIP）数据

城市桥梁养护与管理/邢晓东编. --北京：中国建设科技出版社有限责任公司，2024.11. --（绿色交通建设与维护丛书）. -- ISBN 978-7-5160-4319-6

Ⅰ.U448.155.7

中国国家版本馆CIP数据核字第202494PM75号

城市桥梁养护与管理
CHENGSHI QIAOLIANG YANGHU YU GUANLI
邢晓东　编

出版发行：	中国建设科技出版社有限责任公司
地　　址：	北京市西城区白纸坊东街2号院6号楼
邮　　编：	100054
经　　销：	全国各地新华书店
印　　刷：	北京印刷集团有限责任公司
开　　本：	787mm×1092mm　1/16
印　　张：	12.5
字　　数：	290千字
版　　次：	2024年11月第1版
印　　次：	2024年11月第1次
定　　价：	**69.80元**

本社网址：www.jccbs.com，微信公众号：zgjskjcbs
请选用正版图书，采购、销售盗版图书属违法行为
版权专有，盗版必究。本社法律顾问：北京天驰君泰律师事务所，张杰律师
举报信箱：zhangjie@tiantailaw.com　　举报电话：(010) 63567684
本书如有印装质量问题，由我社事业发展中心负责调换，联系电话：(010) 63567692

PREFACE 前 言

我国城市桥梁建设年代跨度大，有 20 世纪五六十年代建成的旧桥，也有近几年建成的新桥，不仅数量大，而且桥梁的结构体系复杂、形式多样，桥梁规模大小不一。不同年代建设的桥梁其设计荷载、结构形式也有所不同。我国从事城市桥梁养护与管理工作的人员众多，他们的经历、学历不同，能力差别很大，技术水平参差不齐，特别是一些县级养护单位，高水平养护人员匮乏，长期以来，给桥梁的检查、评价、维护和统一管理带来诸多困难。本书的编写立足于全国的桥梁养护与管理，尤其是针对河南城市桥梁现状和养护管理技术水平，在以信息技术为核心的现代管理养护理念的框架下，考虑到市场经济形势下养护管理要求，进一步明确了桥梁科学化管理、提高养护效率和培训职业养护队伍的目标。在编写过程中，编者全面调研和参考了当前国内外桥梁管理养护技术的最新研究成果以及工程实践经验，形成了一套行之有效的城市桥梁管理养护技术体系，既包含了成熟经验，又有先进技术，简明扼要，使用方便，实用性强，对桥梁养护部门实际工作具有显著的指导作用，是技术人员和技术工人的良好学习资料。

本书共分 7 章。第 1 章就城市桥梁管养现状、常见桥梁结构形式、养护管理的目的和原则以及养护工程分类与管理作了介绍。第 2 章着重介绍了城市桥梁档案的建立、内容、移交、存放与销毁、信息化管理方面的内容。第 3 章详细叙述了城市桥梁经常性检查、定期检测、特殊检测以及桥梁技术状况等级评定的方法和要求；并介绍了桥梁承载能力评定及荷载试验方面的内容。第 4 章至第 6 章分别介绍了桥梁上部结构、下部结构、附属设施的病害及其成因，详细叙述了养护、维修与加固方法。第 7 章主要介绍了城市桥梁安全防护保护区域、超重车辆过桥及桥下空间利用等方面的内容。应该说明的是，桥梁加固是非常复杂的，任何可行的方案都不会预先已知。因此，本书中列出的加固方法仅作为实际工作的参考，希望能达到举一反三、开阔思路的作用。

桥梁养护管理技术日新月异，实际应用时应综合考虑，希望有关专家和学者给我们提供最新的成功实例和工程经验，以便今后补充修订。限于编者水平，书中难免有不妥之处，恳请读者提出宝贵意见和建议。

编 者
2024 年 6 月

CONTENTS 目 录

1 城市桥梁养护管理概述 ············· 1
   1.1 城市桥梁管养现状 ············· 1
   1.2 常见桥梁结构形式 ············· 1
   1.3 养护管理的目的和原则 ············· 11
   1.4 养护工程分类与管理 ············· 12

2 档案管理 ············· 15
   2.1 档案的建立 ············· 15
   2.2 档案内容 ············· 16
   2.3 档案移交 ············· 16
   2.4 档案的存放与销毁 ············· 17
   2.5 信息化管理 ············· 18

3 桥梁检测与评估 ············· 20
   3.1 概述 ············· 20
   3.2 经常性检查 ············· 27
   3.3 定期检测 ············· 35
   3.4 特殊检测 ············· 42
   3.5 桥梁技术状况等级评定 ············· 45
   3.6 城市桥梁承载能力评定 ············· 52

4 上部结构养护 ············· 76
   4.1 桥面铺装 ············· 76
   4.2 伸缩装置 ············· 83
   4.3 钢筋混凝土及预应力混凝土桥 ············· 88

4.4　圬工拱桥 …………………………………………………………… 107
　　4.5　钢结构桥梁 ………………………………………………………… 121
　　4.6　钢-混凝土组合梁桥 ……………………………………………… 137
　　4.7　系杆拱桥 …………………………………………………………… 141
　　4.8　斜拉桥 ……………………………………………………………… 144
　　4.9　悬索桥 ……………………………………………………………… 153

5　下部结构养护 ………………………………………………………………… 157
　　5.1　支座 ………………………………………………………………… 157
　　5.2　墩台 ………………………………………………………………… 161
　　5.3　基础 ………………………………………………………………… 165

6　附属设施养护 ………………………………………………………………… 170
　　6.1　排水设施 …………………………………………………………… 170
　　6.2　人行道 ……………………………………………………………… 171
　　6.3　护栏 ………………………………………………………………… 172
　　6.4　挡土墙、护坡 ……………………………………………………… 176
　　6.5　声屏障、灯光装饰 ………………………………………………… 177
　　6.6　调治构造物 ………………………………………………………… 179
　　6.7　桥头搭板 …………………………………………………………… 180
　　6.8　标志牌 ……………………………………………………………… 181
　　6.9　其他设施 …………………………………………………………… 182

7　城市桥梁安全防护 …………………………………………………………… 184
　　7.1　城市桥梁安全保护区域 …………………………………………… 184
　　7.2　超重车辆过桥 ……………………………………………………… 187
　　7.3　桥下空间 …………………………………………………………… 188

参考文献 …………………………………………………………………………… 192

1

城市桥梁养护管理概述

1.1 城市桥梁管养现状

我国城市桥梁建设年代分布较广，数量较多，桥型复杂，很多20世纪80年代以前建设的城市桥梁仍在服役。它们受时代限制，设计荷载偏低，结构不合理，而交通运输任务日益繁重，加上不同程度的失管失修问题，致使桥梁存在诸多安全隐患。同时，城市桥梁产权主体不明、责任不清问题突出，被动养护普遍，常态化、规范化养护尚未形成。随着近十几年城市化的飞速发展，城市桥梁急剧增加，既要满足跨越功能，又要把城市的美学元素、艺术元素应用到城乡规划建设中，增强城乡审美韵味、提高文化品位，因此一些新型桥梁不断出现，给管养提出新的要求。

1.2 常见桥梁结构形式

按结构体系及受力特点，可分为梁桥、拱桥、刚构桥、斜拉桥和悬索桥五类。

1.2.1 梁桥

梁桥是指用梁或桁架梁作为主要承重结构的桥梁，其上部结构在铅垂向荷载作用下，支点只产生竖向反力、无水平力，主梁以受弯为主（图1-1）。梁桥是城市桥梁的基本体系之一，其结构简单，施工方便，应用广泛。通常需用抗弯能力强的材料（钢、木、钢筋混凝土、预应力钢筋混凝土等）来建造。

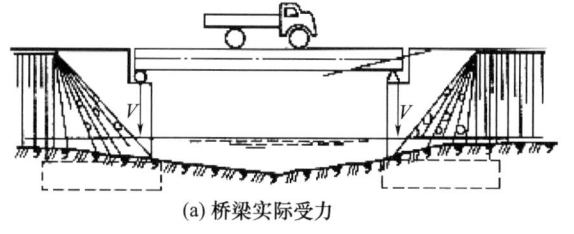 

(a) 桥梁实际受力　　　　　　　　　　(b) 桥梁静力计算

图 1-1　梁桥受力示意

按受力方式，梁桥又可分为简支梁桥、连续梁桥和悬臂梁桥三种类型。

1. 简支梁桥

主梁简支在墩台上，各孔独立工作，不受墩台变位影响（图1-2、图1-3）。主梁构造简单，设计简便，施工时可用自行式架桥机或联合架桥机将一片主梁一次架设成功。但简支梁桥各孔不相连续，车辆在通过断缝时将产生跳跃，影响车速的提高。因此，目前趋向于把主梁做成简支，而把桥面做成连续的形式。简支梁桥随着跨径增大，主梁内力将急剧增大，用料便相应增多，因而大跨径桥一般不用简支梁。

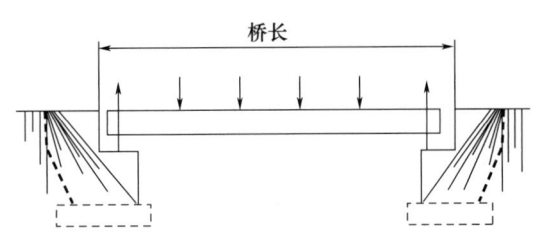

图1-2 简支梁桥简图

图1-3 简支梁桥实例

简支梁桥控制截面的设计内力包括跨中截面的弯矩与支点截面的剪力，对于曲线桥梁还包括支点截面的扭矩。简支梁桥的弯矩图、剪力图及计算挠度如图1-4所示。

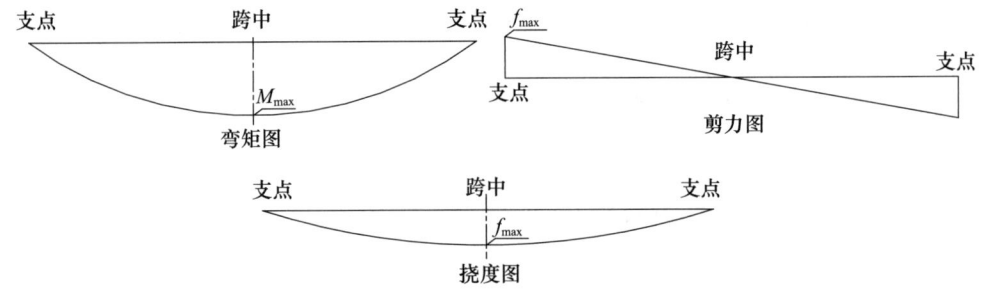

图1-4 简支梁桥弯矩图、剪力图及计算挠度示意

鉴于简支梁桥的结构不连续，接缝较多，跨越能力有限，装配式梁桥横向联系较差，长期使用后路面会出现纵向裂缝，各梁之间协同工作状态被破坏，所以目前城市多跨桥梁中简支梁已逐渐被现浇连续梁替代。

2. 连续梁桥

主梁是连续支承在几个桥墩上。在荷载作用时，主梁内有正弯矩和负弯矩，弯矩绝对值均较同跨径桥的简支梁小，主梁材料用量相对较小，但构造比较复杂。连续梁桥通常是将3～5孔做成一联，同一联内没有桥面接缝，行车较为顺适（图1-5、图1-6）。连续梁桥施工时，可先将主梁逐孔架设成简支梁，然后互相连接成为连续梁；或从墩台上逐段悬伸加长，最后连接成为连续梁，如在桥梁一端（或两端）路堤上逐段连续制作梁体逐段顶向桥孔，即顶推法施工。

连续梁桥主梁为超静定结构，墩台不均匀沉降会引起梁体各孔内力发生变化。因此，连续梁一般用于地基条件较好、跨径较大的桥梁上。

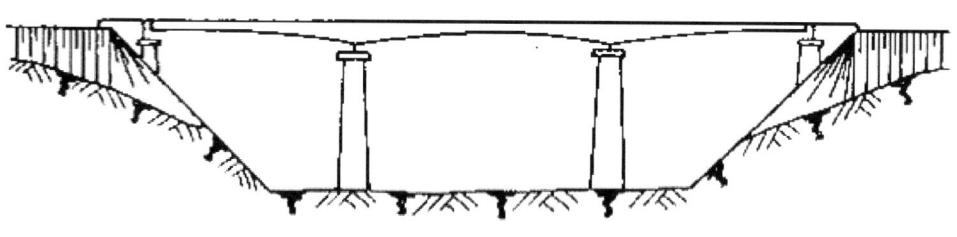

图 1-5 连续梁桥简图

图 1-6 连续梁桥

连续梁桥控制截面的设计内力包括中跨跨中截面、中跨 $L/4$ 截面、中跨 $3L/4$ 截面、中支点截面、边跨（次边跨）跨中截面的弯矩、剪力。图 1-7 为三跨连续梁的弯矩图、剪力图及计算挠度示意图。

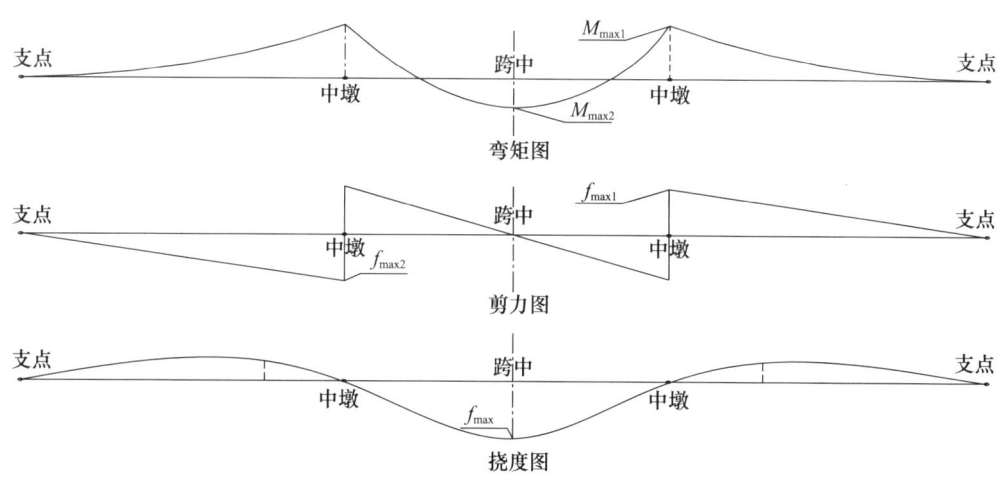

图 1-7 三跨连续梁桥弯矩图、剪力图及计算挠度示意

3. 悬臂梁桥

悬臂梁桥又称伸臂梁桥，是将简支梁向一端或两端悬伸出短臂的桥梁，有单悬臂梁桥或双悬臂梁桥两种形式［图 1-8（a）、图 1-8（b）］。悬臂梁桥往往在短臂上搁置简支的挂梁，相互衔接构成多跨悬臂梁［图 1-8（c）］。有短臂和挂梁的桥孔称为悬臂孔或挂孔，支持短臂的桥孔称为锚固孔。由于支点负弯矩的卸载作用，跨中正弯矩显著减小，可减小主梁高度减少材料用量和结构自重，跨越能力较简支梁高。

悬臂梁桥的每个挂孔两端为桥面接缝，悬臂端向下挠度也较大，行车舒适性较差。悬臂梁一片主梁的长度较同跨简支梁为长，施工安装上相应困难些。目前预应力混凝土悬臂梁桥多采用悬臂拼装或悬臂浇筑的方法施工。

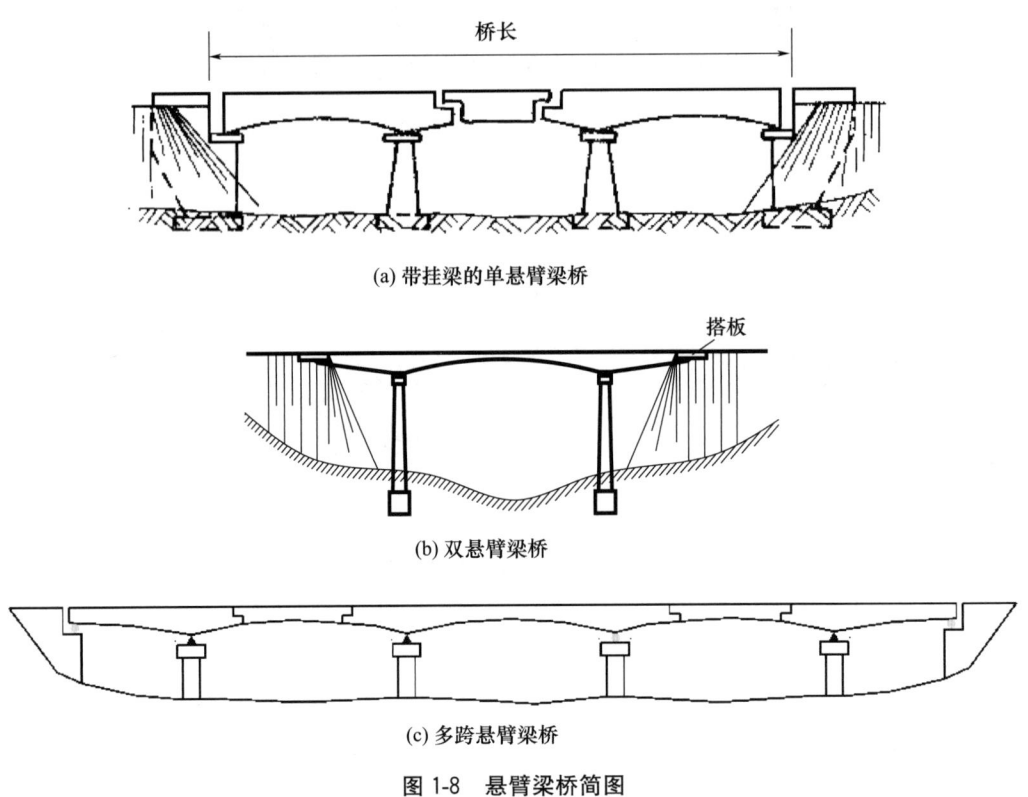

图 1-8　悬臂梁桥简图

1.2.2　拱桥

拱桥是以承受轴向压力为主的拱圈或拱肋作为主要承重构件的桥梁，拱结构由拱圈（拱肋）及其支座组成。在竖向荷载作用下，桥墩或桥台将承受水平推力，这种水平推力将显著抵消荷载所引起的在拱圈（或拱肋）内的弯矩作用（图 1-9）。拱桥可用砖、石、混凝土等抗压性能良好的材料建造；大跨度拱桥则用钢筋混凝土或钢材建造，以承受发生的力矩。按拱圈的静力体系分为无铰拱、双铰拱、三铰拱，前二者为超静定结构，后者为静定结构。按照桥面的位置可分为上承式拱桥、下承式拱桥、中承式拱桥。

优点：跨越能力较大；与钢桥及钢筋混凝土梁桥相比，可以节省大量钢材和水泥；耐久性强，且养护、维修费用少；外形美观；构造较简单，有利于广泛采用。

缺点：由于它是一种推力结构，对地基要求较高；对多孔连续拱桥，为防止一孔破坏而影响全桥，要采取特殊措施或设置单向推力墩，以承受不平衡的推力，这增加了工程造价；在平原区修拱桥，由于建筑高度较大，使两头的接线工程和桥面纵坡量增大，这对行车也极为不利。

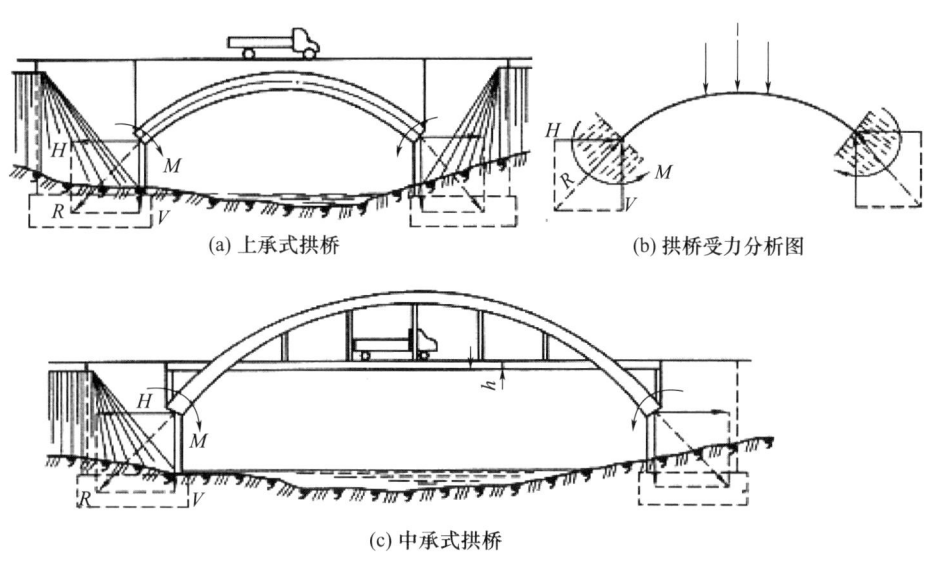

图 1-9 拱桥受力示意

拱桥控制截面的设计内力包括拱肋或拱圈控制截面（拱顶、$L/4$、拱脚）的轴力、弯矩，对于中承式、下承式拱桥还包括吊杆的轴力，对于上承式拱桥还包括立柱的轴力，对于系杆桥还应包括系杆的轴力。图 1-10 为某无铰拱桥在不对称荷载的作用下弯矩图、轴力图及计算挠度图。

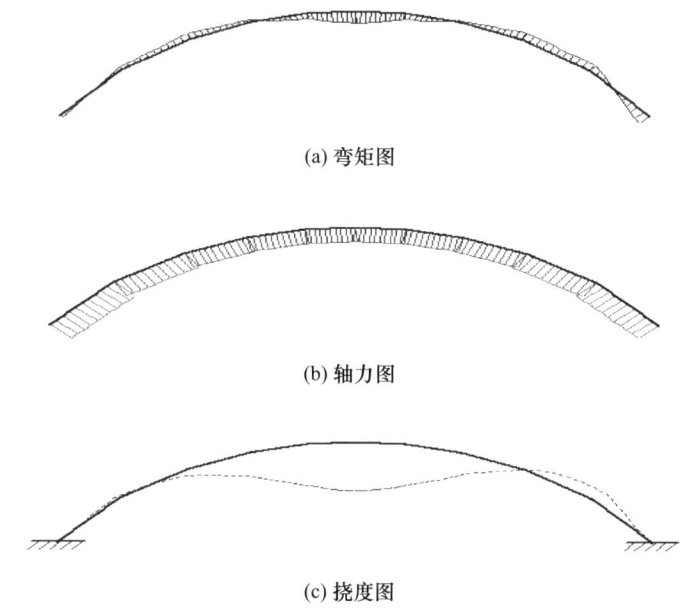

图 1-10 某铰拱桥在不对称荷载的作用下弯矩图、轴力图及计算挠度图

拱桥建筑历史悠久，20 世纪得到迅速发展，50 年代以前达到全盛时期。古今中外名桥（如赵州桥、卢浦大桥、悉尼港桥、克尔克桥等）遍布各地（图 1-11），在桥梁建筑中占有重要地位，更因其造型优美，常用于城市及风景区的桥梁建筑。

(a) 河北赵州桥

(b) 上海卢浦大桥

(c) 悉尼港桥

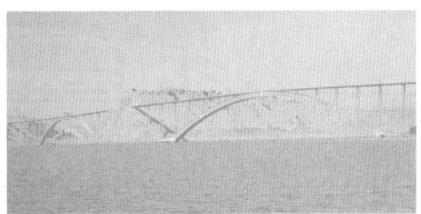
(d) 克罗地亚克尔克桥

图 1-11　拱桥实例

1.2.3　刚构桥

刚构桥是主要承重结构采用刚构的桥梁，梁和腿或墩（台）身构成刚性连接，受力状态介于梁桥与拱桥之间。结构形式可分为门式刚构桥、斜腿刚构桥、T 型刚构桥和连续刚构桥。

1. 门式刚构桥

其腿和梁垂直相交呈门形构造，可分为单跨门构（图 1-12）、双悬臂单跨门构、多跨门构和三跨两腿门构桥。前三种跨越能力不大，适用于跨线桥，要求地质条件良好，可用钢和钢筋混凝土结构建造；三跨两腿门构桥，在两端设有桥台，采用预应力混凝土结构建造时，跨越能力超 200m。

图 1-12　门式刚构桥

2. 斜腿刚构桥

桥墩为斜向支撑的刚构桥，多采用钢筋混凝土或预应力混凝土结构建造，也有用钢结构建造的。其腿和梁所受弯矩比同跨径的门式刚构桥显著减小，而轴向压力有所增加；同上承式拱桥相比，不需设拱上建筑，使构造简化。其桥型美观，跨越能力较大，适用于峡谷桥和跨线桥（图1-13）。

图1-13 斜腿刚构桥

3. T型刚构桥

T型刚构桥可分为带挂梁结构的T型刚构桥和带剪力铰结构的T型刚构桥。其上部结构可为箱梁、桁架或桁拱，与墩固结形成整体，具有桥型美观、轻型的特点，适用于大跨悬臂平衡施工，可无支架跨越深水急流，避免下部施工困难或中断航运的问题。此外，该桥型不需要体系转换，施工简便。

T型刚构桥控制截面的设计内力包括固端根部截面的弯矩与剪力、墩身控制截面的弯矩与轴力。图1-14为三跨T型刚构桥的弯矩图、剪力图及计算挠度示意图。

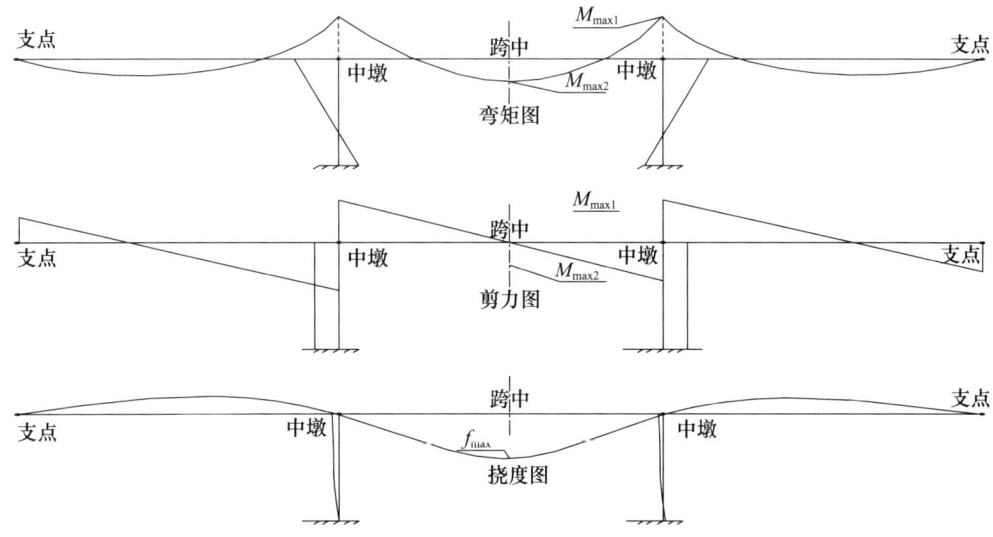

图1-14 三跨T型刚构桥弯矩图、剪力图及计算挠度示意图

4. 连续刚构桥

分主跨为连续梁的多跨刚构桥和多跨连续刚构桥，均采用预应力混凝土结构，有两个以上主墩，采用墩梁固结体系，具有 T 型刚构桥的优点（图 1-15）。但与同类桥（如连续梁桥、T 型刚构桥）相比，多跨刚构桥保持了上部构造连续梁的属性，跨越能力大，施工难度小，行车舒顺，养护简便，造价较低。多跨连续刚构桥在主跨跨中设铰，两侧跨径为连续体系，可利用边跨连续梁的重量使 T 构做成不等长悬臂，以加大主跨的跨径。

图 1-15　连续刚构桥

V 型墩刚构桥作为连续刚构桥的一种，比连续梁桥和 T 型刚构桥具有更合理的力学性能，可有效减小计算跨度，降低主梁弯矩；在悬臂施工阶段可以利用 V 型墩墩身来抵抗悬臂浇筑过程中可能出现的不平衡弯矩，无需另外设置辅助支撑，也无需大量施工支架和临时设备；V 型墩刚构桥线条活泼、造型美观、富于动感，有利于构建特色鲜明的城市桥梁景观。近几十年，V 型墩刚构桥在城市桥梁建设中已成为一道亮丽的风景线（图 1-16）。

图 1-16　V 型墩刚构桥

1.2.4 斜拉桥

斜拉桥是将主梁用许多拉索直接拉在桥塔上的一种桥梁，是由承压的塔、受拉的索和承弯的梁体组合起来的一种结构体系（图1-17）。斜拉桥比梁式桥的跨越能力更大，是大跨度桥梁的最主要桥型。索塔型式有A型、倒Y型、H型、独柱，材料有钢和混凝土的。斜拉索布置有单索面、平行双索面、斜索面等。一般来说，斜拉桥跨径300～1000m是合适的，在这一跨径范围，斜拉桥与悬索桥相比，斜拉桥有较明显优势。

在城市桥梁中，跨越能力要求一般不高，因此斜拉桥比悬索桥更为多见。

图 1-17 斜拉桥

控制截面的设计内力包括加劲梁控制截面的弯矩、扭矩与轴力，索塔控制截面的弯矩与轴力，控制拉索的轴力，桥面系的局部弯曲应力等。相应的观测内容为各跨支点 $L/4$、跨中、$3L/4$ 截面的挠度，必要时还要观测上述部位的扭转角和横桥向位移，加劲梁控制面及索塔控制截面的应变，索塔塔顶的水平位移，控制拉索的索力，桥面系的工作性能等。图1-18为某斜拉桥所建模型及其在某荷载的作用下弯矩图及计算挠度图。

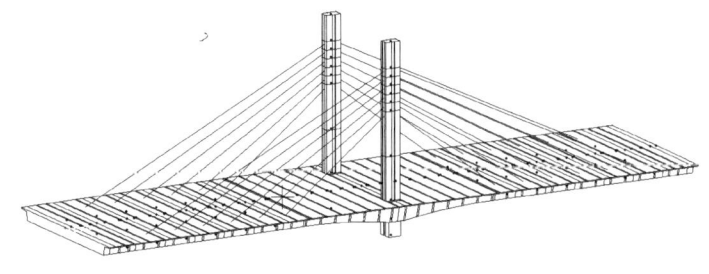

(a) 某斜拉桥数学模型

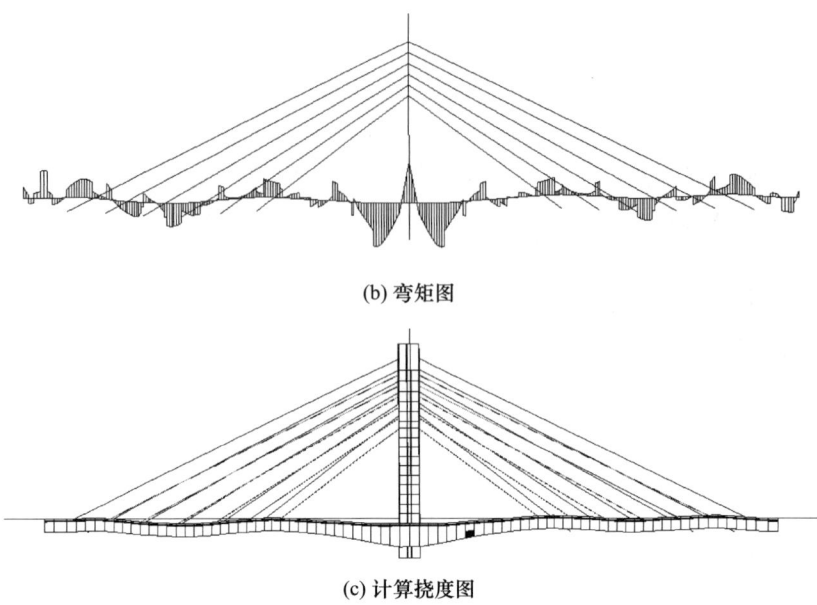

(b) 弯矩图

(c) 计算挠度图

图 1-18　某斜拉桥模型及其在某荷载的作用下弯矩图及计算挠度图

1.2.5　悬索桥

悬索桥是以通过索塔悬挂并锚固于两岸（或桥两端）的缆索（或钢链）作为上部结构主要承重构件的桥梁（图 1-19）。从缆索垂下许多吊杆，把桥面吊住，在桥面和吊杆之间常设置加劲梁，同缆索形成组合体系，以减小活载所引起的挠度变形。由于悬索桥可以充分利用材料的强度，并具有用料省、自重轻的特点，因此悬索桥在各种体系桥梁中的跨越能力最大，跨径可以达到 1000m 以上。

图 1-19　悬索桥

1.3 养护管理的目的和原则

1.3.1 城市桥梁养护管理的目的

城市桥梁使用达到一定期限之后，则会产生一定的病害，为保证交通运输顺利运行，免受不利影响，桥梁在使用一定时间后需要实施相应的养护与维修，保证城市桥梁的安全性，防止产生病害，确保顺利通行。影响城市桥梁运营有多方面的因素，必须在日常巡视及定期养护过程中根据不同病害来采取不同处理措施。

1.3.2 城市桥梁养护管理的原则

1. 做好调查和评估工作

调查工作，重点针对每日交通负荷、桥体状况、有无新增病害、原有病害发展等方面来进行。应当利用当前的信息技术实施全方位、科学有效的管理。基于信息技术，我们能够准确掌控桥梁每日的运营情况以及各类安全隐患的预兆，同时全方位了解所有核心组件的状态，借助合适的评估机制，提前设置预防养护方案，这样不仅可以解决公路桥梁的养护问题，而且能够增强其预防养护能力，保证桥梁的质量与效果。

2. 科学选择养护的时间

城市桥梁工程养护过程中，时间安排的合理性决定了预防养护的效果。实际规划期间，应根据桥体状态、施工时间等条件进行处理。当公路桥体出现较小的问题、桥面受到轻微损伤、产生一定程度的危险预兆时，便需要进行预防养护，而这也是养护最佳的时间。

3. 合理制订预防养护的年度规划

制订预防养护年度规划期间，需要综合各方面因素进行设计，若是部分桥梁出现了大修的需求，必须审批通过才能实施，有效部署与安排不仅能够减少投资，而且能够使养护工作更加完善。

4. 及时进行平常细小的养护和维修

桥梁预防养护管理期间，绝不能忽视其中比较细微的问题，只要发现问题，必须立即实施细小养护，避免问题进一步扩大。如果桥体产生了中等程度的问题，负荷状态有所欠缺，必须制定科学处理方案，及时开展维修工作，实施期间，一方面必须结合桥梁实际情况，保证维修质量；另一方面必须使维修工作符合经济性原则。

1.4 养护工程分类与管理

1.4.1 桥梁的养护分类

根据城市桥梁在道路系统中的地位，城市桥梁养护类别宜分为5类：

Ⅰ类养护——单孔跨径大于100m的桥梁及特殊结构的桥梁；

Ⅱ类养护——城市快速路上的桥梁；

Ⅲ类养护——城市主干路上的桥梁；

Ⅳ类养护——城市次干路上的桥梁；

Ⅴ类养护——城市支路和街坊路上的桥梁。

1.4.2 城市桥梁养护等级划分

（1）Ⅰ类养护的城市桥梁应为Ⅰ类～Ⅲ类养护的城市桥梁和位于集会中心、繁华地区、重要生产科研区及游览地区Ⅳ、Ⅴ类养护的城市桥梁，应进行重点养护。

（2）Ⅱ类养护的城市桥梁应为集会点、商业区及旅游路线或市区之间的联络线、主要地区或重点企业所在区域Ⅳ、Ⅴ类养护的城市桥梁，应有计划地进行养护。

（3）Ⅲ类养护的城市桥梁应为除Ⅰ、Ⅱ类养护的城市桥梁以外的其他桥梁，可进行一般养护。

1.4.3 养护对策及分级划分

城市桥梁技术状况应根据完好状态、结构状况等级综合评定。针对不同养护类别，其完好状态、结构状况等级划分及养护对策应符合下列规定：

1. Ⅰ类养护的城市桥梁完好状态宜分为下列2个等级：

（1）合格级——桥梁结构完好或结构构件有损伤，但不影响桥梁安全，应进行保养小修。

（2）不合格级——桥梁结构构件损伤，影响结构安全，应立即修复。

2. Ⅱ类～Ⅴ类养护的城市桥梁完好状态宜按表1-1的规定分为5个等级。

表1-1 Ⅱ类～Ⅴ类养护的城市桥梁完好状态分级

等级	状态	BCI 范围	养护对策
A级	完好	[90, 100]	日常保养
B级	良好	[80, 90)	保养小修
C级	合格	[66, 80)	针对性小修或中修工程
D级	不合格	[50, 66)	检测评估后进行中修、大修或加固工程
E级	危险	[0, 50)	检测评估后进行大修、加固或改扩建工程

3. Ⅱ类～Ⅴ类养护的城市桥梁结构状况宜按表 1-2 的规定分为 5 个等级。

表 1-2　Ⅱ类～Ⅴ类养护的城市桥梁结构状况分级

等级	状态	BSI 范围	养护对策
A 级	完好	[90, 100]	日常保养
B 级	良好	[80, 90)	保养小修
C 级	合格	[66, 80)	针对性小修或局部中修工程
D 级	不合格	[50, 66)	检测评估后进行局部中修、大修或加固工程
E 级	危险	[0, 50)	检测评估后进行大修、加固或改扩建工程

4. 桥梁的养护按其工程性质、规模大小、技术难易程度划分为保养小修、中修工程、大修工程、加固工程及改扩建工程。各类养护工程分别包括下列内容：

(1) 保养小修：对城市桥梁及其附属设施进行经常性的维护保养和修补其轻微损坏部分的作业。保养小修的目的在于确保桥梁始终处于正常工作状态，防止因小问题累积而导致的重大安全隐患。例如：①对桥面的清洁、修补轻微损坏部分，以及排水系统的维护，确保桥面的平整和安全；②对桥梁护栏和其他安全设施的检查和维护，确保其功能完好；③清除污泥、积雪、积冰等，保持桥梁的清洁和安全；④养护伸缩缝，疏通泄水孔，栏杆油漆；⑤局部修理，更换栏杆和修理桥面的局部轻微损坏等。

(2) 中修工程：对城市桥梁进行的中等级别的维修和修复工作，旨在恢复或提升桥梁的结构性能和使用功能。这一工程通常包括对桥梁结构、附属设施以及相关设备的检查、修复或更换，以确保桥梁的安全运营和延长其使用寿命。中修工程通常包括对桥梁的局部损坏进行修复，对功能失效的部分进行更新，以及对桥梁的某些部件进行预防性的维护和加强。例如：①修理、更换中、小桥支座、伸缩缝及个别构件；②大、中型钢桥的全面油漆防锈和各部构件的检修；③永久性桥墩、桥台侧墙及桥面的修理和小桥桥面的加宽等。

这包括对桥梁桩基、桥墩、桥面等进行维修和加固，以及对桥梁进行扩建改造，提高桥梁的通行能力和使用效率。

(3) 大修工程：对桥梁及其附属设施的较大损坏进行周期性的综合修理，以全面恢复到原设计标准的技术状况，或在原技术等级范围内进行局部改善和个别增建，以逐步提高其通行能力的工程项目。例如：①不提高技术等级的大、中型桥梁的加宽、加固、加高；②增改建小型桥梁和技术性简单的中桥；③增改建较大的河床铺底和永久性调治构造物；④吊桥、斜拉桥的修理与个别索的调整更换。

(4) 加固工程：是对由于各种原因导致桥梁结构发生变化，或原设计等级较低而不能满足规定的正常使用功能和寿命要求的桥梁，通过采取增强、局部更换或调整其内力的措施，使其达到相应的要求并延长其寿命的过程。城市桥梁加固工程的方法多样，包括但不限于：①增大截面加固；②粘贴钢板加固；③粘贴碳纤维复合材料加固；④体外预应力加固等。

(5) 改扩建工程：是在已有的城市桥梁基础上，对其进行扩充性建设或大规模改造，以增加桥梁的生产能力或经济效益的项目。城市桥梁改扩建工程不仅涉及桥梁主体工程，包括桥梁上部结构和下部结构，以及桥位总体中附属的工程设施，如护岸、导流堤等调治水流的构造物，桥头与公路连接的引道引桥等。

1.4.4 新建桥梁移交管理

新建桥梁移交时，接管单位应当向建设单位书面告知以下接管条件：
（1）通过有关机关的竣工验收备案。
（2）按设计确定的附属配套设施（包括桥梁限载、限高标志等）齐全完备。
（3）应有荷载试验报告，并设立固定水准点、观测点、预埋检测设施和标志。
（4）工程竣工技术资料（包括建设文本）符合城建档案管理规定，归档手续完备，并提交电子文档资料。
（5）落实质量保修制度。
（6）如按要求应有配建管理用房的，建设单位应当在设施移交时一并移交给接管单位。

移交时，建设单位应当与接管单位签订《城市桥梁工程移交与接管备忘录》，至少应当包括以下内容：
（1）工程名称。
（2）建设单位，接管单位。
（3）勘察、设计、质量监督单位名称及项目负责人；施工、监理单位名称及项目经理、项目总监。
（4）桥梁位置、长度、宽度、面积、结构型式、附属设施、投资规模（工程造价）等工程概况。
（5）工程开工与竣工日期。
（6）工程竣工技术资料、工程验收报告及备案结论。
（7）工程质量保修书。
（8）双方需要约定的其他事项。
（9）移交与接管双方单位和经办人签字盖章。

城市桥梁竣工后应尽快移交，一般不超过 1 年。超过移交接管期限的，建设单位应当委托有资质的检测评估机构对移交的桥梁工程做质量检测评估，鉴定结果达到该工程原设计标准的，方可移交接管。

建设单位和接管单位在城市桥梁移交与接管过程中产生争议，协商不成的，应报请当地市政主管部门协调、确认。

2 档案管理

2.1 档案的建立

2.1.1 建立桥梁档案的目的和意义

为加强桥梁工程建设项目档案管理工作，明确档案管理职责，规范档案管理行为，充分发挥档案在城市桥梁工程建设与管理中的作用，根据《中华人民共和国档案法》及有关业务建设规范，需要建立桥梁档案，落实"一桥一档"制度。

桥梁工程档案包括桥梁工程在前期、实施、竣工验收等各建设阶段过程中形成的，具有保存价值的文字、图表、声像等不同形式的历史记录以及桥梁服役过程中的检查、检测、维修、加固等养护记录。由于各种原因，很多前期资料缺失的城市桥梁档案，应尽可能在检测过程中补充桥梁的基本信息，如结构形式、基础形式、尺寸、材料性能等。对于新建桥梁，可以将建设过程中的技术资料作为桥梁档案建立必要资料。桥梁档案是桥梁管养过程中经常使用的必要材料，必须重视档案的建立和维护，防止遗失或破损，有条件的情况下，尽量建立数字化桥梁档案。

2.1.2 档案建立的基本要求

（1）桥梁工程档案的保管期限分为永久、长期、短期三种。长期档案的实际保存期限，不得短于工程的实际寿命。

（2）桥梁工程文件材料的收集、整理应符合《科学技术档案案卷构成的一般要求》（GB/T 11822—2008）的规定。归档文件材料的内容与形式均应满足档案整理规范要求，即内容应完整、准确、系统；形式应字迹清楚、图样清晰、图表整洁、竣工图及声像材料须标注的内容清楚、签字（章）手续完备。归档图纸应按《技术制图 复制图的折叠方法》（GB/T 10609.3—2009）要求统一折叠。

（3）竣工图是桥梁工程档案的重要组成部分，必须做到完整、准确、清晰、系统、修改规范、签字手续完备。

（4）桥梁工程建设、服役过程中产生对桥梁有价值的照片、胶片、录音、录像等声像材料必须归档。

2.2 档案内容

城市桥梁档案内容主要包括：桥梁养护管理制度、建设档案、养护管理档案。

1. 桥梁养护管理制度。包含上级、本单位桥梁养护管理制度、办法、文件，养护管理事宜的会议纪要以及桥梁养护工程师（分管领导）名单等资料（以单位为整体汇编一本）。

2. 建设档案。包含综合文件（包括设计图纸、竣工图纸、交工验收文件、竣工验收文件、设计中重大技术问题往来文件、会议纪要等）、工程决算文件、施工资料（包括工程变更图纸、工程事故及处理情况报告等相关施工文件）、其他资料。若工程结算文件和施工、监理等文件过多可建立索引，指明查询档案的索引号即可，无需在"一桥一档"中重复体现，但桥梁建设竣工图必须纳入档案中。

3. 养护管理档案。包括责任单位资料、检查资料、突发事件资料、危病桥梁维修加固管理资料。

（1）责任单位资料。包括桥梁养护单位、监管单位及其分管单位、桥梁养护工程师等基本资料（可编入"桥梁养护管理制度"汇编卷），特别应收集在运营过程中项目发生移交接管的文件及相关证明。

（2）检查资料。检查资料包括桥梁经常性检查、定期检查、特殊检查等资料。经常性检查的表格记录可以保存在基层养护站所档案中；定期检查资料应符合《城市桥梁养护技术标准》（CJT 99—2017）规定的定期检查频率要求，定期检查和特殊检查资料应保存历次检查报告及评审纪要（评审纪要若多桥一并评审，可建立索引）。

（3）突发事件资料包括地质灾害、气象灾害、超限运相关资料。

（4）桥梁维修加固资料包括历次中修、大修、改造、改建、加固等工程资料。其中包括综合文件（包括工程审批文件、设计图纸、竣工图纸）、工程决算文件、参与单位资料（包括招投标、施工资料、监理资料、监控/监测资料、质量事故处理报告，以及设计、施工、监理和监控/监测等各方的资质证书复印件、业绩证明复印件等、交/竣工验收等技术资料），其中交/竣工验收图纸、经常检查资料可从简。部分资料由于过多可建立索引，但桥梁维修竣工图，立项、批复、验收等资料必须包含在卷内。

2.3 档案移交

1. 桥梁工程档案的归档工作，一般是由产生文件材料的单位或部门负责。总包单位对各分包单位提交的归档材料负有汇总责任。各参建单位技术负责人应对其提供档案的内容及质量负责；监理工程师对施工单位提交的归档材料应履行审核签字手续，监理单位应向项目法人提交对工程档案内容与整编质量情况的专题审核报告。

2. 项目法人可根据实际需要，确定不同文件材料的归档份数，但应满足以下要求：

（1）项目法人与运行管理单位应各保存 1 套较完整的工程档案材料（当二者为一个单位时，应异地保存 1 套）。

（2）工程涉及多家运行管理单位时，各运行管理单位则只保存与其管理范围有关的工程档案材料。

（3）当有关文件材料需由若干单位保存时，原件应由项目产权单位保存，其他单位保存复制件。

（4）当桥梁工程为重要工程时，项目法人应负责向流域机构档案馆移交 1 套完整的工程竣工图及工程竣工验收等相关文件材料。

3. 工程档案的归档与移交必须编制档案目录。档案目录应为案卷级，并须填写工程档案交接单。交接双方应认真核对目录与实物，并由经手人签字、加盖单位公章确认。

4. 工程档案的归档时间，可由项目法人根据实际情况确定。可分阶段在单位工程或单项工程完工后向项目法人归档，也可在主体工程全部完工后向项目法人归档。整个项目的归档工作和项目法人向有关单位的档案移交工作，一般应在工程竣工验收后三个月内完成。

2.4 档案的存放与销毁

2.4.1 档案的存放

档案的存放是一个重要环节，它直接关系档案的使用价值和保存期限。为了确保档案的有效利用和长期保存，需遵循以下原则：

（1）资料档案质量符合完整、准确、系统的要求，分类编号保管。

（2）资料档案按档号排放，档案柜编顺序号，库房内悬挂相关档案资料管理规章和制度。

（3）借出的档案须按时归还，利用后的档案应随即放回原处。

（4）不得窃取、出卖和涂改档案，违者追究法律责任。

（5）切实做好防盗、防火、防水、防潮、防尘、防虫、防霉工作。

（6）做好档案室温湿度的监控与登记工作。

（7）每半年对档案室进行全面检查、清点，发现问题及时处理。

2.4.2 档案的销毁

档案鉴定销毁是一项严肃细致的工作，其流程和原则如下：

（1）资料的鉴定销毁工作，必须由档案鉴定小组负责；档案鉴定小组要严格按照有关规定，对期满资料档案，认真进行鉴定。

(2) 销毁档案，必须编制清册，并经档案鉴定小组负责人审查批准。

(3) 销毁档案时，必须派专人（两人以上）监督，并在销毁清册上签字。

2.5 信息化管理

2.5.1 档案信息化的定义和内涵

1. 定义

所谓档案信息化，就是在国家档案行政管理部门的统一规划和组织下，在档案管理活动中全面应用现代信息技术，对档案信息资源进行处置、管理并提供利用服务。

2. 内涵

档案信息化可以从以下四个方面来理解：一是要实现档案信息的数字化和网络化；二是要实现档案信息接收、传递、存储和提供利用的一体化；三是要实现档案信息高度共享；四是要引发档案管理模式的变革。

2.5.2 档案信息化管理的必要性

由于档案需长期保存，为提高存储环境，避免可能造成文档纸张受潮、虫蚀以及火灾等灾害，每年都要大量投入文档保管经费，且有的文档因无备份而又不得不为其损失担忧。由于档案需反复查阅，不可避免地存在原件受损或遗失，给文档的保管与利用带来管理上的困扰。在已认知的低档平板扫描仪录入的方式下，大量文档的电子化进程是不可想象的，不仅可以解决丢失和损坏问题，而且便于检索和查阅。

2.5.3 加强档案信息化管理的措施

《"十四五"全国档案事业发展规划》提出，加快推进档案信息化建设，引领档案管理现代化，完善档案信息化发展保障机制。主要内容有：主动融入数字经济、数字社会、数字政府建设，推动档案全面纳入国家大数据战略，在国家相关政策和重大举措中强化电子档案管理要求，实现对国家和社会具有长久保存价值的数据归口各级各类档案馆集中管理。地方各级党委和政府将档案信息化纳入本地区信息化发展规划，机关、团体、企业事业单位和其他组织将档案信息化纳入本单位信息化发展规划，保障档案信息化建设依法依规开展。各级档案主管部门全面建立网络安全与信息化工作组织协调机制，切实加强档案信息化工作指导、推进和监督力度。推进档案馆构建系统完备、高效实用、安全可靠的档案信息化基础设施，提升档案信息化能力。加强专用局域网络建设及设施设备配备，满足提升馆藏档案数字资源安全管理及备份工作水平需求。实施档案信息化强基工程，在全国档案信息化基础性关键性领域开展专项建设，推动档案信息化固本强基迈上新台阶。

2.5.4 加强信息化硬件建设

运用计算机进行文件的接收、查找、借阅、归还,以及辨认到期应销毁的文件等档案的归档利用和管理工作。在档案管理上,计算机可用于档案的收集、整理、编制检索工具、内容介绍和编制内目录,还可用于库房的管理,乃至用于特殊的档案工作项目,如编制大型索引、为档案的编研工作提供服务以及档案统计等工作。因此,首先要从硬件上配备电子计算机,提高各类档案馆、档案室计算机和网络技术的应用程度,逐步提高档案信息化水平。其次要建设和完善局域网,使各项工作都网络化,加强档案的利用。

2.5.5 档案信息资源建设

1. 档案的电子化

所谓档案信息电子化,就是以馆藏档案资料纸质或机读形式为主要物质对象,用微机对档案文献进行收集、筛选和不同层次的加工,使之转化成微机软件形式的二次文献信息,供人们利用的过程。档案软件没有信息管理功能,缺乏通用性。加强电子文档资料的归档工作,利用计算机、扫描仪把纸质档案数字化,建立全文数据库,以便于查找利用。

2. 加强档案目录数据库建设

我国至今还没有建立一个达到数据交换的机读目录档案系统,档案信息系统和网络建设形式各行其是,层次不一,规范性、开发性、服务性、共享性较差,不能适应档案信息资源共享的要求,需要加强档案目录数据库建设,开发标准化的档案管理系统,加强档案目录的输入、保存。

目前,许多养护单位采用的是将具有相同内容的纸质文件和电子文件一并保存的管理方式。养护单位实行办公自动化系统,各部门在网上传递、承办文件,提高了工作效率。但这种形式的文件传递和保存还往往辅以纸质文件的归档和保存。这样就形成了相同内容、两种类型的文件并发、保存的局面,造成人力、物力、财力的浪费。

虽然桥梁养护档案信息化管理系统推行多时,但很多单位并没有对这个强大的信息库提高利用意识,许多养护单位仍延续传统观念和管理模式,对文档的借阅和检索都由人工完成。养护单位只看到伸手可及的有限的档案,而忽略了以网络形式传递的资料宝库,桥梁养护档案信息化管理系统利用率得不到提高,计算机网络在整个管理过程中的应用仅限于桥梁养护档案的录入、编辑和打印,这不仅消耗了人力物力,而且使桥梁养护档案信息化管理系统没有得到合理的开发和利用,造成双重浪费。

3 桥梁检测与评估

3.1 概述

3.1.1 桥梁检测与评估

对使用中的城市桥梁必须按照《城市桥梁养护技术标准》（CJJ 99—2017）中的相关规定进行检测评估，及时掌握桥梁的基本状况，以便采取相应的养护措施。

通过对城市桥梁实施必要的检测与评价，保证城市桥梁的安全运营和高效管理，使其在合适的养护下，达到可接受的安全水准，完成设计寿命期的预定功能。桥梁检测和评估具有以下意义：

1. 掌握桥梁技术现况

按时进行检测与评估使桥梁管理人员掌握桥梁结构是否损坏和功能是否降低，通过分析检测过程中得到的桥梁状况信息，可以及时采取相应的维护措施，消除危害桥梁因素，提高桥梁的运营安全度和服役年限，保障公共运输安全。

较深程度的检测可以提供构件以及材料的退化程度信息，包括退化形成的原因与退化对桥梁构件的影响程度，达到跟踪结构与材料的使用性能变化的目的，并使桥梁维护计划更具针对性，效率更高，降低维修成本。

2. 提供养护管理依据

桥梁营运使用多年，主要部位会出现缺陷如裂缝、错位、沉降等。通过检测评估确定桥梁各部位损坏的程度及实际承载能力，可以为桥梁的养护及维修加固提供必要的依据；通过检测评估可以了解车辆和交通量的改变给桥梁运营带来的影响。原来按旧标准规定的荷载等级设计建造的桥梁，需要根据检测评估结果，确定现有桥梁的承载能力，以采取相应的管理维护措施，如限载或加固、提级等。

随着现代化工业建设的发展，特大型工业设备、集装箱运输逐渐频繁，管理超重车辆过桥需要通过检测评估，确定过桥可行性，并为临时加固提供技术资料。

桥梁遭受特大灾害时，如因地震、洪水等而受到严重损坏或在建造、使用过程中发生严重缺陷（如质量事故、过度的变形和严重裂缝以及意外的撞击受损断裂等），需通过检测评估为桥梁的修复加固提供可靠依据。

3. 积累桥梁信息数据

有的省份已经建立了城市桥梁信息管理系统，桥梁检查可以系统地收集积累桥梁技术资料，建立动态数据库，为桥梁管理与评定提供第一手数据，检测数据是桥梁管理信息系统中数据库的主要信息来源，以此作为结构状态评估的基本依据，并为桥梁构件和桥跨的退化分析提供客观的数据，进而为管理人员决策提供必要的数据支持。桥梁检测和评估数据信息的积累，是顺应现代化信息管理的需要，是桥梁信息管理系统的基础和关键。

4. 发展桥梁设计、养护及管理理论

通过检测评估，给养护、设计与管理等部门提供反馈信息，推动养护工作的规范化与科学化，减少桥梁生命周期费用，通过检验桥梁结构的质量，反馈信息可以确保新建工程的可靠度，推动和发展旧桥评定及新结构的设计计算理论的发展。

3.1.2 桥梁检测分类

城市桥梁的检测评估工作应包括：记录桥梁当前状况；了解车辆和交通量的改变给设施运行带来的影响；跟踪结构与材料的使用性能变化；对桥梁状态评估提供相关信息；建立桥梁结构性能数据记录；给养护、设计与建设等部门提供反馈信息。

桥梁检测作业，依详细程度、检测时机、检测方法的不同，有各种不同分类，具体如下：

1. 按详细程度分类

（1）一般检测：仅以目测或以简单的测量器具检测。

（2）详细检测：一般检测结果无法充分评估桥梁构件的退化，必须进行更详细的检测，该过程需特殊仪器及专业人员。

2. 按检测时机分类

（1）经常性检测：平时实施的桥梁异常状况及损伤检测，以行车交通造成影响，需紧急维修的异常状况、损伤为检测重点。

（2）定期检测：定时对桥梁所有构件实施的全面检测，以及确认经常性检测记录的桥梁异常状况、损伤。

（3）特殊检测：发生天灾（如台风、暴雨、地震造成的水灾及震灾）或人祸（如火灾或人为破坏）后，对可能损伤桥梁结构所做的不定期检测。

3. 按检测方法分类

（1）非破坏性检测：检测时，不造成桥梁结构体损坏的检测方法。一般以目测或以声、光、电、磁等媒介进行间接的检测。

（2）破坏性检测：对桥体结构进行局部的破坏，以获取必要的检测资料，如钻芯取样检测。

3.1.3 城市桥梁检测内容

城市桥梁检测的工作内容较多，涉及很多方面。一般来说，城市桥梁检测可分为成桥前和成桥后两个阶段，由于我们主要关心管养问题，这里仅介绍成桥后的检测，主要包括以下内容：

(1) 主要几何尺寸和轴线线性检测。
(2) 结构表现状况及各类病害检测。
(3) 混凝土强度检测。
(4) 混凝土碳化深度检测。
(5) 钢筋位置及混凝土保护层厚度检测。
(6) 混凝土缺陷检测。
(7) 桥梁使用性能监测。
(8) 桥梁静载试验。
(9) 桥梁动载试验。

3.1.4 常用检测与评估方法

成功的桥梁检测取决于受过培训且具备经验的检测人员、实用的技术和手段、适当的检测设备以及合理有效的程序。

1. 检测人员

现场检测人员的工作常常是在没有监督的情况下完成的，检测人员所提供的检测资料正确与否是桥梁检测最重要的事项，必须相信他们的检查判断及报告，但这需要明确检测人员的责任和义务，保证检测人员具有较高的职业素养。为了使检测人员能获取必要的知识和技巧，以及保持一个较高的专业水平，管理单位需要制订一个仔细、严格和持续的培训计划，并定期审查，保证所有参与检测的人员按统一且明确的标准进行操作。

(1) 三项责任
① 确保公共安全，避免桥梁发生破坏甚至塌桥事故；
② 维护公共投资，及时养护维修桥梁，确保公共投资的效率；
③ 提供正确完整的桥梁记录，以便及时掌握桥梁状况，采取妥当维护措施。
(2) 五项基本工作
① 研拟检测计划
为使检测作业能顺利进行，桥梁检测员应先研究拟定完善的检测计划。检测计划应包括：桥梁坐落地点、到达检测构件的方法、检测工具、检测日程（包括检测日期、检测时段、检测需要时间）、检测种类（如经常性检测、常规定期检测、结构定期检测或特殊检测，无损检测或局部破坏检测，是否需要水中检测等）、检测程序、现场注意事项、现场交通维持及其他必要措施。
② 准备作业
检测计划拟好后，检测员应事先准备及研读有关该桥梁相关档案，并准备现场相关

检测构件的设备、检测的器具及设备等。

③ 执行检测作业

依据拟妥的检测计划，依序进行检测。

④ 编制检测报告

依据现场检测状况，详尽记录并编制检测报告。

⑤ 确定需要维护或维修项目

依据现场检测状况，确定退化构件必要的维修项目，提供桥梁维护单位实施维修的依据，以期延长桥梁使用寿命。

2. 技术和手段

城市桥梁检测技术包括目视检查技术和破坏性或无损检测手段，适用的检测情况各不相同，技术层面也相差较大，下面仅作简单介绍。

（1）简单技术

一般来说，大多数检测是通过贴近表面的外观检查和通过敲击倾听构件内部的声音。

① 外观检测包括使用肉眼观测缺陷或缺陷痕迹，可借助放大镜、望远镜、数码相机等。这个方法经济快捷，是经常性检查和常规定期检查的主要手段，其限制是某些退化不可能在表面可见（或表面被涂层），或难于接近，或需要较多的观测经验，可靠性较低。

② 听声音包括通过敲击构件评定构件内部状态以及声音类型。实体与带空洞或缺陷的构件有不同的声音区别，缺陷构件产生空洞的鼓声。要精确描述需要大量经验，因为许多因素会改变声音，敲击时不要用力过大。

（2）用于混凝土与钢桥的技术

可以在某些情况下使用的专门检测技术或检测方法，包括但不限于以下内容：

① 钢构件中裂缝和缺陷可以通过贴近的外观检查、裂纹着色显示、X射线和γ射线检查，以及超声波来探测，其中采用超声波探测仪是实际测试中最常用的办法。

② 钢构件的锈蚀可以采用直接测量或超声波测量。

③ 混凝土碳化程度可以通过钻取试样测试或凿孔滴酚酞试剂来确定。

④ 钢筋和预应力筋锈蚀深度可以通过多种无损方法加以确定，包括半电池电位法、电阻法以及射线照相方法。如果预应力管道中存在空洞，可以采用小内窥镜观察；钢筋和预应力筋锈蚀也可以通过取样或钻孔至预应力筋或至钢筋表面加以检查，但不推荐使用。

⑤ 混凝土的氯离子含量测试可以通过快速氯离子测定仪来测定。

⑥ 混凝土的强度可以通过回弹仪、超声波探测仪、超声-回弹仪或混凝土强度测试仪来确定。

（3）特殊技术

① 先进的车载路（桥）面检测系统，可以在桥梁车道中以交通速度运行，即能得到桥梁路面平整度、路面状况和结构层厚度等多种数据。

② 水准仪提供了一个方便经济的方法观测沉降和竖向变形，而经纬仪可以检测水平移动。在桥梁竣工时，一般有一套水准杆和测量标记埋进主梁或桥墩中。水下检测通过潜水进行，使用标准设备和技术。

③ 其他技术，如抗压强度、金属测试、裂缝发展测量、超声波脉冲速度、混凝土渗透等，也可以用于混凝土结构。除少数情况外，无损检测设备一般都很昂贵和耗时，较适合于研究或特殊检测。

3. 检测程序

桥梁检测是一项程序化的工程，需要制定相关程序，以规范检测执行过程达到最佳效果。

城市桥梁检测程序主要包括以下工作：

（1）制订区域检测计划

为了保证管辖区域内的所有桥梁以适当间隔和适当类型进行检测，管养单位每年需要制订区域检测计划，列举在下一年度要执行检测的桥梁的名称和检测的类型，可借助桥梁管理信息系统，在地图上对未来 12 个月要检测的桥梁进行标记，并安排相应的检测队伍，在指定的时间，到指定桥梁执行检测。需要注意的是，某些桥梁可能需要在一年中的特定时间检测，如干燥季节、恶劣天气或交通繁忙时段，以确定某些桥梁运营极限状态下的结构表现。

由于城市桥梁数目繁多，服役区域和桥龄、结构类型、组成构件及管养单位均不相同，制订检测计划时需要考虑以下几个方面的因素：

① 养护预算资金的分配；

② 桥梁的种类与结构形式；

③ 桥梁检测的日程；

④ 桥梁尺寸、大小；

⑤ 桥梁构造的复杂性；

⑥ 该桥梁的交通量；

⑦ 所需的检测人员；

⑧ 所需的检测仪器、材料或特殊设备；

⑨ 是否需要特殊检测单位支持。

（2）查阅待检桥梁相关资料

在一座特定桥梁的检测之前，检测人员应研读有关该桥梁结构的所有记录和资料，并确认桥梁构件编码系统。桥梁相关资料可从桥梁管理信息系统和档案室获得。

（3）准备检测设备

为避免现场遗漏检测构件及减少检测现场不必要的重复作业，检测出发前应准备好检测表格、记事本及桥梁简图（或构件编号图），制定和安排适当的现场检测方法及设备（检测车辆或租借船只等），并整理检测工具及设备。

（4）确定检测顺序

一座桥梁的构件多且杂，为避免遗漏检测，应制定合理的检测顺序。原则为由上而下，即先上部结构，后下部结构。有时因桥梁型式、构件状况、检测种类、桥梁规模大小及复杂性、桥梁交通情况等不同，也可视实际情况调整。

（5）实施安全的现场检测

实施现场检测过程中，需要保障安全生产，一方面要安排检测现场的交通秩序，检测人员检查检测所需的安全设施，包括检测人员个人的保护设备以及检测现场的安全设施；另一方面要求检测人员的所有操作均严格遵循相关的操作指南和安全规范。

(6) 录入记录和撰写检测报告

所有的检测结果要保证有记录，最好是有病害照片，并采用标示手段标明病害情况。检测完成后，应在规定时间内将所有相关记录（包括照片）录入桥梁信息管理系统中，并完成核对工作，现场原始记录应进行存档。该过程也可以直接在现场使用手持式电子辅助调查设备（PDA）录入，减轻现场工作强度，提高效率和准确性。对于需要出具检测报告的，在检测完成后的规定工作日内撰写出检测报告，并送交上级部门审核，审核通过，需要进行电子存档和文件存档。

3.1.5 常用仪器设备与标准

1. 检测设备

检测所需的设备和技术将随检测类型、性质和结构型式有所不同。桥梁检测设备包括两类：检测辅助设备（到达被检查构件的设备）和检测工具设备。

(1) 检测辅助设备

桥梁某些区域不易到达检测，尤其高架立交的梁底、斜拉桥拉索或跨越河流的桥梁，为能接近构件检测，使检测结果更精确详实，必须借助某些辅助设备到达构件。城市桥梁检测常用的检测辅助设备主要有：高空检测车、桥梁检测车、移动检测桁车以及桥下检测船等。

① 爬梯、升降梯或吊索：梯子包括一般的木质或铝质爬梯、电动升降梯，主要用于检测较高的桥梁构件，如桥塔；吊索配合牵引设备可用于高墩的检测，吊索既可单独使用，也可结合简易工作平台。

② 索缆检测篮：主要用于斜拉桥拉索检测和维修，在牵引设备牵引下，爬缆车行走于斜拉索上，可乘坐 2 人。

③ 移动检测桁车：一般位于桥梁的主梁底部或下承式桁架桥的顶部，可承载多名检测人员和检测及维修工具。

④ 桥下检测船或临时充气橡皮筏：跨越河道的桥梁往往需要借助船只才能到达梁底，进行相关的检测。对于通航的河流，可以租借航道部门的船只作为检测船，对于常规船只无法到达的小河渠，可携带临时充气橡皮筏，到现场后展开橡皮筏，检测结束后收起带走。

⑤ 高空检测车：一般用于检测跨线桥或较低的高架桥。车上装设活动折臂，折臂末端设置桶斗搭载检测人员。检测时，高空检测车行驶到被检测桥梁下面的道路上，利用检测车的移动及举高活动折臂，使检测员接近桥梁构件。

⑥ 桥梁检测车：一般用于高桥墩的桥梁或跨河道桥梁的检测。检测时，检测车停驻在桥上，活动折臂向下延伸到桥面板下的构件，供检测员近距离检测构件。有两种形式：一种活动折臂末端仅设置桶斗搭载检测员（一般可搭载 3 人），另一种活动折臂末端设置平台（除可搭载人员外，还可装载工具，供检测和维修）。

(2) 检测工具设备

检测时应视检测类型和目的，有选择地携带必要的工具及设备，并于检测出发前做必要的整理或调整。为避免遗漏，应制定"携带工具设备表"，供行动前逐项检视。

经常性检查和常规定期检测工具主要有以下五类：

① 清洁工具：长柄扫帚、钢刷、刮刀、平头起子、铲子等。

② 协助目视检测工具：望远镜、手电筒、放大镜、染色剂等。

③ 测量工具：钢卷尺、光标尺、裂缝观测仪、量角器、温度计等。

④ 记录工具：检测报告表、记事本、三角板、照相机（广角、近照、闪光灯）、粉笔或标示笔、标示牌等。

⑤ 其他设备：润滑油、工作套装（防雨、带胶靴）、医药箱、附工具袋的皮带（装检测工具）等。

结构定期检测和特殊检测的某些检测内容还需要使用以下的特殊工具设备：

① 测量仪器：在特殊情况下，需使用经纬仪、水准仪、智能全站仪等测量仪器，供精确测量构件的位移、高程、距离和尺寸等。

② 非破坏性检测仪器：为了解构件内部退化情形，提供构件退化评估，必要时需使用非破坏性检测仪器，包括混凝土强度回弹仪、X（γ射线或超声波）裂纹探测仪、手提式混凝土钻芯取样机、氯离子测定仪、激光平整度仪、落锤式弯沉仪、路况摄像仪、透地雷达探测仪、测力仪、应变计、位移计、测振仪等。

③ 水中检测设备：当检测水面下墩台、基础冲刷或河道状况，则需水中检测设备。若河道狭浅，可使用简单的探测方法，如钢筋、标杆等。若河道宽深，则需雇用潜水员，携带必要的设备，如水下相机或摄像机、探测水深设备、无线通话机等设备，协助水中检测。

2. 规程规范和法律法规

为了加强城市桥梁检测和养护维修管理，确保城市桥梁的完好、安全和通畅，充分发挥城市桥梁的功能，国家和地方相关部门颁发了一系列有关城市桥梁工程的法规、技术标准、设计施工规范和材料试验规程。对于某些采用新结构以及新材料、新工艺的城市桥梁，有关城市桥梁规范、规程暂无相关规定的，可以借鉴国内外其他行业的相关规范、规程的有关规定。

城市桥梁检测主要涉及的规程规范如下：

(1)《城市桥梁养护技术标准》（CJJ 99—2017）；

(2)《城市桥梁设计规范》（CJJ 11—2011）；

(3)《城市桥梁检测与评定技术规范》（CJJ/T 233—2015）；

(4)《城市桥梁工程施工与质量验收规范》（CJJ 2—2008）；

(5)《城市桥梁检测技术规程》（DBJ 41/T 127—2023）；

(6)《公路桥梁承载能力检测评定规程》（JTG/T J21—2011）；

(7)《公路桥涵设计通用规范》（JTG D60—2015）；

(8)《公路钢筋混凝土及预应力混凝土桥涵设计规范》（JTG 3362—2018）；

(9)《城镇道路养护技术规范》（CJJ 36—2016）；

(10)《公路桥涵养护规范》（JTG 5120—2021）；

(11)《公路工程技术标准》（JTG B01—2014）；

(12)《纤维增强复合材料桥板》（GB/T 29552—2013）；

(13)《环氧涂层预应力钢绞线》(JG/T 387—2012);

(14)《橡胶支座 第2部分:桥梁隔震橡胶支座》(GB/T 20688.2—2006);

(15)《预应力筋用锚具、夹具和连接器应用技术规程》(JGJ 85—2010)。

3.2 经常性检查

3.2.1 定义

经常性检查就是日常的巡检,由经过培训的专职桥梁管理人员或有一定经验的工程技术人员执行,以便随时发现问题,进行维修,它是针对较明显缺陷的检查,桥梁检查主要包括桥梁表面的检查,主要对结构异常、桥梁及桥梁安全区施工作业情况的检查和桥面系、交通标志、限载标志及其他附属设施等状况进行日常巡检。

经常性检查目的是确保结构功能正常,使结构能得到及时的养护和紧急处置,对需要检修的一些大问题做出报告。该项检查往往使检查人员有机会在各种天气情况下对桥梁进行观察。

3.2.2 检查周期

日常巡检的周期比较短,一般规定为1～7d巡检一次。根据《城市桥梁养护技术标准》(CJJ 99—2017)的相关规定,按照城市桥梁的养护等级不同,确定经常性检查的周期,具体如下:

(1)Ⅰ类养护的城市桥梁(即Ⅰ～Ⅲ类养护的城市桥梁和位于集会中心、繁华地区、重要生产科研区及游览地区附近的Ⅳ、Ⅴ类养护的城市桥梁)巡检周期不应超过1d,且由专人负责。

(2)Ⅱ类养护的城市桥梁(即区域集会点、商业区及旅游路线或市区之间的联络线、主要地区或重点企业所在地附近的Ⅳ、Ⅴ类养护的城市桥梁)巡检周期不宜超过3d。

(3)Ⅲ类养护的城市桥梁(Ⅴ类养护的城市桥梁及居民区、工业区的主要道路上的桥梁)巡检周期可在7d左右。

(4)对重要桥梁,或遇恶劣天气、汛期、雨季、冰冻等特殊情况,周期宜短,特殊情况可设专人看护或设置。

3.2.3 检查人员及设备

经常性检查应由经过培训的专职桥梁管理人员或有一定经验的工程技术人员负责。城市桥梁养护管理单位应设置专职桥梁管理人员,负责所管辖桥梁的日常检查工作。

未设置专职桥梁管理人员的城市桥梁养护管理单位应由有桥梁施工或养护管理经验

的工程技术人员负责日常巡检。经常性检查的携带设备如表 3-1 所示。

表 3-1 经常性检查携带工具设备表

检测类型	携带工具设备	数量	已准备	备注
经常性检查	长柄扫帚、钢刷、刮刀、平头起子、铲子			
	手电（防洪、防雨灯）			
	工作套装（防雨，带胶靴）			
	钢卷尺（5～30m）			
	检测报告表			
	粉笔、标示笔			

3.2.4 检查内容

1. 经常性检查具体内容

经常性检查宜以目测检查为主，并按表 3-2 所示现场填写城市桥梁日常巡检报表，登记所检查桥梁病害的损坏类型、损坏程度、损坏位置等，提出相应的养护措施。

表 3-2 城市桥梁日常巡检报表

桥梁名称（编号）			巡检单位		
检查项	完好	损坏类型	损坏程度（数量）	损坏位置	备注
桥名牌	□是 □否				
限高牌、限载牌	□是 □否				
车行道	□是 □否				
人行道	□是 □否				
伸缩缝	□是 □否				
栏杆	□是 □否				
排水设施	□是 □否				
桥路连接位置	□是 □否				
上部结构	□是 □否				
支座	□是 □否				
下部结构	□是 □否				
桥梁保护区域内施工					
其他危及行人、行船、行车安全的病害					
巡查人			巡查日期	年 月 日 星期 天气	

经常性检查应包含以下内容：

(1) 检查城市桥梁各组成结构的完好状态，主要检查内容见表3-3所示。

表3-3 桥梁经常性检查项目

组成结构	部位	检查要点
桥面系及附属结构	桥面铺装	平整性及裂缝、坑槽、拥抱、车辙、积水、沉陷、碎边、桥头跳车等
	伸缩装置	连接松动、异常变形、破损、脱落、漏水、阻塞等；是否造成明显跳车
	排水设施	泄水孔阻塞；排水设施缺损等
	人行道铺装	裂缝、松动或变形、残缺等
	栏杆、防撞护栏	污秽、破损、缺失、露筋、锈蚀、断裂、松动等
	防护网、声屏障	锈蚀、缺损、变形、松动等
	挡土墙、护坡调治构造物	开裂、破损、塌陷、倾斜等
上部结构、下部结构		异常变形、缺陷、变形、沉降、位移等
人行天桥和人行地下通道的自动扶梯、照明设施及其封闭结构等附属设施		异常变形、缺陷、积水等

(2) 检查在城市桥梁安全保护区域内的施工作业情况。
(3) 城市桥梁限载标志及交通标志设施等各类标志完好情况。
(4) 其他较明显的损坏及不正常现象。

2. 经常性检查具体要点

(1) 桥面检查要点
① 桥面平整度、磨耗及损坏情况（图3-1）。
② 栏杆及人行道是否完整，是否符合使用要求（图3-2）。

图3-1 桥面病害检查

图3-2 护栏及人行道病害检查

③ 排水设施设置是否合理，设备是否完善，工作状况是否正常（图3-3）。
④ 伸缩缝宽度是否合适，有无拉开或卡死现象，其设施是否完善，能否满足使用

要求。伸缩缝的检查宜从桥面和桥下两个方向进行（图3-4）。

图3-3　泄水孔病害检查　　　　　　图3-4　伸缩装置病害检查

(2) 拱桥检查要点

① 拱轴线坐标（与设计值及竣工值对照），主拱圈平面偏移情况。

② 主拱圈断面尺寸及拱肋间横向联系。

③ 主拱圈风化、剥落、破损、裂缝、主筋锈蚀等情况（图3-5）。

④ 拱上建筑出现的裂缝、损伤和破坏，分析其产生的原因（图3-6）。

图3-5　主拱圈病害检查　　　　　　图3-6　拱上建筑病害检查

⑤ 根据结构受力体系，检查主要受力构件关键部位的病害（图3-7）。

(3) 钢筋混凝土及预应力混凝土梁桥检查要点

① 主梁的平、纵面位置，主梁的下挠，预应力混凝土梁由于徐变、收缩及预应力筋松弛造成的下挠（或上拱）及梁长变化。

② 主梁横断面尺寸及主梁的横向联系有无开裂，变形及其他损坏。

③ 各构件混凝土的外观质量，包括有无裂缝、麻面、蜂窝、空洞、露筋，主要受力钢筋锈蚀的程度（图3-8）。

④ 主梁裂缝分布情况，裂缝的位置、长度、宽度等填入裂缝观测表格。当梁体裂

缝较多时，选择有代表性的梁绘制裂缝展开图（图3-9）。

图3-7 连接件病害检查

图3-8 桥梁混凝土外观质量检查

⑤ 钢-混凝土组合梁的结合面有无张开和错位。

⑥ 梁端与墩台的相对位置是否正确，支座附近梁体是否开裂，后张法预应力混凝土梁的锚头附近混凝土有无开裂破坏。

（4）钢结构桥梁检查要点

① 构件（特别是受压构件）有无裂纹、穿孔、扭曲变形、局部损伤、材料夹层（图3-10）。

图3-9 混凝土梁裂缝检查

图3-10 钢梁翼缘板钢板穿孔

② 铆钉和螺栓有无松动、脱落或断裂，节点是否滑动、错裂。

③ 焊缝边缘（热影响区）有无裂纹或脱开（图3-11）。

④ 防腐涂层有无裂纹、起皮、脱落（图3-12）。

⑤ 构件有无锈蚀（图3-13）。

图 3-11 钢梁焊缝检查

图 3-12 钢梁防腐涂层检查

图 3-13 钢梁锈蚀检查

(5) 钢-混凝土组合梁桥检查要点

① 钢-混凝土组合梁桥除按本条进行检查外,还应根据第 3 条和第 4 条的有关内容进行检查。

② 桥面板是否出现纵、横向裂缝,跨中区域是否碎裂、磨损。

③ 在连续钢-混凝土组合梁支座附近的桥面板是否开裂、渗水。

④ 钢-混凝土组合梁结合面是否出现相对滑移、开裂。

⑤ 压型钢板组合桥面板支撑处及板肋是否变形,板肋与连接件附近的混凝土是否出现裂缝。

(6) 悬索桥和斜拉桥检查要点

① 主梁或加劲梁的检查,按预应力混凝土及钢结构的相应要求进行。

② 悬索桥的锚碇及锚杆有无异常的拔动,锚头、散索鞍有无锈蚀破损,锚室(锚

洞）有无开裂、变形、积水，温湿度是否符合要求。

③ 主缆、吊杆及斜拉索的表面封闭、防护是否完好，有无破损、老化（图3-14）。

④ 悬索桥的索鞍是否有异常的错位、卡死、辊轴歪斜，构件是否有锈蚀、破损，主缆索跨过索鞍部分是否有挤扁现象。

⑤ 悬索桥吊杆上端与主缆索的索夹是否有松动、移位和破损，下端与梁连接的螺栓有无松动。

⑥ 逐束检测索体是否开裂、鼓胀及变形，必要时可剥开护套，检查索内干湿情况和钢索的锈蚀情况。检查后应做好保护套剥开处的防护处理。

⑦ 逐个检查锚具及周围混凝土的情况，锚具是否渗水、锈蚀，是否有锈水流出的痕迹，周围混凝土是否开裂。必要时可打开锚具后盖抽查锚杯内是否有积水、潮湿，防锈油是否结块、乳化失效，锚杯是否锈蚀。

⑧ 逐个检查索端出索处钢护筒、钢管与索套管连接处的外观情况。检查钢护筒是否松动脱落、锈蚀、渗水，抽查连接处钢护筒内防水垫圈是否老化失效，筒内是否潮湿积水（图3-15）。

图3-14 斜拉索外观检查

图3-15 钢护筒外观检查

⑨ 索塔的爬梯、检查门、工作电梯是否安全可靠，塔内的照明系统是否完好。

(7) 支座检查要点

① 支座组件是否完好、清洁，有无断裂、错位、脱空。

② 活动支座是否灵活，实际位移量是否正常，固定支座的锚具是否完好。

③ 支座支撑垫石是否开裂、缺损、碎烂。

④ 垫层支座的油毡是否老化、破碎或失效。

⑤ 橡胶支座是否老化、开裂，有无过大的剪切变形或压缩变形，有无不均匀鼓凸、移位、脱空（图3-16）。

⑥ 四氟滑板支座是否脏污、老化，四氟乙烯板是否完好、失效。

⑦ 盆式橡胶支座的固定螺栓是否剪断；螺母是否松动，钢盆外露部分是否锈蚀，防尘罩是否完好（图 3-17）。

图 3-16　橡胶支座外观检查

图 3-17　盆式橡胶支座外观检查

⑧ 组合式钢支座是否干涩、锈蚀，固定支座的锚栓是否紧固，销板或销钉是否完好。

⑨ 摆柱支座各组件相对位置是否准确，受力是否均匀。

⑩ 辊轴支座的辊轴是否出现不允许的爬动、歪斜。

⑪ 摆轴支座是否倾斜。

⑫ 钢筋混凝土摆柱支座的柱体有无混凝土脱皮、开裂、露筋，钢筋及钢板有无锈蚀。

（8）墩台及地基基础检查要点

① 墩台的风化、水蚀、剥落、破损及裂缝情况（图 3-18）。

② 墩台基础埋置深度是否满足洪水冲刷要求，有无过度冲刷现象（图 3-19）。

图 3-18　墩台外观检查

图 3-19　墩台基础外观检查

③ 墩台有无下沉、滑动、倾斜等现象。

④ 地下水位变化及周围开挖对墩台及地基基础的影响。

3.2.5 注意事项

日常巡查时应注意以下事项：

(1) 日常巡查前，应由桥梁管理信息系统或人工制定当天要巡查的桥梁及巡查路线。

(2) 巡查时，对中小跨径桥梁应不少于 15min 的查看，所有规定项目均要逐一仔细检查。

(3) 要求在桥区范围来回两次查看情况，并在病害数量统计时，应采用累加方式，有缺陷且要求维修的项目要进行照相，并在《城市桥梁日常巡检报表》的"备注"栏中注明相片编号和建议维修措施。

(4) 经常性检查中的建议维修分为紧急维修和一般维修，维修处理时间应尽量快，分别为 2d 内和 5d 内。

(5) 对一周范围内已提出建议维修桥梁的相关项目，要求检查是否已经维修，并做记录。

(6) 巡检过程中发现设施明显损坏，影响车辆和行人安全，应及时采取相应维护措施，包括现场纠正违章操作、在交警配合下暂时限制交通等，并立即向主管部门报告。

(7) 经常性检查记录应每日整理归档，将相关信息数据录入桥梁管理信息系统，要求维修的项目需要提交维修部门限期处理，或在管理信息系统中进行相关的注明，以便系统辅助或自动安排日常维修事项。

(8) 定期（如每月）提出经常性检查工作的总结和评价意见，以改进工作效率。

3.3 定期检测

3.3.1 定义、实施周期及检测人员等

定期检测分为常规定期检测和结构定期检测两个层次。常规定期检测主要针对桥梁结构中常见的缺损及日常养护的实施效果，每年进行一次简易快速的结构技术状况的动态数据采集，并以书面报告及必要的影像资料对设施的运行状态作出评定，是制订年度养护维修计划的主要依据。常规定期检测应由专职桥梁养护工程技术人员或实践经验丰富的桥梁工程技术人员负责，并应对每座桥梁制订相应的定期检测计划和实施方案。常规定期检测宜以目测为主，并应配备如照相机、裂缝观测仪、探查工具及现场的辅助器材与设备等必要的量测仪器。

结构定期检测的目的是以固定周期对桥梁结构安全进行检测。结构定期检测是评定桥梁结构的状况、结构的性能与承载能力，对桥梁结构状态的所有方面进行详细调查，确认和量化结构的退化程度。认定缺损原因和推荐适当的消除措施，包括养护、维修、加固措施或建议特殊检查。结构定期检测应由相应资质的专业单位承担，制定详细的方案并由主管部门审批。检测负责人应具有 5 年以上城市桥梁专业工作经验。结构定期检

查周期根据桥梁结构养护级别而定。

两种定期检测的具体要求、周期、检测技术和检测人员均有所区别，如表 3-4 所列：

表 3-4 常规定期检测与结构定期检测

	常规定期检测	结构定期检测
定义	主要针对桥梁结构中常见的缺损及日常养护的实施效果； 简易快速的结构技术状况的动态数据采集	固定周期对桥梁结构安全进行检测，对桥梁结构状态的所有方面进行详细调查，确认和量化结构的退化程度
功能	制订年度养护维修计划的主要依据； 根据结果对城市桥梁进行技术状况评估分级	评定结构的状况、性能和承载能力； 寻找已存在的和隐含的缺陷； 认定缺损原因和推荐适当的维修措施； 制订预防性结构维修计划，建立维修计划的优先次序
计划与方案要求	对每座桥梁制订相应的定期检测计划和实施方案	根据桥龄、交通量、车辆载重、桥梁使用历史、已有技术评定、自然环境以及桥梁临时封闭的社会影响制订详细计划； 计划应包括采用的测试技术与组织方案； 计划应提交主管部门等待批准
周期	每年一次可根据城市桥梁实际运行状况和结构类型、周边环境等适当增加检测次数； Ⅰ类养护的城市桥梁为至少每年一次	Ⅰ类养护的城市桥梁根据桥梁类型和构件退化模式，确定检测频率，具体见各类大型桥梁的养护指引手册； Ⅱ～Ⅴ类养护的城市桥梁间隔宜为 6～10 年，应包括桥梁结构中所有构件，关键部位可设仪器监控测试
检测技术	外观检测为主	外观检测、专门检测技术、材料取样试验
检测人员	专职桥梁养护工程技术人员（具有 5 年以上桥梁养护管理经验、具有工程师资格）执行； 实践经验丰富的桥梁工程技术人员（具有 5 年以上桥梁施工、养护维修、管理经验）负责	相应资质的专业单位承担； 由具有 5 年以上城市桥梁养护、管理、设计、施工经验的人员执行； 检测负责人应具有 5 年以上城市桥梁专业工作经验，具备必需的养护知识

3.3.2 主要检测技术

1. 外观检测

在定期检测中，外观检测是基本的技术手段。迅速查找桥梁构件的病害并进行正确的识别是外观检测的关键，这就需要检测人员通过一定的技术培训，并在现场实践中积累足够的经验。

在实际操作中，除了对相关病害进行详实的记录外，还应熟练使用数码相机拍照。拍照时，首先用粉笔圈出病害范围或描出裂纹走向等，并使用标示便贴或可反复擦写的标示牌，注明以下内容：病害所在的桥梁构件编号、发现日期、具体位置、病害形式与程度范围等。随后将标示牌置于病害附近，使用照相机拍照。现场如有需要评分的项目应进行评分，需要现场提出维修建议的也应现场决定。

2. 材料检测

在结构定期检测中，有时需要测定结构材料的强度，包括混凝土和钢材强度。具体检测方法见《城市桥梁检测与评定技术规范》(CJT/T 233—2015)第4章4.4节。

3. 专门检测

在结构定期检测中,常用的有混凝土的碳化深度测试、混凝土氯离子含量测定、钢筋锈蚀程度测试和钢结构超声波裂纹探测等。具体检测方法见《城市桥梁检测与评定技术规范》(CJT/T 233—2015)第4章4.6节。

3.3.3 检测实施前的准备工作

现场检测工作开始前,首先要完成必要的准备工作,包括获取资料、安排设备等。

1. 获取资料

可从桥梁管理系统或桥梁档案室里获得即将检测的桥梁结构的相关资料和记录,检测人员需要研读以下信息:

(1) 桥梁竣工图及相关信息

桥梁结构型式、桥孔数、桥梁类型(简支桥、连续桥、悬臂桥)、桥梁主要构件材料、上部结构的桥面板及主梁的型式、支座型式,下部结构的盖梁与桥墩结构型式、基础型式,以及桥梁建造年份、设计荷载等基本资料,无桥梁竣工图时,可参考桥梁设计图。

(2) 检测记录及相关报告

桥梁过去的检测数据和报告,了解构件退化演变情形,可用于分析判断哪些构件检测时需进行更详细的检查。

(3) 维修记录

了解过去的构件维修情形,可提供维修方式、范围的判断参考。

(4) 地质资料

桥墩基础的地质资料,可提供是否需特别注意桥墩基础的沉陷及掏空病害。

(5) 水文资料

记载历年河道位置、断面、形状及洪水频率、最高洪水位等数据,可供检测河道断面及水位变化,以及分析判断河道保护设施是否妥当,是否尚需加强的参考。

2. 设备安排与准备

为避免现场遗漏检测构件及减少检测现场不必要的重复作业,检测前应安排好各种设备,如准备好检测表格、记事本及桥梁简图(或构件编号图),安排适当的现场检测方法及设备(检测车辆或租借船只等),并整理检测工具。

除准备几份空白的检测报告表供记录填写外,也应准备前一次的检测报告,供本次检测时对比,以便了解本次检测应特别注意检测的构件。

每座桥梁的断面,结构型式不尽相同,故检测前应依桥梁资料绘制该座桥梁简图,简图的绘制应尽量简单清楚。桥梁简图在桥梁信息管理系统中调出打印即可。

检测的专用设备,包括到达设备和检测使用工具,要提前联系和确认,根据定期检测携带工具设备表来选择设备,设备应提前检查,必须保证所有设备是完好可用的,有足够的粉笔、相机电池和其他消耗材料。

定期检测的常规携带设备如表3-5所示。

表 3-5 定期检测携带工具设备表

检测类型		携带工具设备	数量	已准备	备注
常规定期检测（A）	A	长柄扫帚、钢刷、刮刀、平头起子、铲子			
		手电（防洪、防雨灯）			
		工作套装（防雨，带胶靴）			
		钢卷尺（5~30m）			
		检测报告表			
		粉笔、标示笔			
		三角板、量角器			
		记事本、桥梁简图			
		放大镜			
		铅锤			
		裂缝观测仪			
		数码相机（广角、近照、闪光灯）			
		医药袋			
		对讲机			
		标示牌（可反复擦写）及标示便贴（反面有单面胶）			
结构定期检测（A＋B）	B	染色剂			
		温度计			
		扭力扳手、钢钎、凿子			
		曲柄钻和钻头或可充电电钻			
		高筒防水靴（用橡皮筋系在胸部）			
		带灯的矿工帽（用于箱梁内部）			
		带直边的水准尺			
		双筒望远镜			
		游标卡尺			
		水下相机或摄像机			

3.3.4 检测顺序

制定合适的检测顺序可以提高检测的效率，因此在制订检测计划时应予以考虑。对于单跨桥梁结构，检测顺序为桥面板以上的上部结构→桥面板以下的上部结构→下部结构→水道；对于多跨桥梁结构，可逐跨进行检测，也可根据检测到达设备或交通组织的便利性，优先进行某专项，如桥面板以上的上部结构。一般的桥梁构件检测顺序如表 3-6 所示。

表 3-6 桥梁构件的一般检测顺序

1. 桥面板以上的上部结构	2. 桥面板以下的上部结构	3. 下部结构	4. 水道
·引道 ·桥面铺装 ·伸缩缝 ·人行道及路缘石 ·栏杆 ·排水系统 ·照明 ·限载牌等交控设施	·桥面板的下表面 ·支座 ·主要支撑构件（承重构件） ·次支撑构件（传力构件） ·抗震挡块或抗震销座	·桥台 ·桥墩 ·盖梁 ·基础、基桩	·河堤及保护构筑物 ·通航净空 ·水深 ·航向指示灯或指示标志

3.3.5 常规定期检测范围及内容

1. 常规定期检测范围

常规定期检测应包括以下范围：
(1) 桥面系：桥面铺装、桥头搭板、伸缩装置、排水系统、人行道、护栏等。
(2) 上部结构：主梁、主桁架、主拱圈、横梁、横向联系、主节点、挂梁、连接件等。
(3) 下部结构：支座、盖梁、墩身、台帽、台身、翼墙、锥坡及河床冲刷情况等。

2. 常规定期检测内容

常规定期检测包括以下内容：
(1) 对照城市桥梁资料表和设备量年报表现场校核城市桥梁的基本静态数据。
(2) 不同桥梁类型通常构件的病害特点和表现形式不同，应实地判断病害形式和原因，估计维修范围和方案。
(3) 对难以判断其损坏程度和原因的构件，提出作特殊检测的建议。
(4) 对损坏严重、危及安全的城市桥梁，提出限载以至暂时限制交通的建议。
(5) 根据城市桥梁技术状况，确定下次检测的时间。

3.3.6 结构定期检测内容

结构定期检测内容应以常规定期检测的结果为基础，采取较深入的检测手段，进行较为全面的病害和退化的状况与原因分析。检测的重点应集中在桥梁的上部结构及基础，其具体内容如表 3-7 所示。

表 3-7 结构定期检测重点内容

项目		具体内容
桥跨结构	主梁； 主拱圈； 桁架； 拱桥拱上建筑； 系杆拱的吊杆； 斜拉桥的索塔和拉索； 主梁、主拱圈、桁架等之间的横向联系	结构实际尺寸，包括截面尺寸、跨径、填料厚度、拱轴线、钢筋直径和布置等； 混凝土的空洞、蜂窝、剥落、层离、风化隆起、露筋、裂缝、破碎及钢筋锈蚀等； 圬工砌体的开裂、风蚀、砌缝填料脱落等； 钢结构的涂层脱落、生锈、变形、裂纹、焊缝开裂和铆钉、螺栓松动脱落等； 桥跨结构的不正常变形（如开裂），支承处主要承重构件的局部承压不够； 承重构件横向联接开裂、脱落失效； 组合结构结合面张开、错位； 拱圈纵横开裂，拱轴变形和侧墙鼓胀； 索塔顶水平变位、扭转变形、拉索套管的破裂、拉索锈蚀、锚头病害等； 构件材料力学性能，如圬工砌体、混凝土和钢材的强度，弹性模量等
下部结构	桥墩台 基础 冲刷与防撞防护工程	墩台材料的风化、水蚀、剥落、破损及裂缝等； 冲刷与碰撞防护工程的损坏、失落和撞击破坏等； 墩台基础的冲刷及倾斜、滑动、下沉或冻结及水平位移等； 地基基础开挖或触探检查

桥梁的结构定期检测应注重以下几个方面的工作。

（1）查阅历次检测报告和常规定期检测中提出的建议。

（2）根据常规定期检测中桥梁状况评定结果，深入进行桥梁构件的检测。

（3）通过材料取样试验，确认材料特性、退化的程度和退化的性质。

（4）分析确定退化的原因，以及对结构性能和耐久性的影响。

（5）对可能影响结构正常工作的构件，评价其在下一次检查之前的退化情况。

（6）检测桥梁的淤积、冲刷等现象，记录水位。

（7）通过综合检测评定，确定具有潜在退化可能的桥梁构件，提出相应的养护措施。

由于结构定期检查的特殊性，必要时可进行荷载试验和分析评估。

结构定期检测应由执行的检测单位设计专门的检测记录表格，用于现场病害的检测记录，现场记录表格至少应包括"结构状态评定""结构缺陷记录""特殊构件信息"和"照片记录与描述"，并应符合以下规定：

（1）结构状态评定应符合常规定期检测中的评分标准，Ⅰ类养护的城市桥梁结构状态评估应按实际缺陷进行；Ⅱ～Ⅴ类养护的城市桥梁的缺陷，按本章3.5节的评分标准表进行评估，同时填写以下相关内容：

① 列出所有桥梁构件的侵蚀情况。

② 构件的实测缺陷类型和程度。

（2）对Ⅰ类养护的城市桥梁评为不合格级的，或退化速度过快的构件，Ⅱ～Ⅴ类养护的城市桥梁结构状况评定D级、E级的，应在结构缺陷记录中记录以下相关内容：

① 构件编号。

② 构件描述。

③ 构件在结构中的位置。

④ 缺陷描述：包括缺陷位置、程度、产生的原因和可能的退化、照片编号、所有材料试验的细节和材料在结构中的部位。

（3）对于特殊构件信息应记录状态评定表和结构缺陷记录中没有涵盖的信息，包括以下内容：

① 没有在评分标准中定义的构件，应作详细记录，并研究在管理系统中的表示方式。

② 无法检测的构件，并说明不能检测的原因。

③ 河道的淤积、冲刷、水位记录。

④ 记录材料测试和取样的位置并编号，以便试验结果的交叉参考。

（4）照片记录与描述中的照片应针对构件缺陷拍摄，并使用标示牌或标示便贴。

3.3.7 报告整理与提交

1. 常规定期检测

常规定期检测的状态记录、评分及养护维修管理措施的建议，应及时整理、归档，并录入城市桥梁管理系统数据库。

2. 结构定期检测

由结构定期检测工程师将检测资料整理成相关表格。现场拍摄照片应说明缺陷，并在报告中用专门的表格制作照片索引及注释说明。所有现场记录资料以及结构定期检测报告应以电子文档和书面形式在现场调查完成后 15 个工作日内提供给管理部门。

结构定期检测的检测报告应突出以下几点内容：
(1) 记录当前桥梁现行状态，以用于将来参考。
(2) 使用相关规程或数据分析结果，确定桥梁承载能力。
(3) 提供对短期故障清除措施的指导。
(4) 提供原始数据，用于整个桥梁的全寿命管理。

为了有效地记录桥梁状态，检测报告还应满足以下要求：
(1) 书面的语句应清楚、简洁和精确，总结每个结构单元状态，描述缺陷并按一贯尺度评定。
(2) 详细描绘重要缺陷的性质和程度。
(3) 用照片显示总体结构（引桥、立面和侧面图）和所有重要缺陷。
(4) 推荐修复措施，包含日常养护、修补和加固，按照紧急和必要程度排列优先次序，每项推荐措施都应该包含成本估算。

检测报告应有一贯性，以便不同检测人员在不同的时间里准备的检测报告能直接相互比较，使多年来的一系列检测报告可以用来确定结构性能改变，得到退化速率估计以及计算剩余寿命，帮助决定养护和维修措施。

3.3.8 检测安全事项

桥梁检测多是外业，具有一定的危险性，须重视安全问题。桥梁检测员需爬上爬下于结构物上或通行于不良的通道中，尤其检测高桥墩桥梁或过水桥梁时，检测员经常处于危险的环境中。桥梁的现场检测尤其应注意安全事项，主要包括检测人员自身安全、一般安全预防措施和交通安全保障等。

1. 检测人员自身安全

态度、警觉、常识，是检测人员维护自身安全的三个因素，良好的工作习惯与工作态度至关重要。检测员应遵守安全准则，采取必要的个人保护措施，遵循安全操作指南，保护自身的安全。检测员自身安全维护的基本原则包括：
(1) 保持良好的睡眠。
(2) 维持健康的体能状况。
(3) 使用适当的工具。
(4) 保持工作范围内安全措施的完整。
(5) 遵守工作安全守则。
(6) 应用一般常识与良好判断。
(7) 避免饮酒及服用药物。

2. 个人防护

检测员的个人防护包括：

(1) 穿着适当的检测服装、工作鞋及反光背心，并佩戴安全帽。
(2) 佩戴工作袋，供放置简单工具、对讲机、记事本及检测表格。
(3) 特别工作的环境，如喷砂等，应佩戴护目镜及口罩，必要时应戴防毒面具。
(4) 水上作业时，应系安全带及穿救生衣。
(5) 高空作业时，应佩戴安全帽和安全带。
(6) 视情况需要佩戴手套。

3. 一般安全预防措施

桥梁检测作业的一般安全预防措施规定如下：
(1) 所有现场的电缆或电线均应假定为通电中，检测之前所有电源应全部切断，尤其检测跨铁路桥梁时，应注意机车高压线的事先处理。
(2) 检测时必须维持两个人以上，以便互相照应。
(3) 水上作业最好备有船只、救生圈、无线电对讲机等设备，以便紧急时对外救援。
(4) 水上作业时，穿着的防水衣裤应防止进水，以免妨碍游泳。
(5) 水下检测应由有潜水专业资格证的人员来进行。
(6) 检测跨越桥时，应将检测工具、笔记本及眼镜等系好，以免掉落影响跨越桥下方的交通，甚至伤及跨线桥下方的车辆或行人。
(7) 密闭场所检测时，如检测箱型梁内部，应配备手电筒，必要时应准备氧气设备。箱型梁内部是否有沼气，也应事先鉴定，以免发生危险。
(8) 若使用船只检测，应先检查所乘船只是否安全；使用桥梁检测车检测时，应先检查桥梁检测车功能是否正常。

4. 交通安全保障

由于定期检测对交通的干扰比经常性检测要大得多，因此应采取交通维护措施，以保障检测人员、检测设备及行经该处车辆的安全。按照相关规定设置必要的交通红桶、引导标志或标志车及引导员等。检测前应按计划备妥必要的交通维持设施及人员，并注意以下事项：
(1) 尽量减少对交通的妨碍，根据交通需要，适当调整检测时段，避开交通高峰时段检测。
(2) 检测区的前方，应设置清楚正确的防撞和交通引导措施。
(3) 长时间的检测，在检测期间内应定时检查交通管制设施的完整。
(4) 负责交通管制的人员，应先经适当的培训。

3.4 特殊检测

3.4.1 定义

特殊检测主要指的是在特殊情况下进行的检测活动，如火灾、水灾、地震或事故损伤，以及为了满足管理的特别需求（荷载变化、通行重车等），由专业人员依据一定的物理、化学检测手段，并辅以现场和试验测试等特殊手段对桥梁及构件进行详细检测和综合分析，其目的是查明桥梁病害原因、破损程度、范围和实际承载能力，确定桥梁或主要构件的技术状态，分析损坏所造成的后果以及潜在缺陷可能给结构带来的危险，以便采取相应的技术措施。

特殊检测一般由现场检查和实验室测试分析两大部分组成，包括材料检测、计算分析评估和荷载试验三方面的工作。特殊检测的检测结果应提交书面报告。

3.4.2 检测人员资格、检测时机与检测设备

特殊检测应由相应资质的专业单位承担，检测负责人和主要检测人员均应具有城市桥梁专业工程师资格，且具有5年以上城市桥梁养护、管理、设计、施工经验。

特殊检测没有固定的检测周期，城市桥梁在下列情况下应进行特殊检测：

（1）城市桥梁遭受洪水冲刷、流冰、漂流物、船舶或车辆撞击、滑坡、地震、风灾、火灾、化学剂腐蚀、车辆荷载超过桥梁限载的车辆通过等特殊灾害造成结构损伤。

（2）城市桥梁常规定期检测中难以判明是否安全的桥梁。

（3）为提高或达到设计承载等级而需进行修复加固、改建、扩建的城市桥梁。

（4）超过设计使用年限，需延长使用的城市桥梁。

（5）常规定期检测中，被评定为不合格级的Ⅰ类养护的城市桥梁和被评定为D级或E级的Ⅱ～Ⅴ类养护的城市桥梁。

（6）常规定期检测发现加速退化的桥梁构件需补充检测的城市桥梁。

除了携带定期检测的相关工具和设备外，还应视检测内容，有选择地携带较复杂的工具及设备，如表3-8所示。

表3-8 特殊检测携带工具设备

检测类型	工具设备	数量	已准备	备注
特殊检测	经纬仪			
	水准仪			
	智能全站仪			
	混凝土强度回弹仪			
	超声波裂纹深度探测仪			
	钢筋位置探测仪			
	钢筋保护层仪			
	X射线设备			
	取芯钻样机			
	氯离子测定仪			

3.4.3 检测内容

实施特殊检测前，检测单位应额外进行以下资料的调查研究：

(1) 竣工资料。
(2) 识别和鉴定桥梁结构的主要材料以及它们的力学指标。
(3) 特殊检测的原因，影响桥梁承载能力的因素。
(4) 历次桥梁定期检测和特殊检测报告。
(5) 历次维修资料。
(6) 交通量统计资料。

城市桥梁特殊检测应包括现场检查和实验室测试。城市桥梁特殊检测的现场检查和实验室测试的主要项目如表 3-9 所示。

表 3-9 城市桥梁特殊检测的项目

需特殊检查的情况		检查项目				
		洪水	滑坡	地震	超重车辆行驶（改造前）	撞击
(1) 在地震、洪水、滑坡、超重车辆行驶、船只或重大漂浮物撞击之后； (2) 决定对单一的桥梁进行改造、加固之前	上部	栏杆损坏；桥体位移和损坏落梁、排水设施失效	因桥台推出而压屈及变形	落梁、支座损坏、错位	梁、拱、桥面板裂缝、支座损坏、承载力测定	被撞构件及联系部位破坏、支座破坏
	下部	因冲刷而产生的沉陷和倾斜	桥台推出、胸墙破坏	沉陷、倾斜位移、圬工破坏、抗震墩破坏	墩台裂缝沉陷	墩台位移
(3) 桥梁定期检查难以判明损坏原因、程度及整座桥的技术状况时； (4) 桥梁技术状况在不合格或 D 级以下的； (5) 超过设计使用年限	(1) 结构验算、水文验算； (2) 静载、动载试验； (3) 用精密仪器对病害进行现场调查和试验分析 ① 混凝土裂缝外观及显微调查、混凝土碳化鉴定、氯化试验、湿度调查、强度测试、结构分析； ② 钢筋位置、锈蚀状态调查； ③ 预应力钢筋现状及灌浆管道状况、空隙情况调查； ④ 桥面防水层状况调查； ⑤ 桥面铺装状况调查					

3.4.4 检测手段与方法

结构材料缺损状况的诊断，应根据材料缺损的类型、位置和检测的要求，选择表面测量、无损检测技术和局部取试样等方法。试样宜在有代表性构件的次要部位获取。检测与评估应依照相应的试验标准进行。

结构整体性能、功能状况评估应根据诊断的构件材料质量状况及其在结构中的实际功能，用计算分析评估结构承载能力。当计算分析评估不满足或难以确定时，用静力荷载方法鉴定结构承载能力，用动力荷载方法测定结构力学性能参数和振动参数。结构检算、荷载试验和评估应符合国家现行有关标准的规定。

3.4.5 报告整理与提交

特殊检测报告应包括以下主要内容：
（1）概述桥梁基本情况、检测组织、时间背景和工作过程。
（2）描述桥梁技术状况、试验与检测项目及方法、检测数据与分析结论、桥梁技术状况评价。
（3）阐述检测部位的损坏原因及程度，评定桥梁继续使用的安全性。
（4）提出结构及局部构件的维修、加固或改造的建议方案，以及维护管理措施。

3.4.6 检测安全事项

（1）对特殊检测结果不满足要求的城市桥梁，在维修加固之前，应立即采取限载、限速或封闭交通措施，并应继续监测结构变化。
（2）荷载试验时加荷载应经过计算分析确定，加载时应逐步加载，设计、布置试验仪器时，要安装预警装置。加载过程除预警装置监视试验桥梁安全外，还要用仪器严密监视设施状态变化，当设施状态变化超过预定变化限值时，应立即停止试验。

3.5 桥梁技术状况等级评定

3.5.1 桥梁技术状况评估方法

《城市桥梁养护技术标准》（CJJ 99—2017）中规定Ⅱ～Ⅴ类养护的城市桥梁技术状况的评估应包括：桥面系、上部结构、下部结构和全桥评估，采用先构件后部位再综合及与单项直接控制指标相结合的办法评估。这是一种基于目视检测的桥梁状态评估法又称为分层加权法，对桥面系、上部结构和下部结构按《城市桥梁养护技术标准》（CJJ 99—2017）中附录 D 的评分等级、扣分表分别进行评估，再综合得出整座桥梁技术状况的评估。

该方法与以往的评定方法相比，具有以下优点：
（1）概念明确、方法简单，将病害类型具体化，在底层的扣分项上，针对具体的构件病害程度进行，增强了外观调查的客观性。
（2）不需要对桥梁各部分的损坏进行现场评分，仅需要对各部分的损坏状况进行现场描述和记录，降低了对定期检测人员的要求，使一般的养护人员经过简单培训便可从事定期检测的工作。
（3）考虑不同桥梁类型的特点，不同类型的桥梁由于其组成不同、受力特点不同，所以权重也不相同。

（4）评定方法详细到构件，评定过程可以准确反映具体的损坏部位，便于根据数据的积累监视桥梁状况的恶化过程，使养护人员不仅知道整个桥梁的综合状况，也能了解桥梁具体组成部分的损坏状况。

（5）在维修策略上直接考虑评分较低的低层参评构件，即维修策略针对较底层构件，有利于确定维修优先级，特别有助于维修效益——利润分析，很适用于桥梁网络级信息管理系统。

3.5.2 桥梁技术状况评估具体操作

根据桥梁构件表观损坏的检查情况，分别计算出桥梁的桥面系、上部结构、下部结构的 BCI 和 BSI 值，评定其完好状况和结构状况等级。

1. 技术状况评估方法

城市桥梁技术状况评估主要依据《城市桥梁养护技术标准》（CJJ 99—2017），对桥梁所有构件逐项进行检查，主要包括以下几个方面的内容：

（1）桥面系

梁式桥、桁架桥、拱桥、刚构桥、悬臂＋挂梁：桥面铺装、桥头平顺、伸缩装置、排水系统、人行道、栏杆或护栏。

人行天桥：桥面铺装、伸缩装置、排水系统、栏杆或护栏。

（2）上部结构

梁桥：主梁、横向联系。

悬臂＋挂梁：悬臂梁、挂梁、挂梁支座、防落梁装置。

刚构桥：主梁、横向联系。

桁架桥：桁片、主节点、纵梁、横梁、连接件。

钢结构拱桥圬工拱桥（无拱上构造）：主拱圈（桁）、横向联系。

钢筋混凝土拱桥、圬工拱桥（有拱上构造）：主拱圈、拱上构造、横向联系。

人行天桥（梁桥）：主梁、横向联系、外部装饰板。

人行天桥（钢桁架桥）：桁片、主节点、纵梁、横梁、连接件、外部装饰板。

（3）下部结构

梁式桥、桁架桥、刚构桥、悬臂＋挂梁：台帽盖梁、墩台身、支座、基础、耳背翼墙。

拱桥：台帽盖梁、墩台身、拱脚、基础、耳背翼墙。

人行天桥：台帽盖梁、墩台身、支座、基础、外部装饰板。

2. Ⅰ类养护的城市桥梁完好状态的分类

合格级——桥梁结构完好或结构构件有损伤，但不影响桥梁安全，应进行保养、小修。

不合格级——桥梁结构构件损伤，影响结构安全，应立即修复。

3. Ⅱ～Ⅴ类养护的城市桥梁技术状况评估方法

（1）Ⅱ～Ⅴ类养护的城市桥梁技术状况的评估包括：桥面系、上部结构、下部结构和全桥评估。应采用先构件后部分再综合及与单项直接控制指标相结合的办法评估。

(2) Ⅱ～Ⅴ类养护的城市桥梁，应以桥梁状况指数 BCI 确定桥梁技术状况；应以桥梁结构指数 BSI 确定桥梁不同组成部位的结构状况。应按分层加权法根据桥梁定期检测记录，对桥面系、上部结构和下部结构按《城市桥梁养护技术标准》(CJJ 99—2017) 附录 D 的评分等级、扣分表分别进行评估，再综合得出整座桥梁技术状况的评估。

(3) 桥面系的技术状况应采用桥面系状况指数 BCI_m 表示；桥面系的结构状况应采用桥面系结构指数 BSI_m 表示。根据桥面铺装、桥头平顺、伸缩装置、排水系统、人行道和栏杆等要素的损坏扣分值，BCI_m 和 BSI_m 应按下列公式计算：

$$BCI_m = \sum_{h=1}^{a}(100 - MDP_h) \cdot \omega_h$$

$$BSI_m = \min(100 - MDP_h)$$

$$MDP_h = \sum_i DP_{hi} \cdot \omega_{hi}$$

$$\omega_{hi} = 3.0\mu_{hi}^3 - 5.5\mu_{hi}^2 + 3.5\mu_{hi} \qquad \mu_{hi} = \frac{DP_{hi}}{\sum_i DP_{hi}}$$

式中　h——桥面系的评估要素，包括桥面铺装、桥头平顺、伸缩装置、排水系统、人行道和栏杆；

　　　a——桥面系评估要素的总数；

MDP_h——桥面系第 h 类要素中损坏的综合扣分值 [当 $MDP_h <$ max(DP_{hi}) 时，取值为 max(DP_{hi})；当 $MDP_h >$ 100 时，取值为 100]；

　　ω_h——桥面系第 h 类要素的权重，按表 3-10 的规定取值；

　DP_{hi}——桥面系第 h 类要素中第 i 项损坏的扣分值；

　ω_{hi}——桥面系第 h 类要素中第 i 项损坏的权重；

　μ_{hi}——桥面系第 h 类要素中第 i 项损坏的扣分值占桥面系第 h 类要素中所有损坏扣分值的比例。

表 3-10　桥面系各要素权重值

评估要素	权重	评估要素	权重
梁式桥　桁架桥　拱桥　刚构桥　悬臂＋挂梁			
桥面铺装	0.30	排水系统	0.1
桥头平顺	0.15	人行道	0.1
伸缩装置	0.25	栏杆或护栏	0.1
人行天桥			
桥面铺装	0.40	排水系统	0.20
伸缩装置	0.15	栏杆或护栏	0.25

注：在计算 BCI_m 时，未出现的要素其权重应按剩余要素权重的比例关系重新分配给剩余要素。

(4) 桥梁上部结构技术状况的评估应逐跨进行，然后再计算整座桥梁上部结构的技术状况指数 BCI_s。桥梁上部结构的结构状况应采用上部结构结构状况指数 BSI_s 表示。BCI_s 和 BSI_s 应按下列公式计算：

$$BCI_s = \frac{1}{b}\sum_{i=1}^{b} BCI_{si}$$

$$BSI_s = \min(BCI_{si})$$

$$BCI_{si} = \sum_{j=1}^{c}(100 - SDP_{ij}) \cdot \omega_{ij}$$

$$SDP_{ij} = \sum_{k} DP_{ijk} \cdot \omega_{ijk}$$

$$\omega_{ijk} = 3.0\mu_{ijk}^3 - 5.5\mu_{ijk}^2 + 3.5\mu_{ijk}$$

$$\mu_{ijk} = \frac{DP_{ijk}}{\sum_{k} DP_{ijk}}$$

式中 BCI_{si}——第 i 跨上部结构技术状况指数；

b——桥梁跨数；

SDP_{ij}——第 i 跨上部结构中第 j 类构件损坏的综合扣分值 [当 SDP_{ij} < max(DP_{ijk}) 时，取值为 max(DP_{ijk})；当 SDP_{ij} > 100 时，取值为 100]；

ω_{ij}——第 i 跨上部结构中第 j 类构件的权重，按表 3-11 的规定取值；

c——第 i 跨上部结构的桥梁构件类型数；

DP_{ijk}——第 i 跨上部结构中第 j 类构件第 k 项损坏的扣分值；

ω_{ijk}——第 i 跨上部结构中第 j 类构件第 k 项损坏的权重；

μ_{ijk}——第 i 跨上部结构中第 j 类构件第 k 项损坏的扣分值占第 j 类构件所有损坏扣分值的比例。

表 3-11 桥梁上部结构各构件的权重

结构形式	构件类型	权重
梁桥	主梁	0.60
	横向联系	0.40
悬臂+挂梁	悬臂梁	0.60
	挂梁	0.20
	挂梁支座	0.10
	防落梁装置	0.10
刚构桥	主梁	0.80
	横向联系	0.20
桁架桥	桁片	0.50
	主节点	0.10
	纵梁	0.20
	横梁	0.10
	连接件	0.10
钢结构拱桥圬工拱桥（无拱上构造）	主拱圈（桁）	0.70
	横向联系	0.30

续表

结构形式	构件类型	权重
钢筋混凝土拱桥 圬工拱桥 （有拱上构造）	主梁	0.50
	拱上构造	0.20
	横向联系	0.30
人行天桥 （梁桥）	主梁	0.55
	横向联系	0.35
	外部装饰板	0.10
人行天桥 （钢桁架桥）	桁片	0.48
	主节点	0.08
	纵梁	0.18
	横梁	0.08
	连接件	0.08
	外部装饰板	0.10

注：在计算 BCI_s 时，未出现的构件类型其权重应按剩余构件类型权重的比例关系重新分配给剩余构件类型。

(5) 桥梁下部结构技术状况的评估应逐墩（台）进行，然后再计算整座桥梁下部结构的技术状况指数 BCI_x，桥梁下部结构的结构状况采用下部结构的结构状况指数 BSI_x 表示。按下列公式计算 BCI_x、BSI_x 值：

$$BCI_x = \frac{1}{b+1}\sum_{j=0}^{b} BCI_{xj}$$

$$BSI_x = \min(BCI_{xj})$$

$$BCI_{xj} = \sum_{k=1}^{d}(100 - SDP_{jk}) \cdot \omega_{jk}$$

$$SDP_{jk} = \sum_l DP_{jkl} \cdot \omega_{jkl}$$

$$\omega_{jkl} = 3.0\mu_{jkl}^3 - 5.5\mu_{jkl}^2 + 3.5\mu_{jkl}$$

$$\mu_{jkl} = \frac{DP_{jkl}}{\sum_l DP_{jkl}}$$

式中 BCI_{xj}——第 j 号墩（台）下部结构技术状况指数；

b——桥梁跨数；

SDP_{jk}——第 j 号墩（台）下部结构中第 k 类构件的综合扣分值［当 $SDP_{jk}<\max(DP_{jkl})$ 时，取值为 $\max(DP_{jkl})$；当 $SDP_{jk}>100$ 时，取值为 100］；

ω_{jk}——第 j 号墩（台）下部结构中第 k 类构件的权重，按表 3-12 的规定取值；

d——第 j 号墩（台）下部结构的构件类型数；

DP_{jkl}——第 j 号墩（台）下部结构中第 k 类构件第 l 项损坏的扣分值；

ω_{jkl}——第 j 号墩（台）下部结构中第 k 类构件第 l 项损坏的权重；

μ_{jkl}——第 j 号墩（台）下部结构中第 k 类构件第 l 项损坏的扣分值占第 k 类构件所损坏扣分值的比例。

表 3-12 桥梁下部结构各构件的权重

部位	构件类型	权重	部位	构件类型	权重
梁式桥 桁架桥 刚构桥 悬臂+挂梁					
桥墩	盖梁	0.15	桥台	台帽	0.15
	墩身	0.30		台身	0.20
	基础	0.40		基础	0.40
	支座	0.15		耳墙（翼墙）	0.10
				支座	0.15
拱桥					
桥墩	盖梁	0.10	桥台	台帽	0.10
	墩身	0.30		台身	0.30
	基础	0.45		基础	0.35
	支座	0.15		耳墙（翼墙）	0.10
				支座	0.15
人行天桥					
桥墩	盖梁	0.18	桥台	台帽	0.20
	墩身	0.34		台身	0.40
	基础	0.20		基础	0.20
	外部装饰板	0.10		支座	0.20
	支座	0.18			

注：在计算 BCI_x 时，未出现的构件类型其权重应按剩余构件类型权重的比例关系重新分配给剩余构件类型。

（6）整个桥梁的技术状况指数 BCI 根据桥面系、上部结构和下部结构的技术状况指数，应按下式计算：

$$BCI = BCI_m \cdot \omega_m + BCI_s \cdot \omega_s + BCI_x \cdot \omega_x$$

式中　ω_m、ω_s、ω_x——桥面系、上部结构和下部结构的权重，如表 3-13 所示。

表 3-13 桥梁结构组成部分的权重

桥梁类型	桥梁部位	权重	桥梁类型	桥梁部位	权重	桥梁类型	桥梁部位	权重
梁式桥 桁架桥 刚构桥 悬臂+挂梁	桥面系	0.15	拱桥	桥面系	0.10	人行天桥	桥面系	0.15
	上部结构	0.40		上部结构	0.45		上部结构	0.45
	下部结构	0.45		下部结构	0.45		下部结构	0.40

（7）桥梁上部结构、下部结构、桥面系以及整座桥梁结构的完好状况可按表 3-14 所示的标准评估。

表 3-14 桥梁完好状况评估标准

BCI^*	[90, 100]	[80, 90)	[66, 80)	[50, 66)	[0, 50)
评估等级	A	B	C	D	E

注：BCI^* 表示 BCI、BCI_m、BCI_s 或 BCI_x。BCI 的计算可应用 BCI 软件进行。

（8）桥梁上部结构、下部结构、桥面系的结构状况可按表 3-15 所示的标准评估。

表 3-15 桥梁结构状况评估标准

BSI^*	[90, 100]	[80, 90)	[66, 80)	[50, 66)	[0, 50)
评估等级	A	B	C	D	E

注：BSI^* 表示 BSI、BSI_m、BSI_s 或 BSI_x。BSI 的计算可应用 BSI 软件进行。

3.5.3 桥梁技术状况评定标准

根据规范，桥梁技术状况等级划分要区分桥梁养护级别，且桥梁的检测与养护须根据桥梁技术状况等级来确定，具体规定如表 3-16 所示：

表 3-16 城市桥梁技术状况评分标准与维修

桥梁养护级别	技术状况等级		评定指标	检测或养护措施
Ⅰ类	合格级		桥梁结构完好或结构构件有损伤，但不影响桥梁安全	保养、小修
	不合格级		桥梁结构构件损伤，影响结构安全	立即限制交通、组织特殊检测，立即修复
Ⅱ~Ⅴ类	A	完好	$BCI=[90\sim100]$	日常保养
	B	良好	$BCI=[80\sim90)$	日常保养、小修
	C	合格	$BCI=[66\sim80)$	针对性小修或中修工程
	D	不合格	$BCI=[50\sim66)$	检测评估后进行中修、大修或加固工程
	E	危险	$BCI=[0\sim50)$	检测评估后进行大修、加固或扩建工程

各种类型桥梁有下列情况之一时，即可直接评定为不合格级桥或 D 级桥，如表 3-17 所示。

表 3-17 评定为不合格级桥或 D 级桥的情况

编号	病害情况
1	预应力梁产生受力裂缝且裂缝宽度超过《城市桥梁养护技术标准》（CJJ 99—2017）表 5.3.2 限值
2	拱桥的拱脚处产生较大水平位移或无铰拱拱脚产生较大的转动
3	钢结构节点板及连接铆钉、螺栓损坏 20% 以上，钢箱梁开焊，钢结构主要构件有严重扭曲、变形、开焊，锈蚀削弱截面积 10% 以上
4	墩、台、桩基出现结构性断裂缝，裂缝有开合现象，倾斜、位移、沉降变形危及桥梁安全
5	关键部位混凝土出现压碎或压杆失稳、变形现象
6	结构永久变形大于设计标准值
7	结构刚度达不到设计标准要求

续表

编号	病害情况
8	支座错位、变形、破损严重,已失去正常支承功能
9	基底冲刷面达20%以上
10	承载能力下降达25%以上(需通过桥梁验算检测得到)
11	人行道栏杆累计残缺长度大于20%或单处大于2m
12	上部结构有落梁和脱空趋势或梁、板断裂
13	预应力钢筋锚头严重锈蚀失效
14	钢-混凝土组合梁、桥面板发生纵向开裂,支座和梁端区域发生滑移或开裂;斜拉桥拉索、锚具损伤;悬索桥钢索、锚具损伤;系杆拱桥钢丝、吊杆和锚具损伤
15	其他各种对桥梁结构安全有较大影响的部件损坏

3.6 城市桥梁承载能力评定

3.6.1 概述

1. 目的

通过对现有桥梁承载能力的鉴定,达到下列目的:

(1) 评定现有桥梁的实际承载能力

现有桥梁应包括有较严重病害和损坏的桥梁以及需要通行特种超重荷载的桥梁。评定现有桥梁的实际承载能力,为桥梁的使用及维修加固提供必要的依据;通过质量鉴定确定桥梁各部损耗的程度及实际承载能力;原来按旧标准规定的荷载等级设计建造的桥梁,通过质量鉴定,可确定现有桥梁的荷载等级,从而决定是否需要通过加固来提高其荷载能力;通过质量鉴定,可确定各类超重车辆、特大型工业设备、集装箱运输是否可通过,并为桥梁临时加固提供资料;桥梁遭遇特大灾害时,如因地震、洪水等而受到严重损坏,或在建造、使用过程中发生严重缺陷等(如质量事故、过度的变形和严重裂缝以及意外的撞击受损断裂等),必须通过质量鉴定,为进行修复加固提供可靠依据。

(2) 评定新建桥梁或经改造加固后的桥梁的受力状态和质量。

(3) 建立桥梁管理养护的技术档案。

2. 鉴定方法

影响桥梁承载能力的主要因素包括桥梁的原设计荷载等级、施工方法和质量、桥梁结构的损伤与完好状况、实际材料的力学性能等。桥梁原设计荷载及施工资料,一般可通过查阅有关技术资料获得(若资料缺乏或散失,则应进行现场实际调查),而对结构完好程度、材料老化程度和强度退化程度等诸多指标的评价尚待研究。对现有桥梁承载能力的鉴定,一般采用以下三种方法:

(1) 实物调查比较法

实物调查比较法是一种根据实际交通情况来检定桥梁承载力的动态比拟法。其具体做法是：对被检定桥梁进行长期的观测，根据桥梁通过的车辆荷载，首先测定车辆通过时桥梁各主要部位的挠度、应变、应力和裂缝开展情况等数据，然后对这些数据进行统计分析，从而得出桥梁是否可以满足原设计荷载等级的使用要求。该法可供参考。

(2) 结构检算法

首先对被检定的桥梁结构进行检查（收集资料、现状检查、病害检测、材质及地基的检验等），然后将检查得到的有关资料和检测结果，运用桥梁结构计算理论及有关的经验系数进行分析计算，从而评定出桥梁的安全承载能力。

理论分析计算法的主要问题是难以正确考虑结构的特定缺陷对结构承载力的影响程度。该法经济易行。

(3) 荷载试验法

荷载试验法是按照桥梁的设计荷载等级作为试验荷载，实测桥梁各主要部位在荷载作用下的结构反应，如挠度、应变、应力、裂缝开展等数值，通过分析比较，得出当挠度、应力及裂缝宽度等方面的数据小于规范允许值时，说明桥梁能够满足原设计荷载等级的使用要求。该法比较可靠，但花费较大。

3.6.2 桥梁承载能力验算

1. 一般原则

(1) 桥梁的承载能力检算，应按照现行行业标准《城市桥梁设计规范》（CJJ 11）、《公路桥涵设计通用规范》（JTG D60）、《公路圬工桥涵设计规范》（JTG D61）、《公路桥涵地基与基础设计规范》（JTG 3363）、《公路钢筋混凝土及预应力混凝土桥涵设计规范》（JTG 3362）、《公路桥梁承载能力检测评定规程》（JTG/T J21）等有关规范执行。

(2) 桥梁结构的检算主要依据设计资料（包括变更设计）或竣工资料进行，对缺失资料的桥梁，可根据桥梁检测结果，参考同年代类似桥梁的设计资料或标准图进行检算。

(3) 检算荷载的采用

一般应按桥梁设计的荷载等级进行检算，无设计资料时，应按桥梁所在路线近期载重要求达到的标准荷载等级进行检算。

当桥梁需要临时通过特殊重型车辆荷载，且重型车辆产生的荷载效应大于该桥设计的标准荷载等级的荷载效应时，可按重型车辆的载重要求直接检算桥梁。

2. 验算方法

(1) 资料调查及桥梁检测

在进行桥梁承载能力检算前，应通过周密的调查，掌握被检桥梁已有的检测和荷载试验的各项数据，充分了解被检桥梁的结构特点和受力现状。应重点掌握以下资料：

① 桥梁全长、净跨径、计算跨径，结构各部分截面的尺寸，桥面净宽，人行道宽度等。

② 桥梁原设计荷载等级，主梁钢筋或预应力筋的布置等。

③ 桥梁历年的维修加固资料。

④ 结构材料包括钢筋以及混凝土的力学性能。
⑤ 桥梁上部结构的施工方法和工艺。
⑥ 桥梁墩台和基础的构造和施工方法。
⑦ 在调查和收集各项现有资料的同时，还应对被检桥梁的缺损情况进行检查，检测内容与过程参照结构定期检测和结构特殊检测的相关要求进行，详见本书相关章节。

(2) 验算要点

① 根据桥梁的实际状况，参考以往的设计计算资料，着重进行结构主要控制截面检算。多孔桥结构相同、跨径相等的孔，应选择受力最不利或损坏较严重的孔进行检算。

② 验算时应以实际检查的结构各部尺寸及材料强度为依据。有严重质量问题的构件，应根据检查资料进行强度折减。

③ 钢筋混凝土梁桥缺乏主梁配筋资料时，应以仪器探测的主筋尺寸、位置及数量作为检算依据。仪器难于探测时，可参考同年代类似桥梁及图纸进行承载能力估算。

④ 砖石及混凝土拱桥主拱圈如已开裂，应检算开裂处的局部受力，当裂缝高度超过截面中性轴时，内力计算时开裂处应作为铰结点处理。

⑤ 拱桥拱上建筑的联合作用应予以考虑，可根据拱上建筑的类型、完好程度及所检算的截面位置等区别对待。

⑥ 对基础变位影响力，应根据桥梁墩台与基础变位情况检查结果、桥梁几何形态参数测定结果，综合确定基础变位最终值，按弹性理论计算基础变位产生的超静定结构附加内力。

⑦ 对结构重力，可根据实际调查的结构重力变异情况，对原设计结构重力进行必要的调整与修正。

⑧ 对预加应力，应根据对其锚固、压浆、漏张、断丝或滑丝等检测情况，结合桥梁结构表面开裂和几何参数变化情况，综合确定或通过结果拟合计算分析确定有效预应力设计计算值的合理折减。

⑨ 对某些空间受力特性较为明显的桥，当边界条件发生改变或受力体系出现转换时，应根据桥梁实际对某一复杂受力构件或对结构局部强度进行检算分析，此时可考虑采用空间有限元程序进行结构检算。

(3) 桥梁上部结构验算

检算结构强度及稳定性时，应根据桥梁实际状况，对结构的抗力效应进行折减或提高。具体方法如下：

根据相关设计规范，荷载效应不利组合设计值小于或等于结构抗力效应设计值的方程式改变如下：

$$\gamma_0 S_z \leqslant R(f_d, a_d) Z_1$$

式中 γ_0——结构重要系数；

S_z——作用（或荷载）效应（其中汽车荷载应计入冲击系数）的组合设计值；

$R(\cdot)$——构件承载力设计函数；

f_d——材料强度设计值；

a_d——几何参数设计值，可采用几何参数标准值 a_k；

Z_1——承载能力检算系数。

上式中承载能力检算系数值 Z_1 根据不同的桥型和桥梁实际状况的优劣确定，拱桥按表 3-18 选用，梁桥按表 3-19 选用，钢结构桥梁按表 3-20 选用，索结构桥梁表 3-21 选用。

表 3-18　拱桥 Z_1 值

Z_1 值	桥梁状况
(1.1, 1.2]	墩台基础坐落在硬地基上，未发生位移，拱轴线与设计值吻合，主拱圈未产生风化、剥蚀、蜂窝、开裂等现象，无裂缝或裂缝发展轻微
(1.0, 1.1]	墩台基础未产生明显位移，拱轴线偏离设计值较少，主拱圈产生轻微的风化、剥蚀、蜂窝等现象，裂缝数量较少，裂缝宽度未超过表 3-22 的规定
(0.9, 1.0]	墩台基础位移较小，拱轴线偏离设计值较多，主拱圈产生较严重的风化、剥蚀、蜂窝等现象，裂缝数量较多，裂缝宽度超过表 3-22 的规定
≤0.9	墩台基础产生较大的水平位移、转角，转角仍在继续发展，主拱圈产生明显的不均匀沉陷，主拱圈风化、剥蚀、裂缝发展严重，组合拱圈各部件联接较松散等

表 3-19　梁桥 Z_1 值

Z_1 值	桥梁状况
(1.0, 1.1]	桥梁各构件混凝土质量良好，裂缝宽度未超过表 3-22 规定的允许值，桥梁未产生病害，桥梁各部分均能正常工作
(0.9, 1.0]	桥梁各构件混凝土质量较差，少数裂缝宽度超过表 3-22 规定的允许值，桥梁产生一般病害，桥梁各部分基本能正常工作
≤0.9	桥梁各构件混凝土及钢筋产生严重质量问题，较多裂缝宽度超过表 3-22 规定的允许值或裂缝仍在发展，桥梁产生严重病害，带病工作

表 3-20　钢结构桥梁 Z_1 值

Z_1 值	桥梁状况
(0.95, 1.05]	焊缝完好，各节点铆钉、螺栓无松动；构件表面完好，无明显损伤，防护涂层略有老化、污垢
(0.90, 0.95]	焊缝完好，少数节点有个别铆钉、螺栓松动变形；构件表面有少量锈迹，防护涂层油漆变色、起泡剥落，面积在 10% 以内
(0.85, 0.90]	少数焊缝开裂，部分节点有铆钉、螺栓松动变形；构件表面完好，有少量锈迹，防护涂层油漆明显老化变色并伴有大量起泡剥落，面积在 10%~20%。个别次要构件有异常变形，行车稍感振动或摇晃
(0.80, 0.85]	焊缝开裂，并造成截面削弱。联结部位铆钉、螺栓松动变形，10%~30% 已损坏；构件表面锈迹严重，截面损失在 3%~10%，防护涂层油漆明显老化变色并普遍的起泡剥落，面积在 50% 以上。个别主要构件有异常变形，行车有明显振动或摇晃并伴有异常声音
≤0.80	焊缝开裂严重，造成截面削弱在 10% 以上。联结部位 30% 以上铆钉、螺栓已损坏；构件表面锈迹严重，截面损失在 10% 以上，材质特性明显退化；防护涂层油漆完全失效。主要构件有异常变形，行车振动或摇晃显著并伴有不正常移动

表 3-21　索结构桥梁 Z_1 值

Z_1 值	桥梁状况
(1.00, 1.10]	表面防护完好，锚头无积水，锚下混凝土无裂缝
(0.95, 1.00]	表面防护基本完好，有细微裂缝，锚头无锈蚀，锚固区无裂缝

续表

Z_1 值	桥梁状况
(0.90，0.95]	表面防护有少数裂缝，伴有少量锈迹，锚头有轻微锈蚀，锚固区细小裂缝
(0.85，0.90]	表面防护普遍开裂，并有部分脱落，锚头锈蚀，锚固区有明显的受力裂缝
≤0.85	表面防护普遍开裂，并有大量脱落，钢索裸露，钢索锈蚀严重，锚头积水锈蚀，锚固区有明显的受力裂缝，裂缝宽度大于0.2mm

(4) 桥梁墩台的验算

① 对承载能力有影响的病害墩台，或当通过特种重型车辆认为比较薄弱的墩台，以及其他需要确定承载能力的墩台，均应根据实际情况，进行必要的检算。

② 如墩台发生倾斜，在验算墩（台）身截面和基底的应力、偏心与倾覆稳定时，需考虑斜度的影响。

③ 墩（台）身及基础，由于施工不良或某种病害产生环形裂缝时，对裂缝截面需进行应力、倾覆和滑动稳定检算。

(5) 桥梁地基和基础的验算

① 桥梁墩台发生不均匀沉降、滑移或倾斜时，应对地基承载力进行检算，并相应检算对超静定桥梁上部结构内力的影响。

② 桥墩台的地基容许承载力如无条件实测，可根据地质条件按《公路桥涵地基与基础设计规范》(JTG 3363—2019)选定地基的基本承载力，并根据荷载组合、基础构筑情况及地基被压实与否，适当乘以检定提高系数。对于经久压实的桥梁地基土容许承载力的提高，可按现行规范的规定采用。

③ 位于冻胀土中的墩台基础，应检算切向冻胀稳定性。对墩（台）身及基础的薄弱端面（如墩身与基础连接处、施工接缝处），还需检算其拉应力。

④ 填土侧压力。当桥头填土经久压实时，按规范采用的填土内摩擦角 φ 可根据土质情况适当加大。

3.6.3 桥梁承载能力评定

1. 评定内容及方法

桥梁承载能力检测评定应根据桥梁检查评定结果，选择最不利或有代表性的桥跨结构或构件作为承载能力检测评定的对象，初步判断桥梁结构或构件的承载能力。

针对确定的承载能力检测评定对象，应开展深入细致的桥梁调查与检测工作，并根据桥梁结构或构件的实际检测结果，对分项检测指标做出评判。

依据桥梁结构或构件的设计或竣工技术资料，通过结构检算分析、必要时辅以荷载试验评定的方法，对桥梁结构或构件的承载能力及其使用条件做出评价。

桥梁承载能力评定主要包括以下内容：

(1) 结构的强度与稳定性

对桥梁结构或构件，按本章要求进行的强度及稳定性检算符合要求，同时桥梁使用状况良好时，可评定桥梁结构或构件的强度及稳定性符合检算荷载要求。

(2) 地基与基础

地基承载力评定时应以调查、检算资料为主，桥梁经过多年营运，墩台未发生明显的不均匀沉陷、倾斜及由此引起的桥面纵横坡变化，墩台未发生明显的水平位移及由此引起的桥梁伸缩缝过度分开或抵拢、拱桥拱顶及拱脚的严重开裂等，且地基与基础经检算通过时，可评定地基与基础承载能力符合检算荷载要求。

(3) 结构的刚度要求

圬工拱桥检算的最大挠度，不应大于《公路圬工桥涵设计规范》(JTG D61—2005) 规定的允许值。钢筋混凝土及预应力混凝土桥检算的最大挠度，不应大于《公路钢筋混凝土及预应力混凝土桥涵设计规范》(JTG 3362—2018) 规定的允许值。荷载试验实测挠度一般应不大于相应的计算值。

(4) 裂缝

桥梁结构在恒载作用下裂缝宽度应不大于表 3-22 规定的允许值。

(5) 综合评定

当以上 (1) ～ (4) 条中出现任何一条不符合要求时，应判定桥梁承载能力不满足要求。

表 3-22 恒载裂缝最大限值

结构类别				裂缝部位		允许最大裂缝宽度 (mm)	
钢筋混凝土及预应力混凝土桥	钢筋混凝土构件精轧螺纹钢筋的预应力混凝土构件			A 类（一般环境）		0.20	
				B 类（严寒、海滨环境）		0.20	
				C 类（海水环境）		0.15	
				D 类（侵蚀环境）		0.15	
	采用钢丝和钢绞线的预应力混凝土构件			A 类和 B 类环境		0.10	
				C 类和 D 类环境		不允许	
	混凝土拱			拱圈横向		0.30（裂缝高度小于截面高一半）	
				拱圈纵向（竖缝）		0.50（裂缝长小于跨径 1/8）	
				拱波与拱肋结合处		0.20	
	墩台			墩台帽		0.30	
		墩台身	经常受侵蚀性环境水影响	有筋		0.20	不得贯通墩台身截面 50%
				无筋		0.30	
			常年有水，但无侵蚀性影响	有筋		0.25	
				无筋		0.35	
			干沟或季节性有水河流			0.40	
			有冻结作用部分			0.20	
圬工拱桥	上部结构			拱圈横向		0.30（裂缝高度小于截面高一半）	
				拱圈纵向（竖缝）		0.50（裂缝长小于跨径 1/8）	
				拱波与拱肋结合处		0.20	

2. 桥梁荷载试验的必要条件

当通过桥梁调查检测与检算分析尚不足以评定桥梁承载能力时，可采用荷载试验测定桥梁在荷载作用下的实际工作状况，结合桥梁调查、检测与检算来评定桥梁的承载能力。

对于是否有必要进行荷载试验，应根据检算的主要指标超限情况加以确定。一般在下列情况下，可考虑进行荷载试验：

(1) 桥梁的施工质量合格，使用状况良好，主要检算指标虽不符合要求，但超限幅度较小：钢结构在15%以内；配筋混凝土梁式结构在20%以内；砖石及混凝土与配筋混凝土拱式结构在20%以内。

(2) 桥梁的施工质量很差，可能存在安全隐患，仅用调查、检测与检算分析难以确定其实际承载能力。

(3) 桥梁在运营过程中损坏严重，可能影响桥梁承载能力。

(4) 缺乏设计、施工资料或桥梁的结构受力不明确，不便准确进行桥梁承载能力检算。

(5) 为科研或积累资料的需要。

3. 桥梁承载能力评定报告

经过评定的桥梁应撰写桥梁承载能力评定报告，报告内容应简明扼要。报告主要包括以下项目：

(1) 桥梁概况。

(2) 评定目的。

(3) 桥梁检查与检算情况。

(4) 荷载试验及资料整理（未作荷载试验的桥梁略去此项）。

(5) 桥梁承载能力评定。

(6) 桥梁承载能力的评定结论及处置建议。

此外，桥梁承载能力评定报告应附有必要的图表、照片等资料，列出参加检测的单位和人员，注明检测日期，并有鉴定负责人签字。

4. 桥梁承载能力评定表

(1) 根据评定报告填写桥梁承载能力评定表，存入桥梁技术档案，便于有关单位查考使用。

(2) 桥梁承载能力评定表如表 3-23 所示。

表 3-23　桥梁承载能力评定表

路线名称		桥位里程	
桥　名		桥长		净宽	
跨径及孔数			
结构形式	上部结构		
	下部结构		

续表

桥梁概况:				
评定原因:				
原设计荷载标准				
评定的承载能力	标准荷载			
	特殊荷载			
评定方法				
附加条件:				
评定单位			评定负责人	
评定日期				

3.6.4 荷载试验分析与评定

1. 一般规定

荷载试验目的是了解结构在荷载作用下的实际工作状态，综合分析判断桥梁结构的承载能力和使用条件。

荷载试验分为静力荷载试验与动力荷载试验两种。桥梁荷载试验应按三个阶段进行，即计划与准备阶段、加载与测试阶段、分析与总结阶段。

2. 试验计划的制订

计划与准备阶段，应收集研究试验桥梁的有关技术文件，考察试验桥梁的现状和试验环境条件，制订荷载试验计划，确定试验组织及人员组成，确定测试系统的构成，确定仪器的组配及标定等。

在制订荷载试验计划时，应考虑荷载试验能够弥补桥梁调查和检算的不足，使桥梁承载能力评定工作进一步深化。荷载试验计划的主要内容包括：

（1）试验目的与任务；
（2）试验准备；
（3）加载方案；
（4）观测方案；
（5）加载试验的控制与安全措施；

（6）试验资料的整理；

（7）试验成果分析与评定。

3. 试验准备工作

试验孔（或墩）的选择应结合桥梁调查与检算工作一并进行。对多孔结构中跨径相同的桥孔（或墩）可选择 1~3 个具有代表性的桥孔进行荷载试验。选择时应综合考虑以下条件：

（1）该孔（或墩）计算受力最不利；

（2）该孔（或墩）施工质量较差，缺陷较多或病害较严重；

（3）该孔（或墩）便于搭设脚手架及设置测点或试验加载实施。

试验前应对观测脚手架搭设及测点附属设施设置、静载试验加载位置的放样与卸载位置的安排和试验人员的组织与分工做详细的计划安排。

根据加载进行的项目和桥址处的交通状况应做好加载试验的安全措施、加载方式的选择、供电照明设施、通信联络设施、桥面交通管制等方面的准备工作。

4. 静载试验加载方案

（1）加载试验项目

试验控制截面应根据具体的测试项目而定，在满足评定桥梁承载能力的前提下，加载试验项目应抓住重点，不宜过多。主要桥型的加载试验项目可参照表 3-24 进行确定。

表 3-24 主要桥型的加载试验项目

序号	桥型		内力或位移控制截面
1	简支梁桥	主要	跨中截面最大正弯矩和挠度； 支点截面最大剪力
		附加	$L/4$ 截面最大正弯矩和挠度； 墩台最大垂直力
2	连续梁桥、 连续刚构桥	主要	跨中截面最大正弯矩和挠度； 内支点截面最大负弯矩； $L/4$ 截面最大正弯矩和挠度
		附加	端支点截面最大剪力； $L/4$ 截面最大弯剪力； 墩台最大垂直力； 连续钢构固结墩墩身控制截面的最大弯矩
3	悬臂梁桥、 T型刚构桥	主要	锚固跨跨中截面最大正弯矩和挠度； 支点截面最大负弯矩； 挂梁跨中截面最大正弯矩和挠度
		附加	支点截面最大剪力； 挂梁支点截面或悬臂端截面最大剪力
4	拱桥	主要	拱顶截面最大正弯矩和挠度、拱脚截面最大负弯矩； 刚架拱上弦杆跨中截面最大正弯矩
		附加	拱脚最大水平推力； $L/4$ 截面最大正、负弯矩及其最大正、负挠度绝对值之和； 刚架拱斜腿根部截面最大负弯矩

续表

序号	桥型	内力或位移控制截面	
5	刚构桥（包括框架、斜腿刚构和刚架-拱式组合体系）	主要	跨中截面最大正弯矩和挠度； 结点截面最大负弯矩
		附加	柱脚截面最大负弯矩、最大水平推力
6	钢桁桥	主要	跨中、支点截面的主桁杆件最大内力； 跨中截面最大挠度
		附加	$L/4$ 截面的主桁杆件最大内力和挠度； 桥面系结构构件控制截面的最大内力和变位； 墩台最大垂直力
7	斜拉桥与悬索桥	主要	主梁最大挠度； 主梁控制截面最大内力； 索塔塔顶水平变位； 主缆最大拉力，斜拉索最大拉力
		附加	主梁最大纵向漂移； 主塔控制截面最大内力； 吊索最大索力

对桥梁的薄弱截面、损坏部位，可根据桥梁检查与检算情况，确定是否设置内力控制截面及安排加载试验项目。

（2）试验控制荷载

静载试验应以设计荷载等级相应的活载效应控制值或有特殊要求的荷载效应值作为试验控制荷载。

确定静力荷载试验各测试项目的荷载大小和加载位置时，采用静力荷载试验效率 η_q 进行控制。为保证试验效果，荷载效率 η_q 应介于 $0.95\sim1.05$ 之间。静力试验荷载的效率按下式计算：

$$\eta_q=\frac{S_s}{S\cdot(1+\mu)}$$

式中 S_s——静力试验荷载作用下，某一加载试验项目对应的加载控制截面内力或变位的最大计算效应值；

S——控制荷载产生的同一加载控制截面内力或变位的最不利效应计算值；

μ——按规范取用的冲击系数；

η_q——静力试验荷载效率。

（3）试验荷载的加载分级与控制

① 对主要控制截面试验荷载的施加应分级进行，对于附加控制截面一般只设置最大内力加载程序加载。

② 加载级数应根据荷载量和加载最小荷载增量而定。试验荷载应按控制截面最大内力或位移分成 4~5 级施加。受条件所限时，至少也应分成 3 级施加。正式加载试验前宜进行预加载，预加载宜分级进行，总预加值不宜超过控制荷载值的 50%。

③ 静载试验应选择温度较为稳定的时间段进行，加载试验时间一般以晚 10 时至晨 6 时为宜。

④ 加载时间间隔必须满足结构变位稳定对时间的要求，在前一荷载阶段内结构变位相对稳定后，方可进入下一荷载阶段。

⑤ 同一级荷载内，结构最大变位测点在最后 5min 内的变位增量小于第一个 5min 变位增量的 15%，或小于量测仪器的最小分辨值时，则认为结构变位达到相对稳定。但当进行主要控制截面最大内力加载程序时，加载稳定时间应不少于 15min。

⑥ 加载完成后进行卸载时宜按照加载的逆顺序分级进行。

（4）加载设备

① 静载试验加载设备可根据加载要求及具体条件选用。一般有以下两种加载方式：装载重物的可行式车辆和重物直接加载。

② 试验前应采取可靠的方法对加载物或加载车重量进行准确称量，其称量误差最大不得超过 5%。采用重物加载时，根据加载分级情况，分别称量记录各级荷载量，采用汽车加载时，应详细记录各车编号、车重、轴重和轴距。

（5）静载试验观测方案

① 静载试验的基本观测内容如下：

a. 结构的最大挠度和扭转变位，包括桥梁上、下游两侧的挠度差及水平位移等。

b. 结构控制截面最大应力（或应变）。

c. 支点沉降、墩台位移与转角，活动支座的变位等。

d. 桁架结构支点附近杆件及其他细长杆件的稳定性。

e. 裂缝的出现和扩展，包括初始裂缝的出现，裂缝的宽度、长度、间距、位置、方向和形状，以及卸载后的闭合状况；

f. 温度变化对结构控制截面测点应力和变位的影响。

② 根据桥梁检查和检算的情况，综合考虑结构特点和桥梁技术现状等，可适当增加相应的观测内容。

③ 试验测点的布设必须能够反映结构或构件最不利受力特征，同时应能满足分析和推断结构工作状况最低的需要，确保实测数据的可靠性。

④ 挠度观测测点布置：对于整体式梁桥，宜对称于桥轴线布置；对于多梁式桥，可在每片梁底布置一个或两个测点。

⑤ 截面抗弯应变测点应设置在截面横桥向应力分布较大的部位，沿截面上、下缘布设，横桥向测点设置一般不少于 3 处，以控制最大应力的分布。对于剪切应变测点，应采取设置应变花的方法进行观测。

⑥ 当结构为多梁结构时，宜测定控制截面的横向应力增大系数或横向分布系数。

⑦ 测试过程中试验场温度变化较大时，测试截面位置应布置相应的温度测点，具有温度自动补偿功能的仪器可不布置温度测点。

⑧ 试验所用仪器仪表数据采集设备应经过计量单位检定，同时应满足试验对精度、量程等方面的要求。

⑨ 仪表的检查与安装调试

a. 试验所用的所有仪表均应在测试前进行检查，并按仪表本身的要求进行标定和必要的误差修正。安装完毕后，应进行系统调试，并在条件允许的情况下，尽快进行荷载试验。

b. 试验现场仪表、设备应有必要的保护措施，以免仪器、设备受损和遗失。

c. 试验仪器、仪表的安装人员应具有一定的经验，要根据现场温度、湿度等条件选择贴片及防潮工艺，尽量选用与观测应变部位相同的材料制作温度补偿片，补偿片应尽量靠近应变片设置。

⑩ 试验观测与记录

a. 采用人工读表时，仪表的测读应准确、迅速，并记录在专门的表格上，以便于资料的整理和计算。

b. 采用计算机自动采集系统读数记录时，应利用系统实时监测功能对控制点的应变或位移进行监控，对测试结果异常现象应及时查明原因并采取补救措施。

c. 每次观测应记录相应的工况、观测项目、时间及温度。

⑪ 裂缝观测

a. 加载试验中裂缝观测的重点是结构承受拉力较大部位及原有裂缝较长、较宽的部位。

b. 加载过程中观测裂缝长度及宽度的变化情况，可直接在混凝土表面进行描绘记录，也可采用专门的表格记录。

c. 加载至最不利荷载及卸载后应对结构裂缝进行全面检查，应仔细检查是否产生新的裂缝、裂缝闭合情况，并将最后检查情况填入裂缝观测记录表。

（6）静载试验过程控制

① 在加载试验过程中，应对结构变位（应变）较大的测点进行稳定观测，并将最后一个 5min 的增量与第一个 5min 的增量进行比较，以判定结构变位（应变）是否稳定。

② 试验前，应通过分级加载计算确定各荷载工况下主要控制截面测点的应变或变位理论计算值，加载过程中应及时将理论值与实测值进行比较。

③ 对结构变位或应变较大的测点，应实时绘制测点变位或应变与荷载的关系曲线，以分析结构所处的工作状态。

④ 对于技术状况较差的桥跨结构，应实时绘制桥跨结构挠度纵桥向或横桥向分布曲线，以分析桥跨结构的整体工作性能。

（7）静载试验的加载控制与安全措施

试验加载过程中，应有专门人员统一指挥加载的实施，及时掌握各方面情况，根据试验数据的实时处理分析以及有无试验特殊现象等情况，安全有序地实施加载计划。

当试验过程中发生下列情况应中途停止加载，及时找出原因，在确保结构及人员安全的情况下可继续试验。

① 控制测点应力值已达到或超过计算的控制应力值时。

② 控制测点变位（或挠度）超过规范允许值时。

③ 由于加载，使结构裂缝的长度、缝宽急剧增加，新裂缝大量出现，缝宽超过允许值的裂缝大量增多，对结构使用寿命造成较大的影响时。

④ 拱桥加载时沿跨长方向的实测挠度曲线分布规律与计算值相差过大或实测挠度超过计算值过多时。

⑤ 发生其他损坏，影响桥梁承载能力或正常使用时。

（8）静载试验资料的整理分析

① 试验资料的修正

a. 测值修正。根据各类仪表的标定结果进行测试数据的修正,如机械式仪表的校正系数,电测仪表的率定系数、灵敏系数,电阻应变观测的导线电阻影响等。当这类因素对测值的影响小于1%时,可不予修正。

b. 温度影响修正。按下式进行温度修正计算:

$$S''=S'-\Delta t \cdot K_t$$

式中　S''——温度修正后的测点加载测值变化;
　　　S'——温度修正前的测点加载测值变化;
　　　Δt——相应于S'观测时间段内的温度变化(℃)(对应变宜采用构件表面温度,对挠度宜采用气温);
　　　K_t——空载时温度上升1℃时测点测值变化量(如测值变化与温度变化关系较明显时,可采用多次观测的平均值)。

$$K_t=\frac{\Delta S}{\Delta t_1}$$

式中　ΔS——空载时某一时间区段内测点测值变化量;
　　　Δt_1——相应于ΔS同一时间区段内温度变化量。

c. 支点沉降影响的修正。当支点沉降量较大时,应修正其对挠度值的影响,修正量C可按下式计算:

$$C=\frac{l-x}{l} \cdot a + \frac{x}{l} \cdot b$$

式中　C——测点的支点沉降影响修正量;
　　　l——A支点到B支点的距离;
　　　x——挠度测点到A支点的距离;
　　　a——A支点沉降量;
　　　b——B支点沉降量。

② 静力荷载试验的各测点实测变位(挠度、位移、沉降)与应变的计算按下式进行。

a. 总变位(或总应变):$S_t=S_1-S_i$

b. 弹性变位(或弹性应变):$S_e=S_1-S_u$

c. 残余变位(或残余应变):$S_p=S_t-S_e=S_u-S_i$

式中　S_i——加载前测值;
　　　S_1——加载达到稳定时测值;
　　　S_u——卸载后达到稳定时测值。

③ 测点实测应力计算

a. 在单向应力状态下,测点应力可按下式进行计算:

$$\sigma = E \cdot \varepsilon$$

式中　σ——测点应力;
　　　E——构件材料的弹性模量;
　　　ε——测点实测应变值。

b. 在主应力方向已知的平面应力状态下,测点应力可按下述公式进行计算:

$$\sigma_1 = \frac{E}{1-v^2}(\varepsilon_1 + v\varepsilon_2)$$

$$\sigma_2 = \frac{E}{1-v^2}(\varepsilon_2 + v\varepsilon_1)$$

式中 E——构件材料的弹性模量；
v——构件材料的泊松比；
ε_1、ε_2——相互垂直方向的主应变；
σ_1、σ_2——相互垂直方向的主应力。

c. 在主应力方向未知的平面应力状态下，采用应变片测量其应变时，测点应力可按下述公式进行计算：

$$\sigma_1 = \frac{E}{1-v}A + \frac{E}{1+v}\sqrt{B^2+C^2}$$

$$\sigma_2 = \frac{E}{1-v}A - \frac{E}{1+v}\sqrt{B^2+C^2}$$

$$\tau_{max} = \frac{E}{1+v}\sqrt{B^2+C^2}$$

$$\varphi_0 = \frac{1}{2}tg^{-1}\frac{C}{B}$$

式中 σ_1、σ_2——测点主应力；
τ_{max}——测点最大剪力；
E——构件材料的弹性模量；
v——构件材料的泊松比；
A、B、C——应变花的计算参数，按表 3-25 选用。

表 3-25 应变花计算参数

应变花名称	应变花形式	A	B	C
45°直角应变花		$\dfrac{\varepsilon_0+\varepsilon_{90}}{2}$	$\dfrac{\varepsilon_0-\varepsilon_{90}}{2}$	$\dfrac{2\varepsilon_{45}-\varepsilon_0-\varepsilon_{90}}{2}$
等边三角形应变花		$\dfrac{\varepsilon_0+\varepsilon_{60}+\varepsilon_{120}}{3}$	$\varepsilon_0-\dfrac{\varepsilon_0+\varepsilon_{60}+\varepsilon_{120}}{3}$	$\dfrac{\varepsilon_{60}-\varepsilon_{120}}{\sqrt{3}}$

续表

应变花名称	应变花形式	A	B	C
扇形应变花	(图示)	$\dfrac{\varepsilon_0+\varepsilon_{45}+\varepsilon_{90}+\varepsilon_{135}}{4}$	$\dfrac{\varepsilon_0-\varepsilon_{90}}{2}$	$\dfrac{\varepsilon_{135}-\varepsilon_{45}}{2}$
伞形应变花	(图示)	$\dfrac{\varepsilon_0+\varepsilon_{90}}{2}$	$\dfrac{\varepsilon_0-\varepsilon_{90}}{2}$	$\dfrac{\varepsilon_{60}-\varepsilon_{120}}{\sqrt{3}}$

d. 横向增大系数 η，可用实测的变位（或应变）最大值 $S_{e\max}$ 与横向各测点实测变位（或应变）平均值 $\overline{S}_e$，按下式进行计算：

$$\eta=\frac{S_{e\max}}{\overline{S}_e}$$

e. 荷载横向分布系数，可根据量测截面实测的各主梁或拱肋的测点挠度（或应变），按下式进行计算：

$$m_i=\frac{f_i}{\sum_{i=1}^{n}f_i}$$

式中　m_i——试验荷载作用下，某一量测截面第 i 片主梁或拱肋的荷载横向分布系数；

　　　f_i——试验荷载作用下，某一量测截面第 i 片主梁或拱肋的测点挠度（或应变）；

　　　n——主梁或拱肋的根数。

f. 主要测点的校验系数及相对残余变形的计算

对加载试验的主要测点（即控制测点或加载试验效率最大部位测点）可按下式计算校验系数 ζ：

$$\zeta=\frac{S_e}{S'_s}$$

式中　S_e——试验荷载作用下量测的弹性变位（或应变）值；

　　　S'_s——试验荷载作用下的理论计算变位（或应变）值。

对加载试验的主要测点，应按下式计算其相对残余变位（或应变）：

$$S'_P=\frac{S_P}{S_t}\times100\%$$

式中　S'_P——相对残余变位（或应变），S_P、S_t 意义同前。

g. 试验曲线的整理

列出各加载工况下主要测点实测变位（或应变）与相应的理论计算值的对照表，并绘制出其关系曲线。

绘制各加载工况下主要控制点的变位（或应变）与荷载的关系曲线。

绘制各加载工况下控制截面应变（或挠度）分布图、沿纵桥向挠度分布图、截面应变沿高度分布图等。

h. 裂缝发展情况

当裂缝数量较少时，可根据试验前后观测情况及裂缝观测表对裂缝状况进行描述。

当裂缝发展较多时，应选择结构有代表性部位描绘裂缝展开图，图上应注明各加载程序裂缝长度和宽度的发展。

（9）静载试验成果分析与评定

① 结构工作状况评定

a. 主要测点静力荷载试验校验系数 ζ 值应不大于1。

b. 主要测点的相对残余变位（或应变）S_p/S_t 应不大于20%。

② 裂缝及其扩展情况的评定分析

a. 试验荷载作用下裂缝扩展宽度不应超过设计标准的许可值，并且卸载后裂缝闭合宽度应不小于扩展宽度的2/3。

b. 试验荷载卸除后，所有裂缝宽度不应大于表3-22规定的允许值。

③ 地基与基础的评定分析

当试验荷载作用下墩台沉降、水平位移及倾角较小，没有发生不稳定沉降变位，符合上部结构检算要求，卸载后变位基本恢复时，认为地基与基础在检算荷载作用下能正常工作满足要求。

④ 结构的强度、刚度及稳定性评定分析

当结构工作状况、裂缝及其扩展情况等的评定分析结果不满足以上第（1）～（3）条的有关规定时，应判定桥梁承载能力不满足要求；当评定分析结果满足以上第（1）～（3）条的有关规定时，可先采用荷载试验实测的主要挠度测点和主要应力测点的校验系数（两者中取较大者），按表3-26确定城市桥梁承载能力检算系数 Z_2，然后用 Z_2 代替 Z_1，按第3.6.3节的有关规定重新进行承载能力极限状态、正常使用极限状态评定计算，若计算的荷载效应与抗力效应的比值小于1.05时，应评定桥梁承载能力满足要求，否则应评定桥梁承载能力不满足要求。

表3-26 经过荷载试验的承载能力检算系数 Z_2 值

校验系数 ζ	承载能力检算系数 Z_2
≤0.4	1.30
0.5	1.20
0.6	1.15
0.7	1.10
0.8	1.05
0.9	1.00

续表

校验系数ζ	承载能力检算系数 Z_2
1.0	0.95
备注	1. 对主要挠度测点和主要应力测点的校验系数，两者中取较大值； 2. Z_2 值可按ζ值线性内插

(10) 动载试验及成果分析

① 桥梁结构动力学试验的种类和目的

a. 桥梁结构动力学试验的种类包括：环境激励条件下的模态试验、已知人工激励情况下的模态试验以及重车行车和跳车工况下的振动试验。

b. 桥梁结构动力学试验的目的是测定桥梁结构的自振特性，确认该结构在重车行车和跳车激励作用下的振动特性符合设计预期，校验活荷载动力增大系数。

c. 桥梁结构动力学试验中环境激励包括：正常行车激励、地脉动激励和风荷载脉动激励等随机激励。

d. 桥梁结构动力学试验中已知人工激励是指可以记录信号的起振器激励。

e. 重车行车及跳车试验的试验荷载为接近桥梁结构检算荷载所对应的重型车辆荷载。重车行车试验时，上述单辆载重汽车分偏载和中载两种情形，以不同车速匀速通过桥跨结构，对桥梁产生荷载作用。跳车试验时，上述单辆载重汽车的后轮在指定位置从高度为15cm的三角形垫木上突然落下，对桥梁产生冲击作用。

f. 两种模态试验用于测量结构的自振特性，即固有模态参数。重车行车和跳车试验的测量结果能否反映出结构的自振特性需要结合试验对象的具体结构形式，通过分析论证确定。

② 基于固有模态参数的结构承载力检算

a. 基于基频的桥梁结构状态指标有如下两种定义形式。

理论基频状态指标 ζ_{f_d}：

$$\zeta_{f_d} = K_p \frac{fr_1}{fr_d}$$

式中　fr_1——结构在检测时刻的实测基频值；

　　　fr_d——结构在检测状态下理论计算基频值计算时，混凝土材料考虑动弹模增大系数1.3；

　　　K_p——塑性影响系数，取0.95。

实测基频状态指标 ζ_{f_0}：

$$\zeta_{f_0} = \frac{fr_1}{fr_0}$$

式中　fr_0——结构竣工时实测基频值。

b. 使用理论基频状态指标 ζ_{f_d} 获得桥梁上部结构承载力检算系数 Z_2' 时，可以通过下式计算等效静载试验校验系数，并参照表3-26评估桥梁的承载力检算系数。所获承载力检算系数与静载试验获得的承载力检算系数 Z_2 比较，并取两者中的较小值。

$$\zeta = \left(\frac{1}{\zeta_{f_d}}\right)^2$$

c. 使用实测基频状态指标 ζ_{f0} 获得桥梁结构承载力检算系数 Z_3 时，可先参照表 3-27，作出桥梁结构技术状态评定，然后根据表 3-28 或表 3-29 得出结构承载力检算系数 Z_3。所获承载力检算系数与静载试验获得的承载力检算系数 Z_2 比较，并取两者中的较小值。

表 3-27 根据实测自振频率评定桥梁结构技术状态的评定标准

桥梁部件	桥梁上部结构		桥梁下部结构	
评定标准	ζ_{f0}	技术状况	ζ_{f0}	技术状况
1	≥1.10	良好状态	≥1.20	良好状态
2	[1.00, 1.10)	较好状态	[1.00, 1.20)	较好状态
3	[0.90, 1.00)	较差状态	[0.95, 1.00)	较差状态
4	[0.75, 0.90)	差的状态	[0.80, 0.95)	差的状态
5	<0.75	危险状态	<0.80	危险状态

表 3-28 混凝土及配筋混凝土结构桥梁的承载力检算系数 Z_3 值

结构或构件技术状况评定值	受弯构件	轴心受压	轴心受拉	偏心受压	偏心受拉	受扭构件	局部承压	抗剪构件
1（良好）	1.15	1.20	1.05	1.15	1.15	1.10	1.15	1.05
2（较好）	1.10	1.15	1.00	1.10	1.10	1.05	1.10	1.00
3（较差）	1.00	1.05	0.95	1.00	1.00	0.95	1.00	0.90
4（差）	0.90	0.95	0.85	0.90	0.90	0.85	0.90	0.85
5（危险）	0.80	0.85	0.75	0.80	0.80	0.75	0.80	0.80

表 3-29 钢结构及索结构桥梁的承载力检算系数 Z_3 值

结构或构件技术状况评定值	钢结构桥梁	索结构桥梁
1（良好）	(0.95, 1.05]	(1.00, 1.10]
2（较好）	(0.90, 0.95]	(0.95, 1.00]
3（较差）	(0.85, 0.80]	(0.90, 0.95]
4（差）	(0.80, 0.85]	(0.85, 0.90]
5（危险）	≤0.80	≤0.85

③ 桥梁结构的动力学试验测量方案

a. 模态试验时，拾振器的布设方案需要能够正确测量桥梁结构的整体弯、扭振型。

b. 有支座的桥梁进行模态试验时，支座处须布设拾振器。

c. 当需要采用共同参考点分批测量方法进行模态试验时，应确保所选参考点能够传递足够的模态信息。

d. 当桥梁结构比较复杂，测量桥梁整体振型存在困难时，可以对整体结构的子结构进行试验，但须确保能够通过子结构振型准确地判别整体结构振型，从而准确获得整体结构的模态参数。

e. 动应变和动挠度的测点应分别布置在动应变响应和挠度响应较大处，且能够正确反映桥跨结构的偏载效应。

④ 试验及信号采集的技术要求

a. 所用传感器应有足够的量程和适合的频响范围。

b. 桥梁结构动力学试验的信号采样频率至少为结构响应中需要被分析成分频率的 4 倍。

c. 环境振动试验信号的采集长度应能满足所采用的随机振动模态识别或系统辨识算法的要求。

d. 环境振动试验信号应有足够的时间跨度,以便正确反映激励荷载的统计规律。

e. 环境振动试验中应避免窄频激励工况的出现。

⑤ 试验数据分析

a. 桥梁结构模态参数须运用成熟的模态识别或系统辨识算法获得,禁止使用环境激励振动信号的傅里叶变换直接读取桥梁结构的自振频率。

b. 桥梁模态试验的成果包括频率、振型和阻尼三个部分。试验模态振型应足够清晰。有些小跨径桥梁,由于运行模态辨识存在困难,不宜使用动力学试验作为检测手段。

c. 当实测的桥梁结构一阶自振频率大于计算的一阶自振频率,说明该桥跨结构具有足够的刚度,整体性能和技术状况处于良好状态。

d. 重车行车和跳车试验的动力荷载效率可以按照下式计算:

$$\eta_{dyn} = \frac{S_{dyn}}{S_d}$$

式中 S_{dyn}——动力试验荷载作用下控制截面的最大挠度实测值;

S_d——标准汽车荷载作用下控制截面的最大挠度计算值。

e. 实测活荷载动力增大系数($1+\mu$)可以按照下式计算:

$$1+\mu = \frac{S_{max}}{S_{mean}}$$

式中 S_{max}——动力荷载作用下控制截面动挠度最大值;

S_{mean}——动力荷载作用下控制截面动挠度平均值;

μ——活荷载冲击系数。

f. 可以根据不同车速活荷载冲击系数绘制活荷载冲击系数-车速关系曲线。

5. 静载试验实例

(1) 简支梁桥静载试验实例

某城市桥梁全长 62.42m,桥面宽度 26.50m,桥面横向布置为 3.25m(护栏及人行道)+20.00m(行车道)+3.25m(护栏及人行道)。该桥上部结构为 4×15m 预应力混凝土简支空心板,下部结构为双柱排架式桥墩台,钻孔下沉预制钢筋混凝土空心桩。该桥设计荷载等级为汽-20,挂-100。

经计算分析,该桥梁各试验工况分别采用 3 辆 350kN 的三轴载重汽车作为静力荷载试验加载车辆。简支梁桥有限元模型如图 3-20 所示,静载试验荷载效率如表 3-30 所示,静载试验现场加载及测点布设如图 3-21、图 3-22 所示。

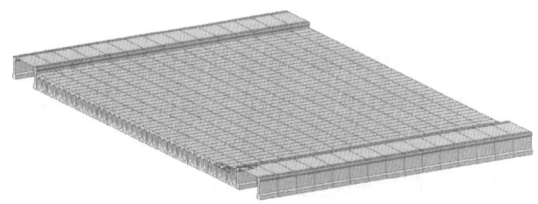

图 3-20 简支梁桥有限元模型

表 3-30　静载试验荷载效率表

试验跨	荷载工况	计算荷载弯矩值（kN·m）	试验荷载弯矩值（kN·m）	荷载效率
第 1 跨	工况一：跨中最大正弯矩截面正载	152.17	155.82	1.02
	工况二：跨中最大正弯矩截面偏载	161.40	155.75	0.97

图 3-21　简支梁桥静载试验现场加载

图 3-22　简支梁桥静载试验挠度及应变测点布置

(2) 连续梁桥静载试验实例

某新建城市立交桥其中一联上部结构为 40m+50m+40m 整体现浇预应力混凝土连续箱梁,下部结构为桩柱式,钻孔灌注桩基础,该桥设计荷载等级为城-A 级。

经计算分析,该桥梁各试验工况分别采用 6 辆 400kN 的三轴载重汽车作为静力荷载试验加载车辆。连续梁桥有限元模型如图 3-23 所示,静载试验荷载效率如表 3-31 所示,静载试验现场加载如图 3-24 所示。

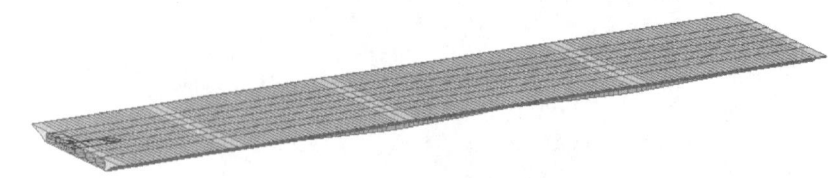

图 3-23 连续梁桥有限元模型

表 3-31 连续梁桥静载试验荷载效率

试验跨	荷载工况	计算荷载弯矩值(kN·m)	试验荷载弯矩值(kN·m)	荷载效率
40m+50m+40m	边跨最大正弯矩偏载	16949.70	15275.07	0.90
	中跨最大正弯矩偏载	16883.40	16040.92	0.95
	支点最大负弯矩偏载	−19657.70	−18973.61	0.97

图 3-24 连续梁桥静载试验现场加载

(3) 拱桥静载试验实例

某城市桥梁全长 63.0m,全宽 43.5m,采用一跨上承式空腹箱型拱桥,净跨径 60.0m,采用无铰拱设计,下部结构桥台重力式 U 形桥台,扩大基础。该桥设计荷载等级为城-A 级,人群荷载为 4.0kPa(图 3-25)。

经计算分析,该桥梁各试验工况采用 4 辆 350kN 的三轴自卸式载重汽车作为静力荷载试验加载车辆。拱桥有限元模型如图 3-26 所示,静载试验荷载效率如表 3-32 所示,静载试验现场加载如图 3-27 所示。

图 3-25 拱桥侧面照

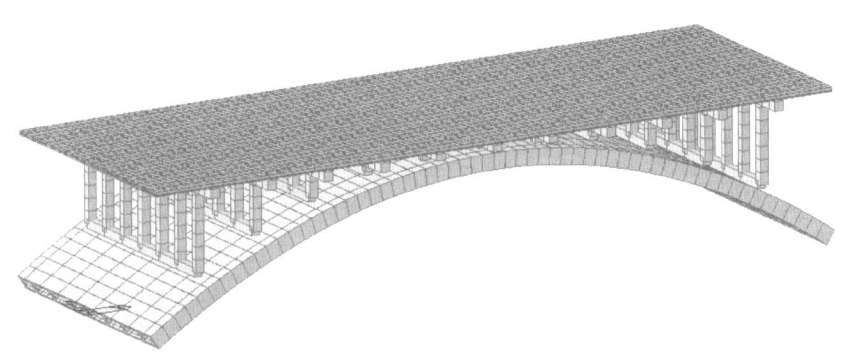

图 3-26 拱桥有限元模型

表 3-32 拱桥静载试验荷载效率

试验跨	荷载工况	控制荷载计算值	试验荷载计算值	荷载效率
第1跨	工况一：拱顶最大正弯矩截面偏载	−1.97 mm	−1.91 mm	0.97
	工况二：拱脚最大负弯矩截面偏载	−3834.60 kN·m	−3784.75 kN·m	0.99

(4) 斜拉桥静载试验实例

某桥梁全长 227.96m，主桥采用 30m＋70m＋30m 波形钢腹板组合箱梁独塔双索面无背索斜拉桥，主塔水平斜角 59°，桥塔单侧设 8 束斜拉索，水平倾角 30°，间距 6m。该桥桥面全宽 50m，下部结构采用柱式墩、薄壁墩，肋板式桥台，钻孔灌注桩基础（图 3-28）。该桥设计荷载等级为公路-Ⅰ级。

根据计算结果，该桥梁各试验工况分别采用 6 辆、8 辆 350kN 的载重汽车作为静力荷载试验加载车辆。斜拉桥有限元模型如图 3-29 所示，静载试验荷载效率如表 3-33 所示，静载试验现场加载如图 3-30 所示。

图 3-27　拱桥静载试验现场加载

图 3-28　斜拉桥侧面照

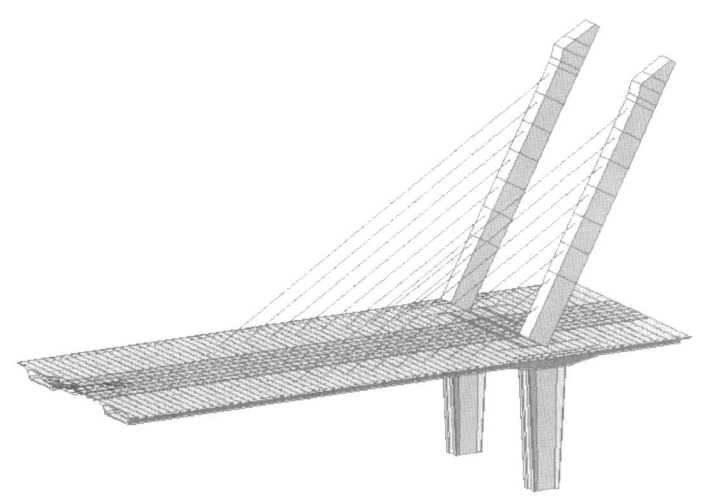

图 3-29 斜拉桥有限元模型

表 3-33 斜拉桥静载试验荷载效率

试验跨	荷载工况	控制荷载计算值	试验荷载计算值	荷载效率
主桥 (30m+70m+ 30m)	工况一：边跨最大正弯矩截面偏载	11273.00kN·m	10731.90kN·m	0.95
	工况二：中跨最大正弯矩截面偏载	18044.30kN·m	17142.09kN·m	0.95
	工况三：支点最大负弯矩截面偏载	−16325.60kN·m	−16586.81kN·m	1.02
	工况四：塔顶纵向最大变位	−11.97mm	−11.79mm	0.99
	工况五：斜拉索最大索力	47.17kN	47.56kN	1.01

图 3-30 斜拉桥静载试验现场加载

4 上部结构养护

4.1 桥面铺装

4.1.1 桥面铺装的作用与分类

城市桥梁桥面铺装是车轮直接作用的部位,要求平整、防滑、有利于排水。它的主要功能有以下三个方面:保护桥面板,使其不受由于交通荷载冲击产生的直接磨耗和剪切作用;防止主梁因雨水等自然条件的作用而产生的侵蚀;对车辆轮重的集中荷载起到一定的分配作用。作为城市桥梁的重要组成部分,桥面铺装状况的好坏直接影响行车的安全性、舒适性及桥梁结构的耐久性,是城市桥梁日常养护工作的重点。

城市桥梁设计规范中规定桥面铺装的结构形式宜与所衔接的道路路面相协调,主要可采用沥青混凝土或水泥混凝土材料,如图4-1、图4-2所示。

图4-1 沥青混凝土桥面铺装

城市快速路、主干路桥梁和次干路上的特大桥、大桥,桥面铺装宜采用沥青混凝土材料,铺装层厚度不宜小于80mm,粒料宜与桥头引道上的沥青面层一致。水泥混凝土整平层强度等级不应低于C30,厚度宜为70~100mm,并应配有钢筋网或焊接钢筋网。当为次干路、支路时,桥梁沥青混凝土铺装层和水泥混凝土整平层的厚度均不宜小于60mm。

图 4-2 水泥混凝土桥面铺装

水泥混凝土铺装层的面层厚度不应小于 80mm，混凝土强度等级不应低于 C40，铺装层内应配有钢筋网或焊接钢筋网，钢筋直径不应小于 10mm，间距不宜大于 100mm，必要时可采用纤维混凝土。

4.1.2 桥面铺装常见病害与成因

桥面铺装的常见病害包括以下几种情况：

（1）网裂或龟裂：桥面产生交错裂缝，把桥面分割成网状的碎块（图 4-3）。

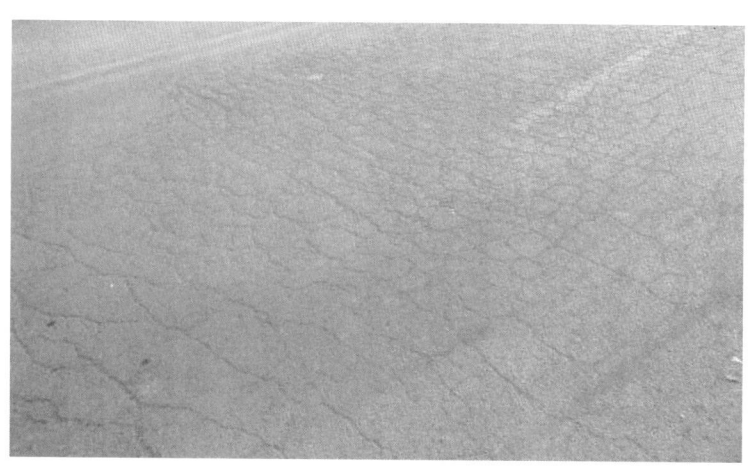

图 4-3 桥面铺装层龟裂

（2）碎裂或破碎：桥面出现成片裂缝，缝间路面已裂成碎块。

（3）桥面贯通横缝：与桥面道路中线大致垂直并且在横向可能贯通整个桥面的裂缝，有时伴有少量支缝（图 4-4）。

（4）桥面贯通纵缝：与桥面道路中线大致平行并且在纵向可能贯通整个桥面的裂缝，有时伴有少量支缝（图 4-5）。

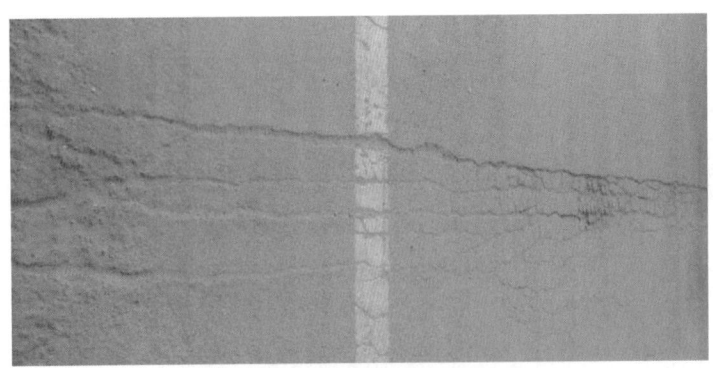

图 4-4 桥面铺装层横向裂缝

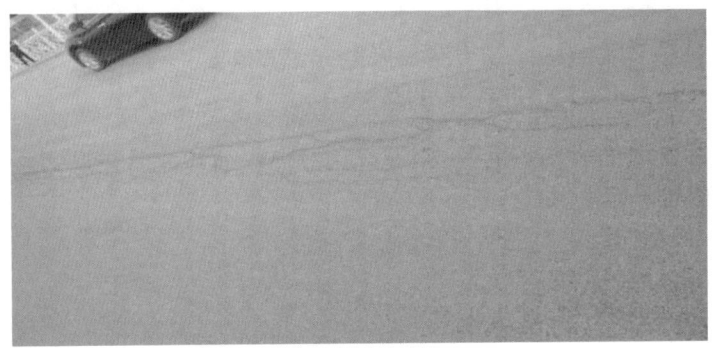

图 4-5 桥面铺装层纵向裂缝

（5）波浪及车辙：桥表面有规则的纵向起伏或局部拥起及沿轮迹处的路表凹陷（图 4-6）。

图 4-6 桥面铺装层拥起及车辙

（6）坑槽：桥面材料散失后形成凹坑，但没有贯穿桥面（图 4-7）。

图 4-7 桥面铺装层坑槽

（7）洞穴：桥面开裂或破损形成贯穿桥面的洞穴。

对于沥青铺装层，龟裂、碎裂、纵裂、横裂等病害的主要成因是施工不当，基层的裂缝反射。波浪及车辙为铺装层的各层在汽车荷载重复作用下进一步压实，沥青层中材料的侧向位移而形成的永久变形。热稳定性差的面层材料，侧移下沉现象严重，车辙现象明显。坑槽、洞穴等病害的主要成因是面层混合材料不良，即石料抗磨耗性能不好，石料与沥青的粘附力不良，碾压不足等。

对于水泥混凝土铺装层，表面龟裂主要成因是局部水泥浆过多，养护不及时。温度应力和荷载应力超过混凝土的抗拉强度，水泥混凝土桥面板就会产生裂断。铺装的裂断有在施工期间由于混凝土的初期收缩受到阻碍而产生的拉应力超过了混凝土的抗拉强度而引起的横向裂缝，或由于板块尺寸过大所产生的温度翘曲应力超过了混凝土的抗弯强度而引起的横向裂缝。由于跳车使薄弱部位开裂、连续桥面处钢筋失效、墩台不均匀沉降及车辆冲击等，变形缝附近可能出现断续裂缝。同时，由于骨料质量不良、所用细沙和混凝土中水泥含量少、车辆磨损等因素作用，桥面板也存在表面起沙、坑槽、洞穴、平整度不良等缺陷。

4.1.3 桥面铺装的养护

为了确保桥面铺装的使用性能得到满足，应对桥面铺装进行日常养护、经常性检查和定期检测，当桥面出现各种病害时，应及时进行保养小修。

桥面铺装的养护工作包括：经常清扫桥面使桥面清洁平整，保持行车的舒适性；冬季雨、雪后应及时清除桥面上的冻块或积雪；严禁在桥面上放置杂物或作为晒场等；桥面铺装应保持一定的横坡和纵坡，在雨后应及时将积水排除；保持桥面防水层具有良好的使用性能；及时处理桥面铺装存在的裂缝等表面缺陷，当桥面铺装采用水泥混凝土铺装层时，应及时处理如磨光、脱皮等表面缺陷；保持桥面上的人行道铺装、盲道和缘石完好、平整，有缺损时应及时维修或更换。

桥面铺装的养护，除应符合现行行业标准《城镇道路养护技术规范》（CJJ 36）的规定外，还应符合下列规定：

（1）不得随意增加桥面铺装厚度和静荷载，严禁覆盖伸缩装置。
（2）桥面更新后的横坡和纵坡，应满足排水要求。

（3）架设在桥上的管线安全保护设施应完整、有效；线杆应安全、牢固；井盖应完好、平顺。

（4）桥面上人行道铺装、盲道和缘石应完好、平整。当有缺损时，应及时维修或更换。

（5）桥面作业时不得破坏原有完好的防水层和铺装层。

4.1.4 沥青混凝土桥面铺装的修补

沥青混凝土桥面的养护、病害处理和修补应符合《城镇道路养护技术规范》（CJJ 36—2016）的要求。另外，桥面结构长期含水浸泡造成的脱落、拥包，应采取有效的排水措施，修补面晾干后，再进行面层修补。常见的几种病害维修：

1. 裂缝的维修

（1）缝宽在 10mm 以内的，应采用热沥青灌缝，缝内潮湿时应采用乳化沥青灌缝。

（2）缝宽在 10mm 以上时，应采用细粒式热拌沥青混合料或乳化沥青混合料填缝。

2. 坑槽的维修

（1）坑槽深度已达基层，应先处置基层，再修复面层。

（2）在低温寒冷季节，可采用沥青冷补材料处置。

（3）当采用热修补方法时，应先沿加热边线退回 100mm，翻松被加热面层，再喷洒乳化沥青，加入新的沥青混合料，整平压实。

（4）修补的坑槽应为顺路方向的矩形，坑槽四壁不得松动且必须涂刷粘层油，槽深大于 50mm 时必须分层摊铺压实。

3. 拥包的维修

（1）拥包峰谷高差不大于 15mm 时，可采用机械铣刨平整。

（2）拥包峰谷高差大于 15mm 且面积大于 $2m^2$ 时，应采用铣刨机将拥包全部除去，并低于路表面至少 30mm，清扫干净后，再喷洒粘层油，并采用热沥青混合料重铺面层。

（3）基础变形形成的拥包，应更换已变形的基层，再重铺面层。

4. 沉陷的维修

（1）当土基和基层已经密实稳定，可只修补面层。

（2）土基或基层被破坏时，应先修补基层，再重铺面层。

（3）桥涵台背填土沉降时，应先处理台背填土后再修补面层。正常沉降时，可直接加铺面层。

5. 车辙的维修

（1）车辙在 15mm 以上时，可采用铣刨机械清除。

（2）当联结层损坏，应将损坏部位全部挖除，重新修补。

（3）因基层局部下沉而造成的车辙，应先修补基层。

6. 波浪（搓板）的维修

（1）波浪（搓板）的波峰与波谷高差起伏大于 15mm 时，应采用铣刨机削平。

（2）当铣刨后的路面露出粗骨料或底面层时，应重铺面层，且厚度应大于30mm。

（3）当局部强度不足时，应先修补基层，再重铺面层。

7. 麻面与松散的维修

（1）已成松散状态的面层，应将松散部分全部挖除，重铺面层，或按0.8~1.0kg/m² 的用量喷洒沥青，撒布石屑或粗砂进行处置。

（2）沥青面层因不贫油出现的轻微麻面，可在高温季节撒布适当的嵌缝料处置。

（3）大面积麻面应喷洒沥青，并撒布适当粒径的嵌缝料处置。

（4）城区可采用稀浆封层或微表处等方法维修。

8. 泛油的维修

（1）轻微泛油的路段，可撒3~5mm粒径的石屑或粗砂处置。

（2）较重泛油的路段，可先撒5~10mm粒径的石屑采用压路机碾压。待稳定后，再撒3~5mm粒径的石屑或粗砂处置。

（3）严重泛油路段，应将含油量过高的软层铣刨清除后，重铺面层。

9. 脱皮的维修

（1）封层的脱皮，应清除已脱落和松动的部分，再重新做上封层。

（2）沥青面层层间产生脱皮，应将脱落及松动部分清除，在下层沥青面上涂刷粘层油，并重铺沥青层。

10. 啃边的维修

应将破损的沥青面层挖除，补砌路缘石，在接茬处涂刷粘结沥青，再恢复面层。

11. 磨光的维修

当路面抗滑性能低于《城镇道路养护技术规范》（CJJ 36—2016）表4.5.5要求时，应加铺磨耗层。

图4-8为某城市桥梁桥面沥青混凝土铺装层局部存在坑槽、龟裂，采用局部切槽修补。

图4-8　桥面沥青混凝土铺装层局部切槽修补

4.1.5 水泥混凝土桥面铺装的修补

水泥混凝土桥面的病害处理和防护应符合以下规定：

(1) 铺装层较严重的大面积表皮脱落、麻面，可凿除后重新铺装混凝土面层。在桥梁承载能力允许的条件下，也可在病害处理后加铺沥青混凝土层，但其改造方案应经专项设计。当改造方案改变了原桥面设计标高后，其伸缩装置和保护带的标高应做出相应调整。轻微的局部表皮脱落、麻面和裂缝，可不做处理。

(2) 对大于3mm的桥面裂缝，应检查其发生原因，在确定无结构破坏和延续发展的条件下，可进行灌缝处理。

(3) 铺装层的局部损坏，Ⅰ类养护的城市桥梁桥面松散、坑洞面积不应大于0.01m²，深度不应大于20mm；Ⅱ、Ⅲ类养护的城市桥梁不应大于0.02m²，深度不应大于20mm；Ⅳ类养护的城市桥梁不应大于0.03m²，深度不应大于30mm；Ⅴ类养护的城市桥梁不应大于0.04m²，深度不应大于30mm。当铺装层的损坏超过上述规定时，应进行补修。

水泥混凝土桥面的修补应符合以下规定：

(1) 应确定修补范围，划线并切割成顺桥方向的矩形，不得扰动完好部分。切割深度应小于混凝土铺装厚度，但应满足桥面维修最小厚度，不得损坏防水层。

(2) 损坏的防水层，应按《城市桥梁养护技术规范》（CJJ 36—2016）要求进行修补。

(3) 修补结合面应清洁、无杂物、无松散，新旧混凝土应连接牢固。新修补的混凝土强度等级不应低于原混凝土强度等级。

(4) 桥面维修可采用半幅作业、半幅通行的方法进行施工。

图 4-9 为某城市桥梁桥面水泥混凝土铺装层局部开裂破损，采用局部切槽修补。

图 4-9　桥面水泥混凝土铺装层局部切槽修补

4.1.6 桥面防水层的修补

桥面防水层的修补应符合以下规定：

（1）损坏的防水层，应及时进行修补。防水层维修应按国家现行相关标准要求进行。

（2）修补后的防水层，其防水性能、整体强度、与下层粘结强度和耐久性等指标，应满足原设计要求。

防水混凝土结构层的维修作业应符合以下规定：

（1）当防水混凝土表面脱落或粉化轻微而整体强度未受影响，且防水混凝土层与下层连接牢固时，应彻底清除脱落的表面和粉化物。

（2）当防水混凝土受到侵蚀，表面严重粉化且强度降低或防水混凝土层与下层已脱离连接时，应完全清除该层结构重新进行浇筑。

（3）清理表面脱落层时，应清理至具有强度的表面完全露出。

（4）清除损坏的结构层时，应切割出清理边界然后再进行清除作业。清除应彻底，不得留隐患。应避免扰动其他完好部分。

（5）钢筋网结构的防水混凝土层清除作业时，原钢筋应预留足够的搭接长度。清除作业结束后，应重新绑扎钢筋网。

（6）在浇筑新混凝土前，作业面应清洁、粗糙、无杂物。新旧水泥混凝土的结合面处，应采用界面胶作为新旧混凝土间的连接剂，其连接抗拉强度应大于 2.5MPa。

（7）选用的防水混凝土抗渗等级应高于 P6，且不得低于原设计指标要求。在使用除雪剂的北方地区和酸雨多发地区，防水混凝土的耐腐蚀系数不应小于 0.8。严禁使用普通配比混凝土替代防水混凝土。

（8）可在修补面积范围内的桥面板上适当植筋。

（9）使用快凝混凝土修复材料时，其强度等级不得低于原结构层设计强度等级。

4.2 伸缩装置

4.2.1 伸缩缝的作用和种类

桥面伸缩装置，主要作用是适应梁端的自由伸缩、转角变形及保证车辆的平稳通过。伸缩装置应根据桥梁长度、结构形式采用经久耐用、防渗、防滑等性能良好，且易于清洁、检修、更换的材料和构造形式。材料及其成品的技术要求应符合国家现行相关标准的规定。在多跨简支梁间，可采用连续桥面。连续桥面的长度不宜大于 100m，连续桥面的构造应完善、牢固和耐用。对变形量较大的桥面伸缩缝，宜采用梳板式或模数式伸缩装置。伸缩装置应与梁端牢固锚固。城市快速路、主干路桥梁不得采用浅埋的伸缩装置。伸缩缝的主要类型有以下几种：

（1）对接型：对接式伸缩缝装置可分为填塞对接型和嵌固对接型两种。填塞对接型是以沥青、木板、麻絮、橡胶等材料填塞缝隙的构造（在任何状态下，都处于压缩状态）；嵌固对接型是利用不同形状的钢构件将不同形状橡胶条（带）嵌牢固定，并以橡胶条（带）的拉压变形吸收梁变位的构造。

（2）钢制支撑型：钢制支撑式伸缩缝装置可分为钢梳齿板型和钢板叠合型两种，采用面层钢板或梳齿钢板的构造。

（3）板式橡胶型：将橡胶材料与钢件组合，以橡胶的剪切变形吸收梁的伸缩变位，桥面板缝隙支撑车轮荷载的构造。

（4）模数式支撑型：采用异型钢材或钢组焊件与橡胶密封带组合的支承式构造。

（5）无缝型：路面施工前安装的伸缩构造及以路面等变形响应吸收梁变位的构造。

伸缩缝的构造形式，按跨缝材料不同来分，目前常用的有锌铁皮伸缩缝、钢板伸缩缝和橡胶伸缩缝三种。

锌铁皮伸缩缝是以锌铁皮为跨缝材料，属于填塞对接型。在施工时，锌铁皮弯制成断面呈 U 形的长条（图 4-10），锌铁皮可以是单层也可以是双层，沿桥的横向嵌设于缝内，其两边与两侧混凝土梁或梁与桥台雉墙顶面固定在一起。U 形槽内用软性防水材料（如沥青胶等）填充。该伸缩缝构造简单，一般适应于中等跨径的桥梁。

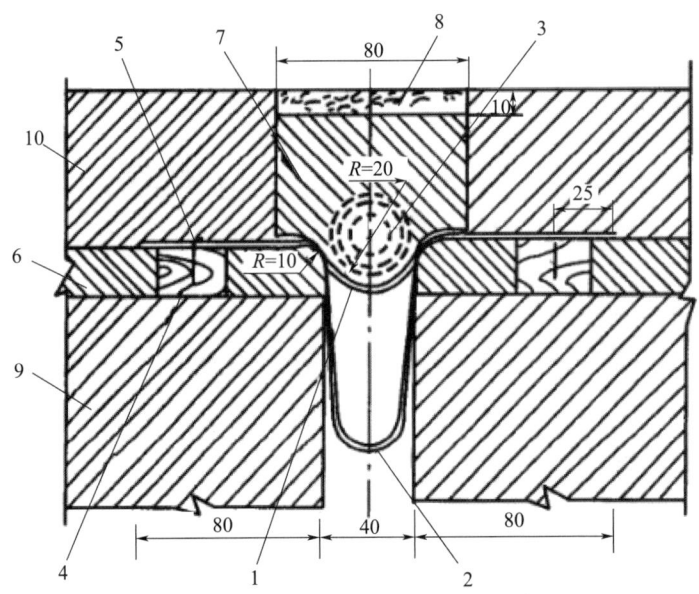

图 4-10 U 形镀锌铁皮伸缩缝装置（尺寸单位：mm）
1—上层锌铁皮；2—下层锌铁皮；3—石棉纤维过滤管；4—小木块；5—钢钉；
6—三角垫层；7—沥青膏；8—砂子；9—行车道块件；10—行车道铺装层

钢板伸缩缝又称钢制支撑式伸缩缝，因为是用钢材装配制成的，所以能直接承受车轮荷载。钢板伸缩缝的形状、尺寸和种类较多。钢板叠合型又称平板式，是用一块厚度约为 10mm 的钢板覆盖在断缝上，钢板的一边焊在锚固于桥面的角钢上，另一边可沿着对面的角钢自由滑动。该伸缩缝适用于梁变形量较小的桥梁。当变形量大、交通量更大时，可采用梳齿型伸缩装置（图 4-11）。这种装置结构本身刚度较大，抗冲击力强，因此在工程中广泛采用。

图 4-11 梳齿型伸缩装置

橡胶伸缩缝即板式橡胶型，利用橡胶材料剪切模量低的原理设计制造而成的。即剪切型橡胶伸缩体设有上、下凹槽，橡胶体内埋设承重钢板和锚固板，并设有预留螺栓孔，通过螺栓与梁端连成整体。它是依靠上下凹槽之间的橡胶体剪切变形来满足梁体结构的相对位移；橡胶伸缩体内预埋钢板，跨越梁端间隙，承受车辆荷载；另外在橡胶伸缩体内两侧预埋两块锚固钢板，通过螺栓与梁端连接的受力原理而形成该结构构造（图4-12）。

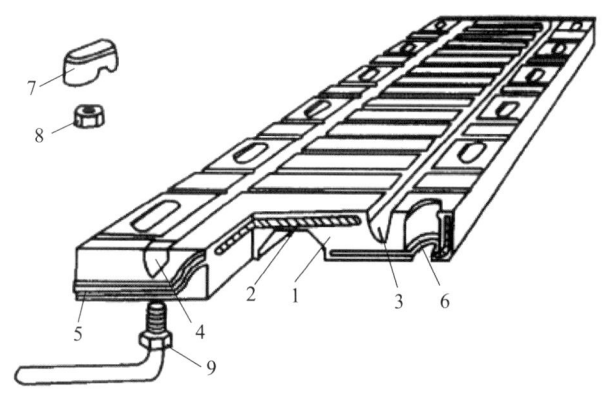

图 4-12 板式橡胶伸缩装置

1—橡胶；2—加强钢板；3—伸缩用槽；4—止水块；5—嵌合部；
6—螺帽垫板；7—腰型盖帽；8—螺帽；9—螺栓

4.2.2 伸缩缝常见病害

桥面伸缩缝由于设置在梁端部构造薄弱部位，直接承受车辆荷载的反复作用，加之暴露在自然条件下，受到各种自然条件因素的影响，以及设计、施工或养护不当等，经常发生各种不同程度的缺陷，是易损坏和难修补的部位。

（1）螺帽松动：带螺栓的伸缩缝装置中原本紧固的螺帽产生松动。

（2）缝内沉积物阻塞：垃圾泥土等杂物进入伸缩缝造成伸缩缝阻塞。

（3）接缝处铺装碎边：桥梁接缝处桥面边缘出现破碎损坏。

(4) 接缝处高差：伸缩装置高差；伸缩装置保护带与桥面的高差。

(5) 钢材料翘曲变形：伸缩缝内的钢材料构件产生不均匀应变而形成非正常的弯曲或扭曲变形。

(6) 结构缝宽：伸缩缝在设计时预留的正常缝宽。

(7) 伸缩缝处异常声响：伸缩缝结构在车辆经过时发出非正常声响。

4.2.3 伸缩缝装置的养护

伸缩装置的一般养护应符合以下规定：

(1) 伸缩装置应平整、直顺、伸缩自如，处于良好的工作状态。有堵塞时应及时清除，出现渗漏、变形、开裂、行车有异常响声、跳车时应及时维修。梳齿板、橡胶板或异型钢类伸缩缝表面，应每月进行一次清缝工作，伸缩装置下方的梁端缝隙，应每年清理不少于两次。

伸缩装置间杂物的危害：异型钢类伸缩装置的日常维护项目，主要是清扫缝间积存的杂物。这些杂物如不及时清理，不仅会造成密封橡胶带（止水带）严重磨损破坏，也会影响伸缩装置的正常工作，甚至造成伸缩装置和梁头的破坏。

(2) 伸缩装置对应处的栏杆、平侧石、人行道、梁体等应断开。

(3) 梳齿板和橡胶板式伸缩装置的固定螺栓应每季度保养一次，松动应及时拧紧；梳齿板和橡胶板丢失应及时补上，弹簧（止退）垫不得省略。严重破损的梳齿板和橡胶板，应及时按同型号进行更换。

(4) 异型钢类伸缩装置的密封橡胶带（止水带），损坏后应及时更换。密封橡胶带的选择，应满足原设计的规格和性能要求。

(5) 当钢板伸缩装置的钢板松动、开焊、翘曲和脱落时，应及时发现并及时修复。

(6) 当弹塑体伸缩装置出现脱落、翘起时，应及时清除，并应重新浇筑。当伸缩装置两侧沥青混凝土破损或平整度偏差大于 3mm 时，应进行清除后重新摊铺、碾压沥青混凝土，并应按新建要求重新安装弹塑体伸缩装置。

(7) 板式橡胶伸缩装置的更换时间，宜选择在春秋两季进行。

(8) 伸缩装置保护带应完好，不得有开裂、破损现象，坑洞的面积不得大于 $0.01m^2$，深度不得大于 20mm。已松散和有坑洞的保护带，应及时修复。保护带小面积维修宜采用快速修复材料。

(9) 保护带与桥面的接缝高差，对Ⅰ、Ⅱ类养护的城市桥梁不应大于 2mm，Ⅲ～Ⅴ类养护的城市桥梁不应大于 3mm。

(10) 在每年气温最高和最低时，应及时测量伸缩装置的间隙，且不得小于设计最小间距和大于设计最大间距。

(11) 每季度宜对伸缩装置的水平错位、相对高差进行观测。

(12) 固定在不同结构上的伸缩装置相对高差，不应大于 2mm。

4.2.4 伸缩缝的维修

伸缩装置出现损坏而无法修复时，宜选用原型号伸缩装置产品进行整体更换。选用其他类型（型号）伸缩装置产品时，应符合以下规定：

（1）新型伸缩装置的伸缩量和承载能力应满足原设计要求，并满足防水要求。伸缩装置的安装高度应小于桥面板至桥面层表面间的高度差。

（2）当无伸缩装置设计资料时，应对伸缩量值进行重新计算。

伸缩装置的更换施工应符合以下规定：

（1）伸缩装置的预留缝宽，应根据产品说明和施工时的环境温度计算确定。安装焊接时间，应选择一天中温度变化较小的时间段内。从开始焊接到焊接结束，环境温度变化不应超过 5℃。安装焊接结束后，应立即拆除定位装置。

（2）当选择异型钢类伸缩装置时，设置的开口宽度应便于止水带的安装和维护。当梁端设计最大伸缩量小于 30mm 时，异型钢类伸缩装置的最小开口宽度设置不应小于 30mm。

（3）桥面板（梁）或桥台背墙的锚固预埋件有缺损时，应补植连接锚筋。

（4）伸缩装置在安装焊接时，连接筋与锚筋的连接形式和焊接长度应符合焊接要求，严禁点焊连接。

（5）安装伸缩装置的水泥混凝土保护带，其设计强度应符合设计要求，且不得小于 C40，保护带宜采用钢纤维混凝土。

（6）梁端与桥台（梁端）之间应隔离、封闭，宜采用硬塑料泡沫板进行填充；伸缩装置下部和异型钢类伸缩装置支撑箱下部的混凝土应完全充满。当伸缩装置的下部空间高度小于 4cm 时，应改用同强度等级的细石混凝土进行浇筑。

（7）混凝土达到设计强度且伸缩装置安装完好后，方可恢复交通。

图 4-13 为某城市桥梁桥面伸缩装置接缝处铺装层存在碎边，对其进行局部修补。图 4-14 为某城市桥梁桥面伸缩装置橡胶密封条老化、开裂，对橡胶密封条进行更换。图 4-15 为某城市桥梁桥面伸缩装置破损严重，故对其进行更换。

图 4-13 伸缩装置接缝处铺装碎边修补

图4-14 更换橡胶密封条

图4-15 更换伸缩装置

4.3 钢筋混凝土及预应力混凝土桥

4.3.1 常见病害及成因

在钢筋混凝土桥梁结构中产生的主要病害,根据其结构类型、构造形式、使用条件、建造条件、运营荷载的不同,其产生的部位、种类和程度也不同,对结构的影响程度也不同。

混凝土桥暴露在自然环境中,长年累月受到各种因素的影响,其病害是逐步产生和发展起来的。人为因素主要是超高车辆撞击主梁、超载造成主梁产生裂缝;自然因素主要是环境中的酸性废气、二氧化碳、较大的湿度和过多的雨水等,造成混凝土的退化和钢筋的锈蚀。

混凝土桥中许多缺陷和原因不是一一对应的,不少情况下是由一个因素诱发,而其他因素则多为促进缺陷发展的原因,而且各种病害是相互影响、相互促进、共同伴生的。为了对症下药,在发现混凝土桥出现缺陷后,必须及时对缺陷进行调查研究,分析缺陷产生的原因、现状、发展趋势,以及桥梁遭受破坏的程度、对运营使用的影响等,以便及时采取相应措施。

混凝土梁常见病害:结构裂缝、蜂窝麻面、剥落掉角、空洞及孔洞、破损露筋、钢筋锈蚀、混凝土腐蚀、渗水泛碱、铰缝脱落、涂层老化。

1. 混凝土桥梁的表观缺损

（1）桥梁结构构件的表观缺损主要有孔洞露筋（图 4-16）。原因与施工质量较差有关，主要是施工时混凝土振捣不充分、钢筋间隙较小及混凝土级配不良等。

图 4-16 桥梁混凝土孔洞露筋

（2）混凝土破损露筋（图 4-17）。破损露筋主要有 T 梁现浇段破损露筋、T 梁横隔板破损露筋、T 梁梁端破损露筋、现浇箱型梁破损露筋、空心板梁底面破损露筋。产生破损的主要原因有：①施工时混凝土振捣不充分。②材料方面由于混凝土级配较差。③设计方面由于钢筋保护层偏薄、局部钢筋较密。④环境方面由于潮湿环境造成混凝土胀裂破损。

图 4-17 桥梁混凝土漏筋锈蚀

（3）主梁铰缝脱落、渗水泛碱。铰缝脱落主要原因是施工较粗糙，部分材料不符合设计要求，荷载冲击作用下梁体振动导致脱落。产生主梁渗水、泛碱主要原因：①桥面防水层部分失效。②排水设施失效。③施工时结构内部残留的水。

2. 混凝土桥梁上部结构裂缝及原因分析

根据桥梁的结构类型不同,可分为钢筋混凝土及预应力钢筋混凝土空心板桥、普通钢筋混凝土及预应力钢筋混凝土现浇连续箱梁桥、普通钢筋混凝土及预应力钢筋混凝土T梁桥等。

(1) 预应力空心板梁底面纵向裂缝

裂缝主要分布在空心板底面中央及两侧,位置为预应力钢筋(束)所在处,裂缝形态为沿预应力钢筋分布纵向通长或断续通长裂缝。根据裂缝的部位及特点,产生裂缝的主要原因:①预应力钢筋(束)保护层偏低、横向构造钢筋较弱及施工等因素,是造成板底纵向裂缝的重要原因。②底板横向抗弯承载力不足,既有设计方面的原因,也有施工方面的原因。

(2) T梁翼板底面纵向裂缝

裂缝分布在翼板与腹板交接部位或翼板底面中央,呈顺桥向纵向分布,产生的原因:①由于超载、施工质量、结构构造等因素综合作用下产生。②车辆荷载作用下,翼板下缘可能存在横向张拉力。

(3) T梁腹板竖向裂缝

裂缝分布在T梁腹板侧面,部分裂缝延伸到T梁底面及翼板,发生的部位从1/4跨开始到3/4跨附近都存在,支点附近为裂缝为斜向裂缝,跨中附近为竖向裂缝,底面及翼板裂缝为横向裂缝(图4-18)。裂缝产生的原因:①腹板上竖向裂缝通常其成因多系设计不当、施工质量差、养护不及时或温度及环境条件不良的影响所致。②裂缝的产生多为设计上的缺陷,即主拉应力较计算值大,使混凝土不能负担而导致裂缝产生,而施工不良又会加快裂缝的产生和发展。③T梁的侧向弯曲效应。根据理论计算模型分析,在车辆荷载作用下,T梁腹板会出现侧向位移。T梁腹板在承受纵向弯曲的同时,存在明显侧弯现象,由于T梁下缘预应力钢束的存在,在使下缘混凝土存在一定预应力储备的同时,也对腹板下端的侧向弯曲产生一定径向约束作用。而腹板中部预应力储备相对较低,因此腹板中部的侧向抗弯刚度较小,在侧向弯曲下易出现腹板竖向开裂。

图4-18 混凝土梁腹板裂缝

（4）连续箱梁的大量裂缝

连续箱梁的裂缝主要有翼板底面的横向裂缝，箱梁底面的横向裂缝及箱梁腹板的竖向裂缝，根据裂缝的特点及产生的部位，裂缝产生的原因：

翼板的横向裂缝：①分层浇筑导致混凝土收缩率的差异，若采用腹板与顶板的分层浇筑，施工时分层浇筑时间间隔过大，将导致两层混凝土收缩率相差较大，翼板混凝土收缩受到腹板、底板等的共同约束，易出现开裂。②箱梁的剪力滞效应，翼板中的剪切变形导致纵向应力沿板宽方向是不均匀分布的，其间存在着传力的滞后现象，腹板附近翼板中的实际应力比初等梁理论应力大。由剪力滞效应产生箱梁翼板横向裂缝，大部分裂缝均在离支点1/3跨径范围内出现，越靠近支点的截面越严重，裂缝出现均从翼板下缘开始，随着交通量的迅速增加，裂缝进一步发展。③局部车轮荷载效应，当车轮作用于翼板上时，翼板产生横向挠曲，使其下缘横向受压，同时也产生一定程度的局部纵向挠曲，使其下缘纵向呈局部受拉趋势。

腹板的竖向裂缝：①混凝土收缩，混凝土表面收缩变形受到底面约束或其他约束限制时，即在腹板中产生纵向拉应力，引起混凝土竖向开裂。②腹板内外温差，由于箱梁结构内部箱室大量水化热不容易散发，使其温度不断上升，而混凝土表层散热较快，使截面内部产生非线性温度差。在这种截面温差作用下，结构将产生弯曲变形，截面纵向纤维因温差的伸长将受到约束，产生温度自应力，容易造成混凝土裂缝。③受力裂缝向腹板的延伸，钢筋混凝土结构梁底受力，裂缝向腹板的延伸也是腹板竖向裂缝产生的原因之一。图4-19为混凝土梁腹板竖向裂缝。

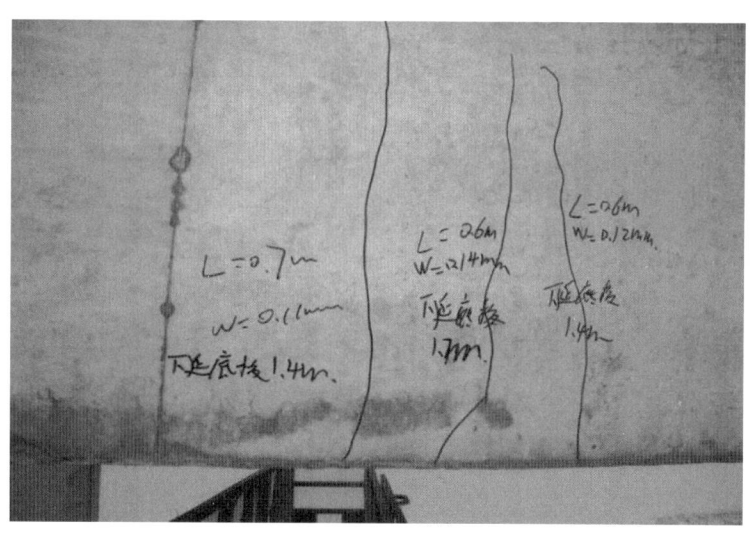

图4-19　混凝土梁腹板竖向裂缝

底板横向裂缝：对于钢筋混凝土结构，受拉区应力主要由钢筋承担，《公路钢筋混凝土及预应力混凝土桥涵设计规范》（JTG 3362—2018）允许混凝土出现一定程度的开裂。因此，结构受力性开裂是底板横向裂缝产生的主要原因之一。另外，横向钢筋保护层偏薄也有可能产生底板横向裂缝。

（5）连续箱梁的纵向裂缝

连续箱梁的沿预应力走向的纵向裂缝：裂缝形态为箱梁腹板侧面，沿预应力束的位置，纵向裂缝分布与预应力位置对应，裂缝产生的原因：①由于保护层偏薄，混凝土早期干缩时形成相对薄弱面，容易形成开裂。张拉预应力时，由于孔道周围混凝土的劈裂效应，使混凝土开裂。②施工时预应力管道可能存在一定纵向弯曲，张拉时产生的径向力易使混凝土开裂。③由于管道灌浆受冻、膨胀等原因也可能出现沿波纹管方向的纵向裂缝。

4.3.2 养护目的及内容

养护的目的是：保证桥梁的安全；尽可能长久保持桥梁结构的耐用性与承载能力；恢复桥梁到建造后应有的运营水准。

养护内容包括一般性养护、维修和加固。一般性养护工作有时与维修和加固工作类似或相同，但是前者在概念上更简单，范围上也小得多。

一般性养护工作有以下几个方面：清除表面污垢、修补混凝土孔洞破损、剥落、表面风化、非结构受力影响产生的裂缝、对裸露钢筋进行除锈、修复保护层、对纵横梁连接件的钢板开裂、脱焊、锈蚀进行处理等。

维修和加固通常由专业桥梁施工队或承包商来完成，需要使用复杂或非常规的设备，需要具备较高专业化，而且工作程序一般比较复杂。

钢筋混凝土梁体常见病害的处理方法：

（1）由于渗水、洪水等自然环境原因造成的梁体产生污垢时应用清水或中性洗剂刷洗，不宜用化学试剂清洗；

（2）梁体混凝土的孔洞、蜂窝、麻面、表面风化、剥落应先将松散部分清除，再根据情况用高标号混凝土或水泥砂浆填补；

（3）梁体若发现露筋或保护层剥落等现象，应先将松动的保护层凿去，并将钢筋锈迹清除，如损坏面积不大可用环氧砂浆修补，如损坏面积过大，可喷射高标号水泥砂浆或专用修补砂浆修补；

（4）梁（板）体的横纵向连接板件、钢板、钢筋等构件开裂、开焊、断裂、损坏等可采取更换、补焊、绑焊等措施；

（5）钢筋锈蚀是钢筋混凝土当中最常见的缺损，可分析其程度和原因并进行必要的评估，以便采用合适的修补方法；

（6）裂缝也是钢筋混凝土当中最常见的缺损，分析裂缝的成因，可为裂缝的危害性评定及裂缝修复提供依据。若不经分析或忽视原因分析就进行裂缝处理，往往达不到理想的效果。

4.3.3 钢筋混凝土及预应力混凝土结构的养护

1. 钢筋混凝土及预应力混凝土梁桥梁应每年进行一次裂缝观察。构件裂缝应重点检查受拉、受剪区域，表面温度裂缝应重点检查构件的较大面。

2. 当钢筋混凝土及预应力混凝土结构发生混凝土剥落、露筋等现象时，应及时清除钢筋锈迹，凿去表面松动的混凝土后进行修补。对损坏面积较大的结构，凿除混凝土后不得明显降低结构的承载力，必要时宜采用分批修补。

3. 当预应力混凝土构件锚固端的封端混凝土出现裂缝、剥落、渗漏、穿孔、预应力锚具暴露时，应及时对预应力锚具刷防锈漆，重做封端混凝土。

4. 构件出现明显的损伤或产生明显的变形、移位，应根据特殊检测评估做设计，进行修复或加固。

5. 当钢筋混凝土或预应力混凝土桥梁的主梁挠度超过规定允许值时，应进行结构评估，并提出加固措施。

6. 钢筋混凝土与预应力混凝土桥梁加固可采用下列方法：

（1）横向联系损伤、桥梁各构件不能共同受力的板梁桥，可通过桥面补强或修复加固横向联系。

（2）梁的刚度、强度、稳定性及抗裂性不足，可采用加大结构断面尺寸、增加钢筋数量、纤维复合材料或粘贴钢板等方法进行加固。加大断面及增加配筋数量应根据计算确定。

（3）可采用体外预应力补强加固。

7. 当双曲拱桥横向联系不足，全桥承载力不足或横向失稳时，应进行加固。

8. 当拱桥主拱圈强度或刚度不足时，应进行加固。

9. 当钢筋混凝土拱桥拱圈开裂超过限值时，应限制或禁止通行，并应通过特殊检测查明原因，进行处理。

10. 当双曲拱桥拱圈、拱波混凝土开裂超过允许最大裂缝宽度时，应进行加固。

11. 当双曲拱桥侧墙变形时，应及时处理，必要时应拆除侧墙重砌。

12. 当双曲拱桥拱圈厚度偏小，承载力不足时，应进行加固。

13. 双曲拱桥拱圈及拱上空腹拱等结构开裂超过限值时，应进行观测、限载或禁止通行，查明原因，及时加固。

14. 不得擅自在钢筋混凝土、预应力混凝土构件上钻孔及架设其他构件。

15. 钢筋混凝土、预应力混凝土桥梁外刷涂料不得覆盖检查观测点，影响养护维修；涂刷材料不得影响构件耐久性。

4.3.4 缺陷修补技术

1. 钢筋锈蚀的修补

（1）钢筋锈蚀程度划分

选用哪种技术修补钢筋锈蚀取决于产生锈蚀原因、锈蚀程度、所处位置和相邻范围内钢筋锈蚀的原因。首先应该对钢筋锈蚀程度和原因进行必要的评估。通过目测可做3种不同的划分：

① 没有明显锈蚀——应至少在几个代表性区域进行混凝土取芯，以确定碳化深度或氯化物可能存在的区域，如果没有碳化或氯化物轮廓等其他明显问题，则无须采取进一步措施。

② 完好混凝土的局部锈蚀——在完好混凝土表面有明显的瑕疵，如局部不密实、分层，特别是在缺少保护层的情况下，可以通过做上面一样的详细检查，以确定锈蚀的

程度和原因。

③ 整体劣质混凝土中的广泛锈蚀——如果上面所述的详细检查显示钢筋锈蚀问题是广泛的，则应检查相关的环境侵蚀和结构的代表性区域。在受影响的区域可以通过电势电流测检确定阳极（锈蚀区域）的锈蚀程度。从取芯孔除下的混凝土应该用低收缩或微膨胀水泥砂浆恢复原有状态。

(2) 修补原则

对钢筋锈蚀的修补和防止潜在锈蚀的处理方法有很多，但所有修补技术应坚持三条重要原则：

① 混凝土修复要彻底并且应该用适合的材料——锈蚀开始处的诱发条件应予以根除，否则修补就没有效果。在锈蚀面上直接用水泥浆修补一般是不会有效的。事实上，简陋的水泥浆和环氧树脂修补会加剧锈蚀。即使将混凝土凿除到钢筋位置再进行环氧树脂修补，也不会有效。因为环氧树脂在机械和热性能方面与混凝土不相容，并且它不会增加 pH 值，可以有效地保护钢筋。

② 专利产品的使用——市场上有许多专利产品，应该对它们的价值有一个客观的认识，对其说明和保证也要全面了解。应该从相关工程师、可信的咨询机构或者相关协会去寻找信息，选择产品时应考察以前成功使用的经验或者独立的耐久性试验。

③ 工人和承包商的素质——从事该项工作的人员应当细致、值得信赖且有能力，并需要由熟悉修理技术和材料的人员监督。在选择承包商时，信誉和技术专业化程度以及标的价格应一同考虑。

(3) 修补技术

针对钢筋的不同锈蚀情况，可以采取以下相应的修补技术：

① 有氯化物但无明显锈蚀

在有较多氯化物生成但暂无锈蚀的地方，氯化物轮廓和混凝土龄期可以用来估计其钝化时间，根据这一估计，可定出一个适当的重新检测时间间隔，或者采取措施限制氯化物进一步发展，以下是 4 种控制氯化物发展的方式：

a. 硅烷涂层——在混凝土表面用硅烷涂刷，能阻止水的侵入（因而也阻止氯化物的侵入），从而允许混凝土中水蒸气逸出。硅烷是一种相对便宜的材料，但对于直接在潮汐和波浪作用下的地方，其保护效果并不理想，混凝土应以适当间隔重检，以确认这种处理方法成功与否。

b. 混凝土包装——对于有时浸润在水中的混凝土区域，需要包裹一层适用于水下的混凝土层。在发生重大锈蚀现象之前，这种处理将是比较经济的。如果氯化物正在聚集，则不可避免要进行重大修补。

c. 阴极保护——可以应用各种类型的外加电流系统阻止锈蚀，但需要相应的专业技术和经验来实施。

d. 去除氯化物——这种去除氯化物的过程是指把纸浆浸泡在电解液中，然后将它喷洒在混凝土表面，使其在混凝土表面电解液的范围内形成一层网状加强层。这一附加层作为阳极，混凝土内的钢筋作为阴极，在两极之间加上电压就可以把氯化铁从钢筋和混凝土表面除去。这种过程需要几个星期，然后不需做任何其他的工作。要使去除氯化物的系统成功，需要在混凝土表面设计统一的控制系统，以防止产生的热量损坏混凝土。这种方法同时也适用于钢筋周围 pH 值较高的地方。

② 碳化严重但无明显锈蚀

根据混凝土期龄和由简单酚酞测试确定的碳化深度,来确定重新检测的时间,一旦碳化到达钢筋,锈蚀就是不可避免的,以下是 2 种可用于阻止锈蚀的方法:

a. 粉底和涂料——现在广泛应用的是在受影响的混凝土表面先涂上一层良好水泥粉底,再涂刷一层丙烯酸涂料,这样可以有效阻止二氧化碳气体的侵入。其中,粉底是用来阻止表面缺陷引起涂料膜产生大量气孔,从而保证其连续性。应以适当间隔重检,来检查这种方法的有效性。

b. 重新碱化——用一种适当的电解液,通过阴极的电化学反应和碱性溶液的电渗作用,可以在钢筋区域恢复碱性水平,pH 值从 9~10 提高到 12。一旦 pH 值水平得到回升,就应考虑粉底和涂料,防止二氧化碳气体的再次侵入,或者以一个适当的间隔安排重新碱化的处理过程。

③ 在钢筋处锈蚀但外观无明显锈蚀

有时在混凝土表面出现问题之前,由于某种原因甚至没有探到碳化或氯化物,水和氧气会使钢筋发生锈蚀,这通常意味采用了劣质混凝土会导致结构早期锈蚀,不久将在表面变得明显,这时应主要监视其发展状态,并在适当时机加以修补。值得注意,不要把钢筋纹路或在浇筑时已有的锈迹误认为锈蚀问题,尤其是,当这种现象已存在至少 5 年,而且混凝土质量仍然完好。

④ 完好混凝土中的局部锈蚀

以下给出的修补技术涉及除去剥裂混凝土、修理钢筋及在局部锈蚀区域使保护层恢复到良好状态,包括下列过程:

a. 结构分析——应进行结构分析确定是否需要,采取什么方法加强,以及是否需要支护。

b. 修补混凝土前的准备工作——应沿钢筋敲掉混凝土保护层直到没有锈蚀的地方(包括钢筋后面至少 15mm)。若有必要,应先切除部分钢筋,再全截面焊入。钢筋应吹干净,钢筋背面也应清洗干净,整个面积应用掺加防锈剂的清水清洗。

c. 采用富锌漆——在整体完好混凝土中由于局部缺陷而引起锈蚀的地方,应先采用喷砂打磨钢筋,再采用富锌漆涂刷。

d. 新老混凝土之间粘贴——假如混凝土表面已经进行了适当的凿毛处理,所有松散材料已清除,就不必采用粘接层。一般来说,采用哪种粘接剂主要取决于实际经验。混凝土粘补时不允许有污染存在。

⑤ 整体退化混凝土中的广泛锈蚀

在混凝土退化和钢筋锈蚀广泛的地方,有很多修补方法可以采用。采用哪种修补方法应该在详细考虑检测结果之后,由整个工程和经济评价决定。在上文(4)中描述的方法也可应用到退化混凝土的局部修补,另外,应采取下列合适的过程:

a. 采用富锌漆——当环境侵蚀致使钢筋锈蚀只是发生在局部区域的地方,可采用富锌漆。

b. 在混凝土退化和锈蚀广泛的地方,存在许多阳极及阴极处,这时,不可采用富锌漆。

c. 管理修补计划——在每个锈蚀变得明显的地方，应该采取（4）中叙述的方法实施混凝土修补。然后，在下一个最低阳极电势处将会发生后续锈蚀失效，这将需要依次修补，但未来失效会变得集中，且发生频率减少，最终得到有效控制。同时还需要定期检测直到达到修补目标。

在含有氯化物的地方，可先对残留区域或相邻区域（可与氯化物除去或者阴极保护相结合）进行修补，然后可以应用硅烷涂层。这样将缩短重新处理的时间，以及减少失效处的数量。

在已发生碳化的混凝土中，粉底和丙烯酸涂层（可与重新碱化或阴极保护相结合）可以在初始修补后用来减少重新修补地方，使重新处理间隔时间极大地加长。结构包裹和替换方案，从构件的完全替换到用钢或混凝土包裹，这些选择必须由结构工程师按逐个具体情况进行评估和决定。

⑥ 针对锈蚀修补的各种选择

采用高质量水泥的混凝土除了用于钢筋锈蚀修补的区域外，也用作结构包裹或替换中的新混凝土。施工工艺取决于修补尺寸和粘贴方法，粘贴方法取决于具体情形，但应保证高质量混凝土非常密实地填充所有空洞。在采用浇筑或泵送混凝土的地方，可能需要外部振动，配合比设计应确保坍落度在100～150mm，并且没有离析现象，同时最大水灰比不超过0.4，各种情况下的选择如下：

a. 保护性的粉底——保护性粉底对较小的修补是有用的，且不需要模板。这种类型材料用特别工具拌和到一定的黏稠度，直接手工或用抹刀抹到相应地方。主要缺点是劳动强度大。

b. 采用无收缩水泥的灰浆——在可安装模板，且最大的修补厚度不超过70mm的地方，可以采用无收缩水泥灰浆。这个方法适合于相对较小的工作量，但预拌混凝土的成本较高。使用的砂浆都应具有低收缩、高碱性、热性能和机械性能，与标准混凝土相容，具有对氧、水、氯化物、二氧化碳，以及其他侵蚀物质的较低渗透性，同样应不包含某些加速剂，如氯化物、高铝。厚度限制是与砂浆产生的水化热有关，可接受的厚度可以根据经验判断对不同的产品加以调节。涂抹方法必须保证连续密实。

c. 小范围的现场搅拌混凝土——对于稍大一些的混凝土量，可以考虑采用小型混凝土搅拌器现场搅拌，最好制作试验来指导混合。配合比目标是达到100～150mm的坍落度，最大水灰比0.4，没有离析。最大骨料尺寸应选用10mm，级配要合理。混凝土凝固所花的时间将取决于所采用的水泥类型和塑性剂，当结硬脱模时，刷层低粘塑性的环氧树脂可改善长期养护工作。

d. 商品混凝土——在修补量很大的地方，可以采用商品混凝土。所采用的混凝土每立方米应最少含有水泥410kg，最大水灰比0.4。

⑦ 预应力钢筋锈蚀的修补

一旦在预应力钢筋中探测到锈蚀，那么结构应该加以支护，必须进行详细的结构分析和评估。预应力管道内的水和其他污染物，如氯化物，应通过排水、管道重新压浆等加以清除，可以考虑提取氯化物、安装阴极保护、重新碱化、采用硅烷涂层或粉底及丙烯酸涂料涂刷。

图 4-20 为某城市桥梁梁底局部露筋锈蚀修复，图 4-21 为某城市桥梁桥台胸墙局部露筋锈蚀修复，先凿除松散、破碎、剥落的混凝土，清除钢筋表面的锈迹，再采用环氧砂浆对破损区域进行修补，以提高桥梁耐久性能。

图 4-20　梁底破损、露筋锈蚀修复

图 4-21　桥台胸墙破损、露筋锈蚀修复

2. 混凝土裂缝的修补

修补裂缝的目的在于使结构恢复因开裂而降低的功能，保证结构的耐久性。一般较浅较短的裂缝，对梁的强度影响不大。当裂缝较多且宽度较大时，梁的刚度相应降低，同时钢筋受有害介质的侵蚀，结构物的寿命也要缩短。《城市桥梁养护技术规范》（CJJ

99—2017)第 5.4.2 条提出，钢筋混凝土及预应力混凝土桥梁裂缝应根据裂缝类型和构件抗裂等级分别采用不同的方法处理。恒载裂缝宽度最大限值应符合表 4-1 的规定，超过最大限值时，应查明原因，采取下列措施进行处理：

表 4-1 恒载裂缝宽度最大限值

结构类型	裂缝部位及所处侵蚀环境		允许最大裂缝宽度（mm）
钢筋混凝土构件	A 类		0.20
	B 类		0.20
	C 类		0.15
	D 类		0.15
预应力混凝土构件	非结构裂缝		0.10
	结构裂缝		不允许或按设计规定
混凝土拱	拱圈横向		0.30（裂缝高小于截面高一半）
	拱圈竖向（纵缝）		0.50（裂缝长小于跨径 1/8）
	拱波与拱肋结合处		0.20
墩台	墩台帽		0.30
	墩台身	A 类	0.40（不允许贯通墩台身截面一半）
		B 类 有筋	0.25
		B 类 无筋	0.35（不允许贯通墩台身截面一半）
		C、D 类 有筋	0.20
		C、D 类 无筋	0.30（不允许贯通墩台身截面一半）

注：所处侵蚀环境按表 4-2 侵蚀环境分类表规定选取。

表 4-2 侵蚀环境分类

侵蚀环境分类	状态描述
A 类	无侵蚀性静水浸没环境，与无侵蚀性土壤直接接触的环境
B 类	严寒和寒冷地区露天环境，构件表面经常处于结露或湿润状态的环境，水位频繁变动环境
C 类	距海岸线 1km 范围内，直接承受盐雾影响的环境
D 类	盐渍土环境，受除冰盐作用环境，严寒和寒冷地区冬季水位变动区环境

（1）对非结构裂缝应观察其发展状态，在不影响结构安全的前提下，可封闭处理。

（2）对结构裂缝，应根据抗裂等级的不同，分别采取下列措施：

① 当裂缝宽大于允许最大裂缝宽度时，应查明裂缝开裂原因，进行裂缝危害评估，确定处理措施。

② 预应力混凝土构件受压区，一旦发现裂缝，应立即封闭交通，严禁车辆和行人在桥上、桥下通行，并委托相应资质的检测部门进行结构可靠性评估，判别裂缝的危害程度，并提出相应的处理措施。

③ 预应力混凝土构件受拉区，出现结构性裂缝，应进行裂缝危害评估，确定处理措施。

修补裂缝的主要材料为环氧树脂和水泥，修补材料及其配合比也在不断地变化和改进。常见的裂缝修复方法如下：

（1）表面封闭

宽度较小的裂缝（一般是0.15～0.2mm以内），常采用封闭处理的方法。现以环氧胶泥封闭为例，介绍封闭处理裂缝的施工工艺。

① 扩缝：为了得到较好的封闭效果，先将细小的裂缝凿成"V"形槽，"V"形槽顶宽20～25mm，槽深15～20mm。槽面应尽量平整。

② 清渣、吹风：先用钢丝刷清除槽内及其周边的松脱物，凿去浮渣，再用大功率吸尘器将"V"形槽吹干净，使槽内混凝土面无灰尘、油污。

③ 涂刷清胶（环氧胶液）：为了提高环氧胶泥与混凝土之间的粘结力，在封闭裂缝之前，用毛刷蘸上配制好的补缝清胶。沿"V"形槽口内均匀涂刷一层清胶，在垂直方向可静力灌注，使部分清胶灌入裂缝中。

④ 环氧胶泥封闭：待胶液半干时，用配制好的环氧胶泥封缝并压实抹干。

（2）压力灌浆

压力灌浆是以一定的压力对混凝土结构物上产生的裂缝处用灌注泵注入液状的环氧树脂系列粘结剂（或水泥砂浆）。压力灌浆适用于裂缝宽度较大（大于0.2mm）、深度也较大的裂缝修补。压力灌浆施工应按以下工艺流程进行：

① 裂缝预处理：用刮刀、扁铲沿裂缝将粘附在混凝土表面上的灰浆、尘土铲去，并沿缝开凿"V"形槽，继而用高压空气吹干净。若有油污，则用丙酮清洗。

② 将粘压浆嘴的粘贴面用砂纸擦亮，清洗干净，并检查开关是否完好，然后在裂缝表面每隔20cm左右骑缝粘贴压浆嘴。原则上，缝窄应密，缝宽可稀，但每条裂缝至少要有一个进浆孔和一个排气孔。

③ 封闭裂缝：用环氧胶泥（或水泥砂浆）将压浆嘴及裂缝表面封闭密实，使裂缝形成一个密闭性的空缝。

④ 密封检查：为保证密闭空缝的密闭性及承受灌浆压力作用，应检查封缝的密封效果，办法是待封缝的环氧胶泥或水泥砂浆固化后，沿缝涂一层肥皂水，并从压浆嘴向缝中通入压缩空气，若无冒泡现象，表示密封效果良好，否则应予修补。

⑤ 配制浆液：灌浆材料应当粘结力强，可灌性好，因此，树脂类材料（特别是环氧树脂）较水泥类材料应用得更为普遍。水泥类材料一般仅用于宽度大于2mm的裂缝灌浆。环氧树脂粘结强度高，在现场根据气温和裂缝的部位、宽度和走向选用合适的浆液配方，配制压力灌浆液。每次配浆不宜多，以免短时间内使用不完，导致粘度变大而无法施工，造成浪费。灌注泵有手摇式、脚踏式和电动式，其中电动式施工方法稍有不同。在实际的养护小修中，可采用高强无收缩灌浆料，利用液面高差压力进行压浆，以替代压浆泵式压浆，其工艺较成熟，能降低成本，方便施工。

灌浆料是由高强胶结材料、复合外加剂和特制细骨料配置而成的，由于其流易性好，可省去压浆泵。具体施工步骤如下：

① 处理密封面，凿毛混凝土表面，清除浮杂物，去除油污铁锈，并提前4h用清水湿润。

② 支设模板，并在高于修补处1～2m的部位设置进料斗，通过软管连接进料斗和

模板的注入口。模板必须严密,防止漏浆。

③ 按照规定配置灌浆料,充分搅拌,搅拌时间控制在90s以内。

④ 通过进料斗灌注灌浆料,必要时采用引流和捣振,保证灌浆料充实,搅拌好的灌浆料应在30min内使用完毕。

⑤ 浇筑后,24h内不得振动,24h后可拆模,终凝后洒水养护3d,每天2~6次。

(3) 化学材料封缝

在裂缝开裂尺寸不大时,可采用化学涂料复涂,以使高分子材料深入裂缝中。只要有水,即可沿水渗透,达到封闭的效果。

图4-22为某城市桥梁预应力混凝土空心板板底存在纵向裂缝,对于裂缝宽度小于0.15mm且深度较小的细小裂缝,采用表面涂刷封闭胶进行表面封闭处理。图4-23为某T型梁桥,对于裂缝宽度大于等于0.15mm的裂缝采用裂缝注浆处理。

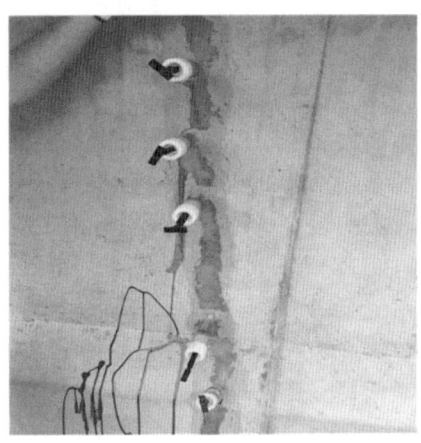

图4-22 空心板板底裂缝表面封闭处理　　图4-23 裂缝注浆处理

4.3.5 维修与加固

1. 维修与加固原则

桥梁维修加固的工作量一般较大,只有通过充分的比较和考虑,才能决定桥梁是否需要采取维修和加固措施,混凝土和预应力混凝土梁式桥维修加固的一般原则是:桥梁承载能力不足,按照现行需要通行的车辆进行验算不能满足强度要求;由于重型车辆的增加,原有桥梁承载能力不足而发生损坏现象;为使整条路线上或一个路段内桥梁承载能力保持一致,对个别承载能力较低的桥梁,按目前载重要求进行加固。

(1) 加固的基本要求

① 一般来说,加固费用比新建费用节省一半时,应优先考虑加固。

② 不中断交通或尽量减少中断交通。

③ 对已发现的缺陷要一次性加固好,不留后患。

④ 对原结构的损伤尽可能降至最低。

⑤ 技术可靠、耐久使用、养护方便。

（2）加固基本原则

① 采用实际计算应力与容许应力进行大小比较的分析法。即实际荷载作用下构件所产生的计算应力大于材料实测容许应力时，则需加固；反之，则采用维修养护措施即可。

② 桥梁局部产生破损，如裂缝、剥落等，若破损严重，已不能满足强度要求时，应尽快对个别受损构件进行加固，若破损不严重，对强度要求没有影响时，则可以不必加固。

③ 桥面宽度不足，影响车辆通过能力时，应进行拓宽加固。

④ 桥梁局部或整体刚度不足，已影响正常使用时，为提高其刚度，需进行加固。

⑤ 因战争或遭受特大自然灾害，桥梁受损需进行抢修工作，以及为保证重车临时通过桥梁时的安全，需对桥梁进行临时加固。

2. 桥梁加固方法的选用

桥梁加固是一种通过加大或修复桥梁构件来提高局部或整座桥梁承载能力或通过能力的措施。因此，桥梁加固工作一般以不更改原建筑形式为原则，只有在复杂的情况下，才更改其结构。如加固仍不足以适应交通运输的需要，必须进行桥梁的部分或全部重建时，则重建桥梁需考虑到将来的发展，并按现行桥梁设计及施工规范进行设计与施工。

（1）加固形式

桥梁的加固形式一般有以下四种：

① 扩大或增加原结构构件截面，以提高原结构的强度和刚度。

② 以新的结构代替旧的应力不够的结构。

③ 改变原结构的受力体系，使原结构减少受力。

④ 对原结构施加外应力（如预应力），以改变原结构的受力图形，达到提高桥梁刚度和强度的目的。

（2）加固方法

目前，较成熟的主梁维修加固的主要方法有：增大截面和配筋加固法；锚喷混凝土加固法；粘贴钢板（筋）加固法；改变结构受力体系加固法；体外预应力加固法；增设纵梁加固法（拓宽改建）；碳纤维布加固法。

桥梁加固可以有各种不同的方式，视旧桥的情况、承载能力的减弱程度及今后的使用情况而定。当采用扩大或增加桥梁构件截面的方法进行加固时，应特别注意新加部分与原有部分的结合，使其成为一个整体，起到加固作用。不管采用何种加固方案，都应考虑投资少、不中断交通、技术上可行、有较好的耐久性等方面的要求。

① 增大截面和配筋加固法

当梁的强度、刚度、稳定性和抗裂性能不足时，通常采用增大构件截面、增加配筋、提高配筋率的加固方法，在梁底面或侧面，加大钢筋混凝土截面（新配主筋），使梁体截面加大，提高梁的承载能力，其特点是：

a. 为加强新旧混凝土的结合，需对旧梁面进行凿毛处理，凿除工作量大，常需在桥下搭设脚手架。

b. 对 T 形梁可采用底面及侧面同时加大，或底部马蹄形加大两种加固形式。

c. 加固效果显著，适用于梁桥及拱桥对拱圈的加固。

d. 增大构件截面和配筋来提高主梁承载能力的加固法，一般多用于板梁桥的加固。

对于板梁桥，主要是考虑增设板梁底面的加强主筋和截面；对于T形梁桥除考虑增设梁底主筋和截面外，还须考虑设置套箍。

② 锚喷混凝土加固法

借助高速喷射机械，将新混凝土混合料连续地喷射到已锚固好钢筋网的受喷面上，凝结硬化而形成钢筋混凝土，从而增大桥梁的受力断面和补强钢筋，加强结构的整体性，使其能承受更大的外荷载作用。

某城市桥梁，为单孔11m钢筋混凝土拱桥，下部结构为扩大基础。经检测该桥技术状况等级评定为D级不合格状态，承载能力不满足原设计荷载等级（汽-15、挂-80）要求。该桥板拱拱顶横向裂缝，最终决定对该桥拱圈采用锚喷混凝土增大截面加固，如图4-24和图4-25所示，以提高桥梁刚度与承载能力，改善行车状况，消除典型病害对桥梁使用功能的影响，延长该桥的使用寿命。

图4-24　拱圈锚喷混凝土增大截面加固

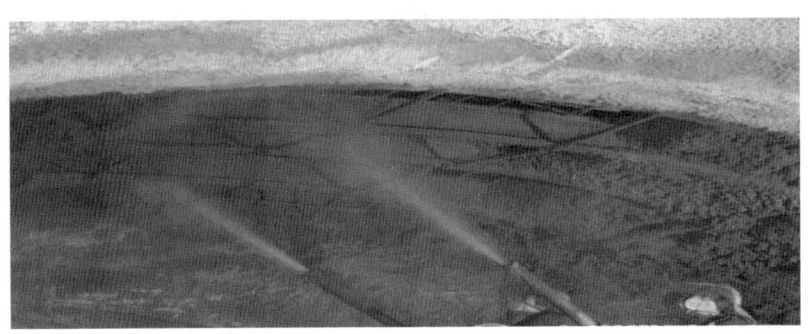

图4-25　拱圈锚喷混凝土加固处理

③ 粘贴钢板（筋）加固法

粘贴钢板（筋）加固法是采用环氧树脂系列胶粘剂将钢板粘贴在钢筋混凝土结构物的受拉缘或薄弱部位，使其与结构物形成整体，用以代替需增设的补强钢筋，提高梁的承载能力，达到补强效果的一种加固方法。

用粘贴钢板来加固桥梁，在国外已得到广泛的应用，国内也有不少应用实例，这是

因为这种加固法具有以下优点:
　　a. 不需要破坏被加固的原有结构物,加固工程几乎不增大原结构的尺寸。
　　b. 尽管工程质量要求很高,但施工时并不要求高级的专门技术人员操作。
　　c. 能在短期内完成加固工程,较快地恢复桥梁的通车。
　　d. 几乎可以不改变具有历史价值建筑物的原有艺术特点。

对粘贴钢板(筋)加固法的设计,许多试验结果表明,粘贴后钢板与原有结构能够共同作用。因此,在补强设计时,钢板可作为钢筋的断面来考虑,将钢板换算成钢筋,原有构件承受恒载与活载,增加的钢板承受原有构件承受不了的那部分活载。另外,采用的钢板厚度必须比计算出的厚度大些,根据施工要求,大多使用4.5~6mm厚的钢板。

某城市桥梁,为单孔13m简支预应力混凝土空心板桥,经检测该桥技术状况等级评定为C类,承载能力不满足原设计荷载等级(汽-20,挂-100)要求。该桥桥面铺装层老化破损、纵向裂缝较多,空心板单板受力明显,最终决定对该桥空心板采用纵向粘贴钢板加固,如图4-26和图4-27所示,并重做桥面铺装,以提高桥梁刚度与承载能力,改善行车状况,消除典型病害对桥梁使用功能的影响,延长该桥的使用寿命。

图4-26 空心板板底纵向粘贴钢板加固(一)

图4-27 空心板板底纵向粘贴钢板加固(二)

某城市桥梁,桥跨组合为9×20m简支预应力混凝土空心板桥,经检测该桥技术状况等级评定为C类,承载能力不满足原设计荷载等级(汽-20,挂-100)要求。该桥空心板横向联系较差,单板受力严重,最终决定对该桥采用板底横向粘贴钢板加固,如图4-28和图4-29所示,并重做桥面铺装,以加强空心板横向整体性及横向联系,提高桥梁刚度与承载能力,改善行车状况,消除典型病害对桥梁使用功能的影响,延长该桥的使用寿命。

④ 改变结构受力体系加固法

改变结构受力体系是通过改变桥梁结构体系,以减小梁内力或应力、提高承载能力的一种加固方法,其加固效果较好,目前,也是国内外用来解决临时通行超重车辆的一种加固措施。

改变结构受力体系的方法大都需要在桥下操作,因而可能会减少桥下净空,或施工时会影响通航,所以必须考虑通航及桥梁排洪能力。

图 4-28 空心板板底横向粘贴钢板加固（一）

图 4-29 空心板板底横向粘贴钢板加固（二）

a. 简支变连续梁加固法

当用增设临时支架或桥墩加固时，改变了原简支梁的受力体系，支点处将产生负弯矩，故必须进行受力验算。

将多跨简支梁的梁端连接起来，变为多跨连续梁，以改善结构的受力状况，提高桥梁的承载能力，其基本做法如下：

揭开桥面铺装层，将梁顶保护层凿除，使主筋外露，并将箍筋切断拉直。然后，沿梁顶增设纵向受力主筋，钢筋直径和根数依梁端连接处所受负弯矩大小配置。

浇筑梁顶加高混凝土和梁端接头混凝土。

拆除原有支座，用一组带有加劲垫板的新支座代替原有的两个支座。

重新做好桥面铺装，恢复通车运行。

b. 加劲梁或叠合梁加固法

采用加劲梁或叠合梁以增强主梁的承载能力，也是常用的改变桥梁结构体系的一种加固法。采用加劲梁或叠合梁加固时，应根据加固时结构体系转换的实际受力状态，分清主次，进行合理的抽象和简化，得出计算图式，进行补强计算。因实际结构比较复杂，各种结构部分之间存在着多种多样的联系，而决定联系性质的主要因素是结构各部分的刚度比值，故新旧结构体系可依据相对刚度大小分解为基本部分和附属部分，以分开计算其内力，如分成主梁与次梁、主跨与附跨，并注意略去结构的次要变形，从而获得较简明的力学图式。

c. 改桥为涵加固法

对于跨径较小的桥梁，在不影响通航和排洪能力的情况下，可采用改桥为涵的方法进行加固。

⑤ 体外预应力加固法

对于钢筋混凝土或预应力混凝土梁（板），采用对受拉区施加体外预应力的加固方法。应用预应力原理，以梁身为锚固体，通过预应力张拉对梁的受拉区域施加外力，以抵消部分自重应力减少在活载作用下的应力增量（对梁起卸载作用），从而减少和避免梁上出现裂缝，提高梁的耐久性，可作为重车通行的临时加固手段，也可作为永久性提高桥梁荷载等级的措施。

体外预应力加固法优点是：加固效果好，工作可靠，在自重增加很小的情况下，能够大幅度改善和调整原结构的受力状况，提高承重结构的刚度与抗裂性能；由于承重结构自重增加小，故对墩台及基础受力状况影响很小，可节省对墩台及基础的加固。

对桥梁运营影响较小，可在不限制通行的条件下加固施工；预应力加固法既可作为桥梁通过重车的临时加固手段，又可作为永久性提高桥梁荷载等级的措施。

用预应力方法加固桥梁结构时，应考虑的主要问题有：施加预应力的方式、预应力损失的估计、减少预应力损失的措施和预应力加固设计的计算等。

钢筋混凝土梁板是受弯或以受弯为主的横向受力构件，其预应力补强加固一般采用预应力拉杆，常用的拉杆体系有三种：水平预应力补强拉杆、下撑式预应力补强拉杆及组合式预应力补强拉杆。

⑥ 增设纵梁加固法（拓宽改建）

在墩台地基安全性能好、并有足够承载能力的情况下，可增设承载力高和刚度大的新纵梁。当基础承载力不足时，必须对基础采取加固措施。新增主梁与旧梁连接，共同受力，从而达到提高桥梁承载力的目的。当新增主梁位于两侧时，则兼有加宽的作用。为保证新旧混凝土能够共同工作，必须做好新旧梁之间的横向连接，如采用企口铰接、键槽联接、焊接及钢板铰接等方法，目的是使新增主梁与旧梁牢固联接，提高主梁之间的横向连接刚度，有利于荷载的横向分布。

⑦ 碳纤维布加固法

碳纤维材料的出现和成功应用于土木工程的加固与补强上，使土木工程加固技术研究迈上了一个新台阶。碳纤维是一种新型建材，因其质轻、耐腐蚀、片材薄、抗拉强度高而被广泛应用。碳纤维布（板）加固法亦被视为梁式桥加固补强、提高承载能力，尤其是当高度受限制时的首选加固方法，其施工工艺也很简单（图 4-30）。

图 4-30 粘贴碳纤维布加固桥梁

a. 纤维材料及相关粘结材料

加固混凝土构件所用的碳纤维布，是由碳纤维长丝经编织制成的柔软片材。碳纤复合材料是以碳纤维为增强材料，以合成树脂为基体复合而成的一种工程材料。用于土木工程结构的碳纤维以聚丙烯腈（PAN）纤维为原料经高温碳化而成，碳纤维原丝沿纤维方向的抗拉强度可达普通碳素钢的十几倍。用于桥梁加固的碳纤维产品主要是碳纤维片材，即碳纤维布。

b. 碳纤维布加固补强特点

不增加恒载及断面尺寸

碳纤维布的自重仅为 $200\sim300\text{g/m}^2$，设计厚度为 $0.111\sim0.167\text{mm}$，加上环氧树脂系列的粘结材料的自重也很轻，对整个结构重量及桥下净空的影响较小，可忽略不计。同时，碳纤维布可以多层粘贴。根据加固的要求，碳纤维布可以在一个部位重叠粘贴，充分满足加固的要求。这一优点更是传统加固补强方式所难以比拟的。

可适应不同构件形状，成型方便

斜、弯、坡及异型结构的补强，采用传统的方法，施工难度较大。采用碳纤维加固补强法，因碳纤维布的随型性较强，可以随结构外形变化任意施工，降低施工难度，减少施工成本，缩短施工工期，从而产生较大的社会及经济效益。

施工简便

特别是当箱梁内部的作业空间受到限制时，碳纤维布加固法是可选择的一种方法。该法工艺简便，无需大型设备、模板、夹具及支撑，操作起来简单易行，施工时所需工作面小，因而在作业空间受限制时，是其他加固方法无法比拟的。

采用碳纤维布加固补强，对原结构不产生新的损伤

碳纤维布加固补强系采用环氧树脂系列的粘结材料进行粘贴，不需要设置锚固螺栓及开凿混凝土等，因而不会对已经损伤的结构产生新的破坏，更可避免钻孔时与结构内原有钢筋和预应力索发生冲突而引起新的问题。

能有效地封闭混凝土的裂缝

碳纤维布（片）粘贴在混凝土的表面，不仅封闭了混凝土的裂缝，其高强高模量的特性还约束了混凝土结构裂缝的产生与扩展，改变了裂缝的形态，使宽而深的裂缝变成分散的细微裂缝，从而提高了混凝土构件的整体刚度。

碳纤维布（片）具有优良的耐化学腐蚀性

碳纤维布（片）是一种复合材料，几乎无腐蚀性和磁性且具有较好的耐热性，不仅能经得起水泥碱性的侵蚀，而且当应用于经常受盐害侵蚀等腐蚀性环境时，其寿命也较长。因而碳纤维布加固法，在不利环境下较其他方法更显出其优异性。

不影响结构的外观

碳纤维布（片）的厚度较薄，粘贴固化后其表面还可以涂刷一层与原结构外观颜色一致的涂料，而不影响结构的外观。

某城市桥梁，桥跨组合为 $6\times16\text{m}$ 简支预应力混凝土空心板桥，经检测该桥技术状况等级评定为 C 类，承载能力满足原设计荷载等级（汽-15，挂-80）要求。该桥桥面铺装层局部破损、裂缝纵横交错、空心板板缝渗水、板底存在裂缝，最终决定对该桥空心板板底裂缝修复处理后采用粘贴碳纤维布加固，如图 4-31 所示，并重做桥面铺装，以改善行车状况及梁板受力，消除裂缝等对桥梁使用功能的影响，延长该桥的使用寿命。

图 4-31 空心板板底粘贴碳纤维布加固

4.4 圬工拱桥

圬工拱桥通常是指采用抗压能力强的砖、石、混凝土等圬工材料作为主要建造材料的桥梁。其取材方便且价格低廉，较钢筋混凝土结构，可节约水泥和钢材，且一般不用模板，故还可节省木材。另外其具有良好的耐久性，维修养护工作量小，抗冲击能力强，振动小的优点。但也具有自重大，强度低，截面尺寸大，砌筑工作繁重，费工费时的缺点。

基于其优缺点，圬工拱桥自古既有，近代已较少使用。较老的圬工结构多用砂浆将单块石料砌筑而成，几乎没有抗拉强度。石块可以从天然石料中切割下来或由其他材料人工合成。过去常用石灰砂浆砌缝，因为石灰砂浆比水泥砂浆软，能使荷载均匀地通过砌缝分配。现有的圬工拱桥一般跨度小、承载等级较低、桥龄较长，是养护的重点。

4.4.1 圬工拱桥病害及成因分析

圬工拱桥退化的主要原因有：砌块的损坏或砌缝的损坏；基础沉降引起的开裂或不相连结构部分的相对位移以及开裂；砌块和砌缝的磨损；来自于生物的侵蚀。

1. 砌块和砌缝的损坏

砌块和砌缝的损坏可能是由于渗水通过结构时将水泥或粘接材料冲刷掉了。水可能来自基础和填料毛细作用的结果，或从路面通过填料直接渗漏下来。破损也可能是由于湿干状态反复作用造成的。从背后填料或基础毛细吸上来的水中溶解了土中的盐分。砖石和砂浆吸上来的水流过墙面，溶解了墙中的盐类，然后水流过与空气直接接触的墙面，当水分蒸发之后，溶解在水中的盐就结晶成晶体盐，结晶盐会造成墙面的侵蚀剥落。如果这个问题未经过检查而持续很长时间，则大量的墙体材料就会流失掉。因此，石灰砂浆比水泥砂浆更容易出现这类问题。图 4-32 为砌石老化剥落，图 4-33 为砌缝渗水侵蚀。

图 4-32　砌石老化剥落　　　　　　　　图 4-33　砌缝渗水侵蚀

2. 开裂或位移

（1）影响因素

桥梁裂缝的出现对桥梁的稳定性和承载能力有着直接的影响，因此及时发现并正确区分不同类型的裂缝至关重要。圬工桥台、挡土墙或翼墙因过度沉降或基础不均匀沉降导致的开裂是一个常见的问题。

影响圬工拱桥稳定性的因素包括：

① 桥墩和桥台的横向不均匀沉降——会引起拱圈沿纵向开裂，并使拱圈沿纵向断开。

② 桥墩和桥台基础的位移和沉降——会引起拱圈横向开裂和路面的沉降，这表示拱圈已断成几段。

③ 桥墩和桥台的侧向沉降——会引起拱圈对角线方向的开裂，这种裂缝从拱圈一侧的起拱点开始一直扩展到拱顶。

④ 主拱圈的挠曲变形——会在 $L/4$ 附近的拱上挡土墙处开裂。

⑤ 由于填土的侧压力引起的拱上挡土墙的外倾，特别是当车辆荷载作用在靠近护墙的位置时——会引起沿拱圈边缘的纵向开裂。

⑥ 翼墙的移动——会引起开裂，如果靠近路面会使路面遭到破坏。

（2）拱圈的横向裂缝

拱圈的横向裂缝是拱桥中最常见的裂缝，经常发生拱顶部位，其方向与拱轴线垂直（图 4-34）。拱顶附近的横向裂缝是由正弯矩引起的。裂缝下宽上窄，沿竖直方向向上延伸，裂缝宽度拱顶较大，向 1/4 跨方向逐渐减小以至消失。这种裂缝还会引起拱顶下沉。

圬工拱桥产生横向裂缝的主要原因有：截面整体性差、荷载等级增大、温度变化、混凝土收缩及墩台水平变位。

（3）拱圈的纵向裂缝

拱圈宽度较大（8~10m）的圬工拱桥中，常见拱圈出现纵向裂缝，这种裂缝通常在桥面中线附近顺跨径方向延伸，严重时会贯通全桥（图4-35）。产生这种裂缝的主要原因是：拱圈截面形式不合理，截面不能适应热胀冷缩的变化规律；横向联系比较薄弱、荷载横向分布不均匀；拱圈的砌筑质量差，不能有效地错缝。

图4-34　主拱圈拱顶横向裂缝　　　　　　图4-35　主拱圈拱顶纵向裂缝

3. 砌块和砌缝的磨损

磨损主要发生在拱脚处，带有冲刷颗粒的水会对软石料造成磨损，如果这种水流流过墩台的表面，磨损会变得更加严重（图4-36）。

4. 生物侵蚀

拱上填料、台后填料或挡土墙后面的填料中会有充足的水和养分可供大量植物的生长（图4-37）。苔藓和藤蔓等附在砖石墙面时会对墙面产生化学侵蚀。生长在缝隙中的根和茎会形成边界力，这种力会破坏石块与石块之间的联接。在石块上打洞的软体动物也会通过其分泌物侵蚀石块。

图4-36　砌石表面老化磨损　　　　　　图4-37　拱上建筑生物侵蚀

4.4.2 圬工拱桥的养护

1. 圬工拱桥应具有满足设计要求的刚度、强度、抗裂、抗渗和整体稳定性。
2. 圬工拱桥外观病害的检查主要应包括拱石的脱落、灰缝脱落和渗水、拱圈纵向开裂和渗水、拱墙突出以及拱脚裂缝、变形、缺脚等。当发生外观病害时,应查明原因,进行维修和加固。
3. 圬工拱桥的恒载裂缝宽度最大限值应符合表 4-3 的规定。当裂缝宽度超过表列数值时,应查明原因,及时维修与加固。

表 4-3 恒载裂缝宽度最大限值

结构类别	裂缝部位及所处侵蚀环境	允许最大裂缝宽度(mm)
上部结构	拱圈横向	0.30(裂缝高度小于截面高度一半)
	拱圈纵向(竖缝)	0.50(裂缝长度小于跨径 1/8)
	拱波与拱肋结合处	0.20
砖石墩台 墩台身	A 类	0.40
	B 类	0.25
	C 类、D 类	0.20(不允许贯通墩身截面一半)

注:所处侵蚀环境按表 4-2 侵蚀环境分类表规定选取。

4. 圬工拱桥表面应清洁、美观、完整。圬工拱桥灰缝脱落应及时修补,缝内长草应及时清除。
5. 圬工拱桥结构变形超过限值时,应及时进行维修与加固,以避免砌体损坏严重和拱轴线严重变形。
6. 砖、石拱桥均应做排水设施。当原桥无防水层或防水层已损坏失效时,应重铺防水层。
7. 对圬工拱桥产生的较深裂缝,应及时修补。
8. 当圬工拱桥拱圈损坏、强度不足或需提高其荷载等级时,应加固拱圈。
9. 当拱脚产生位移时,应及时采取加固措施。

圬工拱桥的养护工作主要内容有:
(1) 保证圬工表面的清洁、完整,并预防表面的风化;
(2) 保证排水设施的完整和处于完好状态;
(3) 检查各部分所发生的损坏。如裂缝、空洞、变形、位移等,并修理表面轻微损坏,检查的重点内容有:暴露的表面是否退化、侵蚀和碎落;圬工材料间的接缝是否张开、开裂或移动;挡土墙、耳墙、桥台和拱桥拱肩之间填充材料的排水是否通畅;垃圾和植被是否堆集;拱圈的顺直和几何形状是否异常。

圬工拱桥养护工作的具体措施有:
(1) 灰缝及石料的保养。砖、石拱桥要注意灰缝的保养,如有脱落或植被生长,应及时清除脱落灰浆或灰缝内的植被及根系,同时除去受影响的石灰砂浆,换上新的弱石灰混合砂浆,这样尽可能保护了石头。重新勾缝最好在冬天进行,如果在夏天,则应每天隔 2～3h 轻微喷水。

（2）排水设施的养护。如发现堵塞的排水孔或管，或者排水口附近的翼墙有凸出的变形（该变形有可能是排水不畅造成的），应使用较小直径的钢钎及时疏通。

（3）圬工拱桥检查中如发现拱圈有变形、侧墙有异样，应查明原因，加以修理与加固。拱桥的变形情况可以采取在主要受力部位用砂浆勾缝，观察有无裂缝来确定。

4.4.3 圬工拱桥的维修与加固

1. 圬工拱桥的维修

圬工拱桥的维修工作主要是修理拱圈和拱上结构砌体的个别损伤部分，如裂缝、局部变形等，以恢复损伤结构的整体作用。圬工拱桥的维修工作主要有以下几个方面。

（1）压浆法修补裂缝

砖、石拱桥由于种种原因，容易产生裂缝，且圬工拱桥一经开裂，往往容易发展，危及桥梁的使用与安全，这时可用压注水泥砂浆或其他化学浆液的方法进行修补。在处理受力裂缝时，压浆法修补裂缝必须和相应的加固措施结合，以达到标本兼治的效果。

（2）修理防水层

为防止渗漏，砖、石拱桥均应做防水层。如发现没有防水层或防水层损坏失效时，应挖开拱上填料重做防水层，同时设置好桥面的排水系统，再在桥面上加铺黑色路面，防止桥面水渗漏入圬工砌体内。

（3）增加圬工拱桥的横向刚度

圬工拱桥横向刚度较小，当纵向产生裂缝时，应采取增加横向联系的维修措施，具体方法有：

① 在无横隔梁的桥中，先探明原主梁钢筋的位置，在不破坏钢筋的情况下，钻孔、穿横向钢拉杆，将主梁联成整体。

② 在有横隔梁的桥中，若横梁刚度不够，增设横向钢拉杆或钢筋混凝土横隔板。

③ 采用钢纤维混凝土浇筑整体桥面板，增强桥梁整体性。

④ 若肋拱因横向刚度不足，肋间结构产生断裂或两肋分离，除对裂缝进行贴粘钢板、勾缝补强处理外，还应在肋的四分点至拱顶的区段内增设预应力钢筋混凝土横系梁，以加强两肋间的横向刚度。如圬工桥梁纵向裂缝超过规定的限值时，可采用在拱顶、1/4 跨处和拱脚附近各加一道横向横杆，以防止纵向裂缝发展，并应立即查明原因，以采取进一步的加固及防治措施。

（4）拱圈面层风化修复

当拱圈内腹及其两侧出现大面积的严重风化剥落、表层松散老化和灰缝脱落时，应进行全面修复，可采用在拱圈内壁挂钢丝网，并喷射水泥砂浆的维修方法。首先清除受侵蚀的拱圈面层，去除剥落松散的表层和退化的砂浆，并用水冲净，当其处于潮湿状态且无水珠时，在灰缝内嵌入水泥砂浆或环氧砂浆，再利用水泥喷枪喷 10～30mm 厚的 M10 以上水泥砂浆。喷浆可分 2～3 次进行，每隔 1～2d 喷一层，必要时在拱内圈设置钢丝网，并增厚喷射高强水泥砂浆的厚度到 40～50mm，以增强喷涂层强度。

（5）圬工拱桥维修的注意事项

圬工拱桥的修复宜采用与原桥相同的建桥材料，青砖、料石、素混凝土、混凝土预制块等不宜掺杂使用。

圬工拱桥由于拱圈变形、受力不均、基础不均匀沉陷、墩台位移致使跨径变化，或施工不当等使拱圈产生裂纹、变位、碎裂等病害时，必须根据病害产生的原因分别采用合适的维修加固措施，具体如下：

① 肋脚与墩台帽接触的顶面、两侧产生轻微裂纹（缝）时，可用环氧砂浆灌浆勾缝；严重的或有继续发展趋势的，可用粗钢筋、型钢锚入墩台帽内，且锚入长度要有足够深度，将钢筋或型钢用环氧粘结剂粘附于拱肋脚顶面、侧面，其长度不小于50cm，外用环氧混凝土覆盖，并在拱脚段加强横向联结。如墩、台帽面层出现被肋脚压碎现象时，可将肋脚两侧横向锚入短节粗钢筋，并浇筑梯形混凝土扩大肋脚断面。

② 拱顶附近出现一道贯穿拱宽的裂缝，且裂缝两侧有明显的高差，则应作为墩台下沉的问题进行处理，同时可在缝内先压注水泥砂浆或其他化学浆液，再用水泥砂浆勾缝作为临时处理措施。若裂缝继续发展，可暂在拱腹内浇筑一层较厚的锚杆钢丝网水泥混凝土内衬，同时应查明裂缝产生的原因，采取相应的措施处理。

③ 拱顶区段出现1~2道贯穿拱宽的裂缝，缝的两侧无明显的高差，但拱顶有较小的下降，则应作为墩台水平滑移或转动问题进行处理。具体做法可在拱脚处加设顺桥向预应力拉杆，用环氧树脂类化学浆液处理裂缝，减轻桥孔上的静载。该方法仅适用于不通航河道上的桥梁。

④ 拱顶上凸且拱腹出现贯穿全拱宽的较细小裂纹和压碎裂纹，属墩台滑移和台后土压力过大所致，此时需减轻台后土压力，增加桥孔上的净重以及用钢筋混凝土加厚拱顶和拱脚断面等措施，使拱圈基本归位后再用环氧树脂类化学浆液处理裂缝，并加以勾缝。

⑤ 如墩台及基础情况基本正常，仅拱圈出现不同程度的碎裂、边角断裂、脱落等破坏现象，属于材料退化、施工质量欠佳或超载所致，应更换填料为轻质填料，增强桥面铺装的纵横向刚度以减轻或分摊负荷，并及时修复破损的拱圈，同时限制载重。

⑥ 拱圈出现顺桥方向的裂缝，墩、台帽或帽梁亦断裂，多属于墩台基础上下游的沉降不均所致，应以处理基础为主。具体做法是先将裂缝处理并配合在帽梁、墩台两侧加设顺水流方向的体外预应力钢筋，张拉后用砂浆加以覆盖；也可在拱圈的跨中和1/4处加设三道（或多道，视具体情况而定）钢板箍（钢板宽6~8cm）或钢拉杆，用螺栓在拱底及拱侧钻孔锚固，并注意将锚固点设在拱圈厚度1/3处，锚固孔用膨胀水泥砂浆填塞。

⑦ 干砌拱圈个别拱圈石压碎或小区段外凸，可将变异部分挖出，清除修补面上的附着杂屑并冲洗干净后压入不低于C30混凝土。四分点区段有轻微外凸拉直时，可在该区段内钻出几个梅花形孔洞，压入1:2水泥砂浆充填拱背，拱腹进行局部勾缝。当拱顶段出现下沉时，除钻孔压浆充填拱背外，在拱腹一定长度内还宜铺挂一层钢丝网并喷涂2~5cm厚的水泥砂浆。

⑧ 侧墙产生水平方向的分离，则应开挖拱腔，将填料改为轻质填料或半刚性材料，以及加厚侧墙断面。如在垂直方向产生位移，则可能是拱圈发生了较大变形，或跨径增大，在做好相应处理措施后对侧墙裂缝进行灌浆勾缝。

⑨ 拱的拱圈石、灰缝出现间断裂缝，或个别拱圈石有下坠趋势时，可用水泥砂浆

嵌入缝并勾缝，对即将坠落的拱圈石两侧用环氧砂浆嵌入勾缝。若已设有伸缩缝，则可通过切锯排除其中阻塞物体。如因墩台下沉变位而引发拱圈破坏，则应重点处理墩台。

2. 圬工拱桥的加固

圬工拱桥的加固主要是对拱圈加固。主拱圈是拱桥的主要承重结构，加强主拱圈是拱桥加固中最常用的方法。许多针对拱桥上部结构的加固方法（如增大主拱圈截面加固法、粘贴加固法、体外预应力加固法、调整主拱圈内力加固法等）都是对主拱圈进行加固改造和维修。

（1）增大主拱圈截面加固法

增大主拱圈截面加固圬工拱桥的技术，主要是针对圬工拱桥上部重要承力构件——主拱圈，它能够有效地预防由于主拱圈开裂或拱轴线变形而导致的整座桥梁承载能力不足或局部地方功能丧失的情况。

① 增大主拱圈截面加固法原理分析

在工程实践中，当采用增大主拱圈截面的加固法进行加固时，其主要目的是解决：如果作用在主拱圈上的荷载等级不变，则能减少圬工拱桥主拱圈截面上所承受的拉应力；如果作用在主拱圈上的荷载等级逐渐增加，则能保持或相应地减少圬工拱桥主拱圈截面承担的拉应力，同时保证主拱圈截面上承担的拉应力在主拱圈材料强度承受范围之内，用力学的方式表示为 $\sigma < [\sigma]$。即增大主拱圈截面面积，加固主拱圈，达到提高主拱圈承载力的目的。

该加固法主要是通过在原有主拱圈拱腹及两侧增设一薄层钢筋混凝土板拱加固层，或是仅在原有主拱圈拱腹处增设一层钢筋混凝土板拱形成复合结构的主拱圈（图4-38）。加固后的主拱圈，通过由新旧材料浇筑成型的复合主拱圈的共同作用、协调变形来承受拱桥后期荷载，最后达到增大主拱圈承载能力、强度及刚度的目的。新增加的钢筋混凝土拱板加固层与原石砌圬工结构层之间，之所以可以形成复合的主拱圈，从粘结力来讲，主要是因为这两种材料之间的相互粘结作用及钢筋砂浆锚杆的锚固作用；从砌筑材料的特性来讲，主要是因为这两种材料的热膨胀系数很接近（圬工砌体材料的热膨胀系数是 0.8×10^{-5}，混凝土材料的热膨胀系数是 1×10^{-5}），在温度升高或降低的过程中，新旧两结构层能够协调变形，且在结合面处不会产生较大的应变差，因此结合面之间产生的拉应力较小。此外，混凝土材料的弹性模量比圬工拱桥石砌材料的弹性模量要大得多，所以现浇钢筋混凝土加固层的刚度要比原圬工材料的刚度大得多，那么它也就能分担更多的后期荷载，更能达到加固目的。

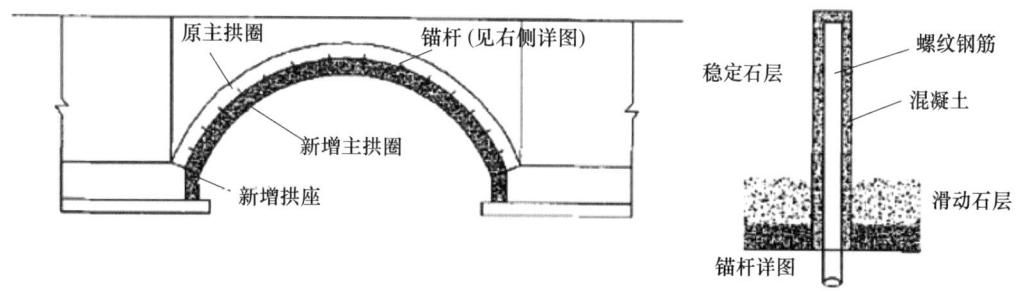

图4-38 增大主拱圈截面加固及锚杆

增大主拱圈截面加固法的原理是截面增大原理。伴随着高标号砂浆混凝土锚杆及现场浇筑的混凝土自身粘结力,将原有的主拱圈层和现场浇筑的钢筋混凝土拱板加固层合理地结合在一起,最终达到协同变形、共同承受后期荷载的目的。原主拱圈在加固之前,其上的极限承载力按下式计算:

$$\gamma_0 N_d < \varphi A f_{cd}$$

式中　φ——结构构件轴向力偏心距 e 与构件长细比 β 联合作用,对受压过程中的构件承载力的影响系数;

　　　N_d——轴向力的设计值;

　　　γ_0——结构的重要性系数;

　　　f_{cd}——原主拱圈砌体截面轴心抗压强度的设计值;

　　　A——原主拱圈的截面面积。

主拱圈加固之后,这里暂且不考虑其他诸多影响因素,仅考虑在主拱圈截面增大效应的影响下,由原主拱圈和现浇钢筋混凝土主拱圈组合而成的复合主拱圈,其极限承载力可以按下式计算:

$$\gamma_0 N_d < \varphi (\eta_1 A + A) f_{cd} = \varphi A_1 f_{c1d} + \varphi A f_{cd}$$

$$\eta_1 = f_{c1d}/f_{cd}$$

式中　f_{c1d}——加固层中的混凝土轴心抗压强度设计值;

　　　A_1——加固后,其中的钢筋混凝土加固层面积。

以上两式可以明显反映出,加固后主拱圈的极限承载能力明显高于加固之前,所以说增大主拱圈截面加固技术在理论上来说,一定能提高圬工拱桥的极限承载能力。

② 增大主拱圈截面加固方法与技术

当圬工拱桥的主拱圈由于断面尺寸不足、施工时的质量存在问题、墩台地基不均匀沉降、旧桥受长期的超载运营等引起变形、开裂时,一般都可采用增大主拱圈截面加固法进行加固。加固方法与技术步骤如下:

a. 确定主拱圈的加固厚度

在原有主拱圈上砌筑新主拱圈,首先需要对新主拱圈的厚度进行拟定,根据多年的工程实践经验,大量仁人志士分析和总结出了众多经验公式。

b. 主拱圈上缘增大截面加固

在我国 20 世纪修建的圬工拱桥,由于其本身承载能力的不足及现行交规规定的车辆荷载差距较大,导致拱桥主拱圈全身多处出现裂缝。为提高其承载能力,在选用增大主拱圈截面加固法进行主拱圈上缘全拱加固之前,应先对主拱圈的轻微病害及缺陷进行处置,恢复其本身固有的承载能力,再进行新增主拱圈加固层的浇筑(图 4-39)。

其施工工艺流程如下:

如果原主拱圈存在破损,应首先利用锚喷法、局部修补法等对主拱圈进行补强,尽可能地恢复原有桥梁的承载力。

分步、对称、均衡地拆除旧桥拱上建筑。这里需要强调注意的是,在拆除原有旧桥拱上建筑时,必须从拱脚处对称地向跨中进行,同时保留拱顶在一定范围内的拱上填料,直到原圬工拱桥的两侧拆除完成后,再拆除拱顶填料,这样做的目的是防止拆除过程中主拱圈"冒顶"造成拱圈开裂甚至坍塌事故。

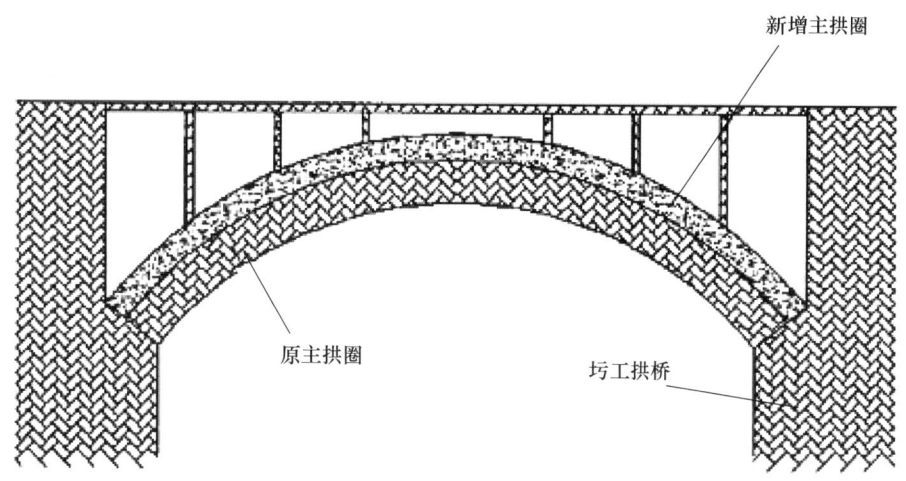

图 4-39 上缘增大主拱圈截面加固技术

拆除拱上建筑后，应清除其上松散、剥落的表层，并用水冲刷干净。如果其上存在局部的裂纹，可采用局部修补的办法进行修补。

在主拱圈上，利用钻机进行锚杆孔的钻设、安装锚杆，同时布置钢筋网片。按照提高主拱圈承载力的要求，在主拱圈的上缘布置钢筋网片。一般的情况下是按一定间距布设锚杆，将钢筋网片沿着拱桥的纵、横方向焊接至锚杆上，形成浇筑混凝土时的钢筋骨架，这里钢筋网片的作用主要是承担拉应力、传递因温度引起的应力、提高浇筑加固层的强度、加强浇筑后混凝土之间的整体性、减少因收缩而产生的裂缝等。

按均衡、对称加载的原则进行加固层混凝土的浇筑。混凝土加固层的厚度应根据加固过程中的具体需要而定，浇筑的厚度每次不应超过 5～8cm；如果加固设计要求的加固层厚度大于这个值，应分多次多层进行浇筑；混凝土的养护时间，应该根据施工时的气温、速凝剂的掺量及水泥的品种等因素确定。

均衡、对称地砌筑，在圬工拱桥主拱圈加固过程中，拆除圬工拱桥桥面系及拱上建筑。

c. 主拱圈下缘增大截面加固

20 世纪修建的圬工拱桥当中，存在着大量的实腹式圬工拱桥，此类圬工拱桥如果采用上缘增大截面加固的方法进行加固，则需要拆除主拱圈以上的实腹段，操作起来不仅需要中断交通，而且难度极大，又费时、费工、费钱，得不偿失，于是人们开始思索另外的办法。要是有一种办法不需要拆除拱上建筑及桥面系，将是非常合理的办法，基于此种情况，人们提出了主拱圈下缘增大截面加固技术（图 4-40）。

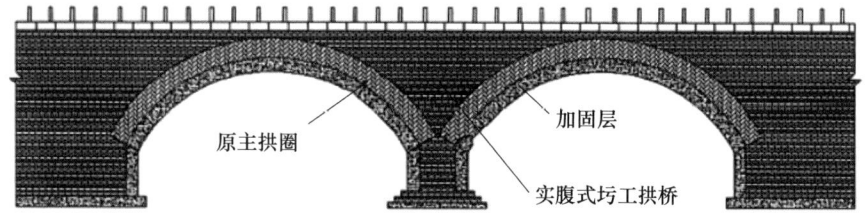

图 4-40 主拱圈下缘增大截面加固技术

其施工工艺流程如下：

首先应清除原主拱圈上松散、剥落的表层，用水冲刷干净。如果其上存在局部的裂纹，可采用局部修补的办法进行修补。

在主拱圈上，利用钻机进行锚杆孔的钻设、安装锚杆，同时布置钢筋网片。按照提高主拱圈承载力的要求，在主拱圈的下缘布置钢筋网片。一般的情况下是按一定间距布设锚杆，将钢筋网片沿着拱桥的纵、横方向焊接至锚杆上，形成浇筑混凝土时的钢筋骨架，这里钢筋网片的作用主要是承担拉应力、传递因温度引起的应力、提高浇筑加固层的强度、加强浇筑后混凝土之间的整体性、减少因收缩而产生的裂缝等。

按均衡、对称加载的原则进行加固层混凝土的喷射。混凝土加固层的厚度应根据加固过程中的具体需要而定，喷射的厚度每次不应超过 5~8cm；如果加固设计要求的加固层厚度大于这个值，应分多次多层进行喷射；混凝土的养护时间，应该根据施工时的气温、速凝剂的掺量及水泥的品种等因素确定。

（2）粘贴加固法

与增大主拱圈截面加固技术有着异曲同工之妙的粘贴加固法，是通过采用建筑结构胶或环氧树脂将玻璃钢、钢筋、碳纤维、钢板等具有超高抗拉强度的建筑材料粘贴至旧桥主拱圈表面，从而减少原桥主拱圈所承担的拉应力，提高旧桥的承载能力的一种办法。

① 粘贴加固法原理分析

通过采用建筑结构胶或环氧树脂将玻璃钢、钢筋、碳纤维、钢板等具有超高抗拉强度的建筑材料粘贴至旧桥主拱圈表面，视为粘贴加固法。这种采用粘贴技术增强旧桥主拱圈强度进行加固的办法，其原理是为了减少旧桥主拱圈承担的拉应力，使加固后的主拱圈在其上部的荷载不变或增大的时候内部产生的拉应力小于主拱圈材料的抗拉强度设计值，从而达到加固原桥主拱圈、增高原桥承载能力的目的。

粘贴加固法采用建筑结构胶或环氧系列的粘结剂，将待粘结材料粘贴于圬工拱桥主拱圈的受拉区域或薄弱区域表面，使被粘结材料与原结构构件形成一个共同的整体，共同受力、协调变形，从而提高整座圬工拱桥的强度、刚度，同时改善原来结构构件的应力分布状态，限制其上的裂缝进一步发展，最终达到增大加固后拱桥承载能力的目的。

② 粘贴加固方法与技术

在长期荷载作用下，圬工拱桥主拱圈上会产生拉应力，一旦产生的拉应力超过其极限抗拉强度时，主拱圈上将极有可能出现破损、开裂、承载能力下降，甚至是垮塌等现象。为避免出现这些情况，在实际工程中，可以通过采用建筑结构胶或环氧系列的粘结剂，将钢板、碳纤维等具有超高抗拉强度的建筑材料，粘贴于圬工拱桥主拱圈的受拉区域或薄弱区域表面的办法，来提高圬工拱桥主拱圈的抗拉极限强度，减少或杜绝各种病害的产生。

a. 粘贴钢板加固技术

粘贴钢板加固技术一般用于圬工拱桥主拱圈受拉部位，实际施工过程中，可以通过主拱圈受拉区域开裂强度，估算需要补强钢板的数量；在补强过程中，补强范围的确定可沿主拱圈上整个正弯矩区域或整个负弯矩区域致使截面出现较大拉应力的范围，并向外延伸 1~2m；粘贴所用钢板的厚度一般宜采用 4~6mm，为了便于钢板沿着拱腹成型，钢板长度不宜过长，对于长段区域粘贴时，可考虑采用分段粘贴的方式进行粘贴，每段长度在 1.2~1.5m；接头处可采用搭接或锚固的方式进行处理。钢板可以采取在工厂加工成型的办法进行加工，同时沿着粘贴表面设置相应数量的膨胀螺栓孔（图 4-41）。

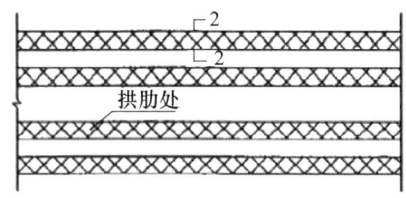 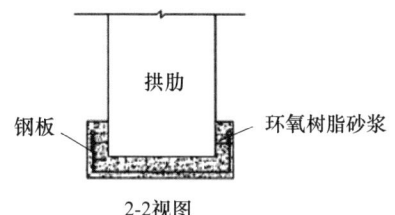

图 4-41 肋拱桥粘贴钢板示意

粘贴钢板加固技术步骤如下：

搭设临时支架，同时在支架上设置支撑梁及成型模板。

对原来将要加固结构部位的圬工材料进行表面清理，确保粘结剂粘结效果良好。为保证粘结表面粘结效果，对粘结表面做以下处理：凿平拉毛，使表面粗糙；清除破碎部位；用压缩空气机或钢丝刷将表面浮尘清理干净。

安装相应锚杆、布设加固钢板。钢板布设之前，应该先将钢板按照被加固区域的外形裁好、除锈，除锈之后用丙酮液擦洗干净。在安装就位之前，先在钢板表面涂抹一层环氧树脂粘结剂，之后再利用锚杆将钢板固定在结构构件底部。

粘贴钢板。施工过程中，为了便于后面的脱模，粘贴钢板之前，应该先在模板与钢板之间铺上一层塑料薄膜，之后再在模板上均匀地铺上一层环氧树脂砂浆，铺设的厚度宜稍厚于设计值。粘贴过程中，在支撑梁与模板之间嵌入木锲，将模板顶起压在钢板之上，使钢板后面的胶和模板上的胶分别与旧桥砌筑材料和钢板充分粘结在一起。

待所用环氧粘结剂固化后，再拆除模板，同时立即对粘贴的质量进行细致的检查，一旦发现遗漏或空洞的部位，应该立即用相同材料进行补修。

养护与管理。

b. 粘贴碳纤维布加固技术

碳纤维布具有高强、高效、厚度薄、重量轻、高耐久性等优越的特性，所以在用于加固圬工拱桥的过程中，基本不会增加加固结构构件自重和截面尺寸。由于其特点，能够广泛应用于建筑、桥梁、隧道等结构类型和结构形状的加固修复当中，对于抗震加固及节点的加固也有重要体现；加固过程中，其施工工序非常快捷，不需要大型机具设备，基本没有湿地作业，无需动火，无需现场固定设施，施工占用场地少，施工工效高；高耐久性，由于不会生锈，非常适合高酸、碱、盐及大气腐蚀的环境中使用。

粘贴碳纤维布加固方法施工工艺流程如下：

搭设临时支架，同时在支架上设置支撑梁及成型模板。

对原来将要加固结构部位的圬工材料进行表面清理，确保粘结剂粘结效果良好。为保证粘结表面粘结效果，对粘结表面做以下处理：凿平拉毛，使表面粗糙；清除破碎部位；用压缩空气机或钢丝刷将表面浮尘清理干净。

粘贴碳纤维布。施工过程中，为了便于后面的脱模，粘贴碳纤维布之前，应该先在模板与碳纤维布之间铺上一层塑料薄膜，之后再在模板上均匀地铺上一层环氧树脂砂浆，铺设的厚度宜稍厚于设计值。粘贴过程中，在支撑梁与模板之间嵌入木锲，将模板顶起压在碳纤维布之上，使碳纤维布后面的胶和模板上的胶分别与旧桥砌筑材料充分粘结在一起。

待所用环氧粘结剂固化后，再拆除模板，同时立即对粘贴的质量进行细致的检查，一旦发现遗漏或空洞的部位，应该立即用相同材料进行补修。

养护与管理。

（3）体外预应力加固法

体外预应力法是相对于体内预应力法来说是一种布置形式灵活的、主动加固的技术。体外预应力法是指将预应力筋布置于主体结构之外的结构体系，通常情况下，采用体外预应力加固法加固旧桥上部结构在梁式桥梁中较为常见，但对于存在主拱圈横向开裂、纵向开裂、拱顶下挠及桥台位移等病害的圬工拱桥，也可以采用这种方法进行加固维修。

① 体外预应力加固法原理分析

体外预应力在加固旧桥的过程中，是以粗钢筋、高强钢丝或者钢绞线等高强材料作为施力工具，对旧桥结构体系施加预应力，以施加预应力产生的拉力及弯矩抵消部分由外部荷载产生的不利内力，最终达到改善原桥的使用性能，同时提高它的极限承载能力的目的。体外预应力的加固技术，具有改变结构构件内力分布形式、卸载和加固的三重功效，比较适用于中、小跨径旧桥的加固改造工作；对于大跨径的旧桥，如果采用该技术进行加固改造时，宜配合其他的加固技术进行综合改造，从而达到优良的加固效果。从力学的角度来分析，用体外预应力加固技术进行加固改造时，被加固的结构构件与预应力施加构件（可能包括粗钢筋、高强钢丝、钢绞线等）在结构的同一截面上，其变形是不统一的，这是普通的体内预应力筋和体外预应力结构的最大不同。

在圬工拱桥加固改造的实践中，通常用到的体外预应力加固技术可以分为预应力筋横向张拉和纵向张拉两种。加固设计过程中，对于桥台、拱脚、拱座存在水平变形的圬工拱桥，工程中为防止其变形进一步发展，同时提高拱结构的极限承载能力，在桥台、拱脚或拱座处设置永久锚固点，用粗钢筋、高强钢丝或者钢绞线将主拱圈两边结构连接起来，通过张拉这些构件达到加固改造的目的（图4-42）。对于桥台侧墙外鼓、内陷主拱圈纵向裂缝或上部结构病害的旧桥，通过张拉旧桥上安装的横向预应力装置达到加固改造的目的（图4-43）。

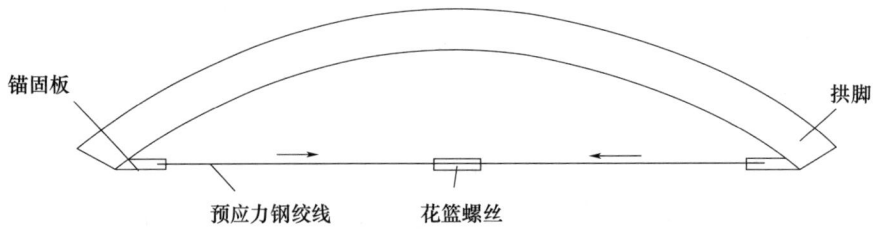

图 4-42 纵向体外预应力加固

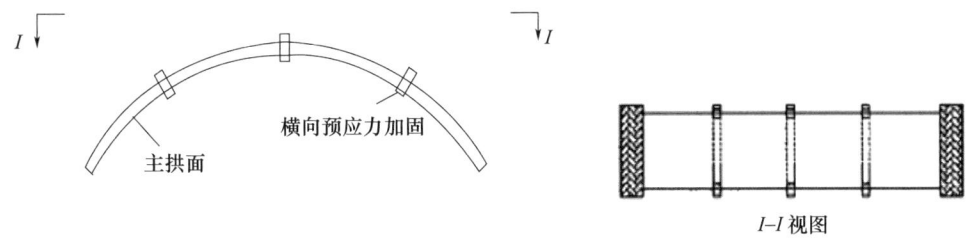

图 4-43 横向体外预应力加固

② 体外预应力加固方法与技术

工程实践中，对于圬工拱桥主拱圈横向裂纹、纵向裂纹，以及桥台水平位移、主拱圈拱顶下挠等拱式桥梁病害，可以通过体外预应力加固这一技术予以加固改造。

体外预应力加固法施工工艺流程如下：

安装锚固预应力筋用的锚固板。工程中的锚固板可以用厚钢板制作，制作钢板过程中预留穿丝孔，施工时，用环氧型砂浆将锚固钢板固定。

安装定位梢或箍圈。U形的箍圈可以用二级钢筋制作，在箍圈的末端应该设有用来穿预应力筋束的套环。

布设预应力钢束。

张拉预应力筋。在预应力筋的一端用油压千斤顶等张拉设备进行张拉，等达到其设计要求的预应力值后，再进行灌浆、锚固封头。

进行后期的防护处理。在预应力筋张拉完成之后，在张拉后的钢束上涂抹防腐防锈涂料，同时做其他的防护相关处理。

（4）调整主拱圈内力加固法

调整主拱圈内力加固法，在圬工拱桥加固改造过程中采用较少，主要是因为该加固技术使用面狭窄，且经济性以及耐久性尚不明确，还需要大量的工程实践来检验。

① 调整主拱圈内力加固法原理分析

在空腹式圬工拱桥中，由于主拱圈以上部分的恒载是通过拱腹墩以集中力的方式作用在主拱圈上的，拱上部分恒载的作用形式不再是分布作用形式，而是集中作用形式。因此，由拱上部分恒载形成的压力线是不能与光滑的拱轴线相吻合的，仅能与其在三铰拱时的恒载压力线保持五点重合，而在主拱圈上的其他截面两者之间是存在偏离的。一般情况下，在空腹段的范围内，恒载形成的压力线大多会在拱轴线之下；而在实腹段的范围内，压力线则一般在拱轴线之上，压力线与拱轴线之间，近似地存在着一个类似于正弦波的曲线差值。在实际情况中，由于由空腹段恒载确定的拱轴系数 m_k 值要小于由实腹段恒载确定的拱轴系数 m_s 值，然而，在用五点重合法来确定圬工拱桥的拱轴线时，实际上采用的拱轴系数 m_z 由于要兼顾到空腹段与实腹段两部分，所以 m_z 的值一定介于 m_k 与 m_s 值之间，即 $m_k < m_z < m_s$。考虑到从主拱圈拱顶到拱圈1/4截面处的恒载压力线，与空腹式圬工拱桥实腹段的恒载拱轴线是对应的，它们的拱轴系数都比 m_z 要大，所以在加固设计时，应该相应地将该段的压力线控制在其拱轴线之上；然而从主拱圈1/4截面处到圬工拱桥主拱圈脚底的情况却与上述情况相反，其主拱圈拱轴系数要小于 m_z。因而，在加固设计过程中，应该将该段的压力线设置在其拱轴线之上。经过以

上对调整主拱圈内力加固法原理的剖析，可以通过使旧桥主拱圈压力线与拱轴线偏离，产生附加内力的方法，来抵抗拱顶处的负弯矩及拱脚处的正弯矩，改善原有主拱圈应力的分布状态，限制其上的裂缝进一步发展，最终达到增大主拱圈承载能力的目的。

② 调整主拱圈内力加固方法与技术

在实际工程当中，若是遇到待加固旧桥拱顶处控制截面弯矩较大、拱脚处控制截面弯矩较小的情况，可以考虑采用调整主拱圈内力加固法进行加固。

调整主拱圈内力加固法施工工艺流程如下：

准备施工过程中，确保所需要的机具、仪表设备及人员组织配备。

对旧桥进行全面的检测及原始资料的收集。检测过程中的主要内容包括：测量旧桥跨径与矢高，对桥台、桥面、拱轴线等控制点进行水准测量，记录旧桥的裂缝具体位置及宽度等。

凿开拱脚与支座的结合部位。这样做的目的是，使拱座与拱脚完全分开，可以自由移动。

设置反顶横梁，安装千斤顶。这里用于提供顶推力的横梁，可以采用工字钢横梁，也可以采用钢筋混凝土横梁；同时利用强度高的连接构件将横梁沿着横桥的方向固定于旧桥主拱圈上，传递千斤顶带来的顶推力。

顶推施力，调节主拱圈拱轴线。通过调整旧桥主拱圈拱轴线，使旧桥主拱圈压力线与拱轴线偏离，产生附加内力，由此来抵抗拱顶处的负弯矩及拱脚处的正弯矩，改善原有主拱圈的应力分布状态，限制其上的裂缝进一步发展，最终达到增大主拱圈承载能力的目的。

灌注环氧砂浆或浇筑快硬性水泥砂浆。调整拱轴线到理想位置后，浇筑砂浆，并由专人昼夜值班维护油泵压力，水泥砂浆经过 6~7d 的养护（环氧材料砂浆只需经过 24h 的养护时间）后，卸除千斤顶的压力。

施工工作完成。拱轴线调整完成后，卸除所有顶推装置，拆除支架，工程后期养护管理。

（5）减轻拱上建筑重量加固法

现有的圬工拱桥多数是采用腹拱式拱上建筑为主体，由于拱上建筑自重较大，恒载重量通常占很大的比例，特别是实腹式石拱桥，拱上建筑自重更大，主拱圈大部分用于承担恒载自重。因此，可以采取减轻桥梁恒载自重的办法来提高原桥承受活载的能力，如减薄拱上填料厚度或者换填轻质材料，将腹孔的重力式横墙挖空或改造成钢筋混凝土立柱，用轻质桥面系代替笨重的腹拱体系等。

某单孔石砌拱桥，该桥梁建成时间久远，经检测，该桥主拱圈出现纵、横向裂缝，桥梁整体技术状况评定为 D 级不合格状态，承载能力不能满足原设计荷载等级（汽-13，挂-60）的要求，对该桥主拱圈采用下套拱圈（衬拱）进行加固，拱圈、胸墙及基础采用钢筋骨架浇筑灌浆料加固，新旧拱圈通过植筋连接一体共同受力，以提高拱圈的整体刚度和承载力，如图 4-44 所示。

图 4-44　石砌拱桥下缘衬拱加固

4.5　钢结构桥梁

钢结构桥梁因其跨度大、自重轻以及施工简便的优点，被广泛应用于桥梁的上部结构，如钢拱结构、钢桁架梁、钢箱梁及钢板梁等。针对钢结构桥梁的广泛使用，本节着重对钢结构桥梁的养护及维修加固进行探讨与研究。

结合钢结构桥梁的实际工况，钢结构桥梁主要受到的退化损伤形式有：钢构件防腐涂层失效；钢构件的腐蚀；钢构件的开裂；钢构件异常变形；钢构件之间连接松动。

4.5.1　钢结构桥梁病害及成因分析

1. 防腐涂层

（1）概述

钢结构桥梁在空气中容易由于钢材的锈蚀而导致桥梁损坏，所以桥梁防锈系统被广泛应用于钢结构桥梁中。防锈系统的应用可以有效地防止钢材锈蚀，延缓钢材锈蚀速度。目前，防锈系统主要有：

① 提供保证耐久性的防护层，阻止钢材与水和氧气接触（油漆、包裹、电镀等）。
② 阻止钢基材被侵蚀（防腐底漆）。
③ 根据原电池原理，提供牺牲阳极装置（电镀、富锌油漆等）。
④ 提供附加电流，抑制钢材发生阳极反应（阴极防护等）。
⑤ 降低空气湿度，防止钢材锈蚀（除湿机等）。

钢结构桥梁中常用的防锈系统为油漆与电镀。一般情况下采用油漆防锈，当钢构件由多个小型构件组成无法油漆时，应当采用电镀方式进行防锈处理。

(2) 防腐涂层恶化的种类及原因

钢结构桥梁中防腐涂层恶化会导致桥梁钢构件锈蚀速度加快。防腐涂层恶化可以分为内部以及外部两方面因素，如表 4-4 所示。

由于防腐涂层恶化通常由多种原因组成，所以在进行现场判别时较为困难。油漆退化现象及原因如表 4-5 所示。

表 4-4　涂层恶化因素

内部因素	外部因素
调漆料（干性油与树脂）的化学组织结构 颜料的影响	紫外线 水分 温度与湿度 海盐微粒 大气污染物质

表 4-5　油漆退化现象及原因

油漆退化	现象	主要原因
变色	涂层原来的颜色变化	颜料的种类； 紫外线、热、酸、碱和污染物影响； 铅元素防锈涂料在硫化氢气体中（变黑）
退色	有光泽色颜料变淡，失去本来颜色的状态	有机颜料与紫外线的影响； 硫化氢气体（对淡色影响较多）
白垩化	构成涂层表面的展色剂风化、失去粘结颜料的力，表面出现白粉状化合物，逐渐消耗下去的状态	颜料和展色剂的种类； 紫外线、热和风雨的影响
膨胀	涂层下的水分或浸透的水分膨胀，当它比涂层的粘结力和凝聚力等大时，就将涂层像船帆那样膨胀起来	涂层下面含锈； 水分及粘在被涂面的溶水性物质
开裂（大裂缝及小裂纹）	随涂层脆化，由于应变和冲击产生裂缝。小裂纹为涂层表面的轻微裂纹；大裂缝为达到被涂底面的裂缝	厚涂料； 涂层干燥不充分； 涂料系列（涂层的硬度有关）
剥离	涂层的粘结性能降低，从底面或从涂层的层间剥离的状态	涂料的种类； 涂上层涂料的间隔时间（长期放置）； 大气污染物质（SO_2 等）； 风向、温度、湿度和结露的影响； 焊接处附近残留碱性物质
因碱性引起的涂层恶化（主要在桥面板漏水处附近）	由于从桥面板混凝土裂缝处漏水，其附近的涂层局部剥离或生锈的状态（在边梁部位及梁端部位较多）	桥面板漏水； 混凝土的碱性； 涂料的粘结性； 基体表面不良

2. 锈蚀

锈蚀作为影响钢结构桥梁健康状况的最主要因素，其主要作用机理为降低钢结构构件的截面面积，导致钢构件承载力下降。由于锈蚀会使钢构件大量产生"锈坑"，从而导致钢构件发生脆性破坏的概率增大，而且锈蚀会影响钢构件的耐久性，产生大量的维修费用。

锈蚀是钢材与外界介质相互作用所产生的损坏。在钢材暴露在空气、水汽、工业烟尘及外界其他化学污染物时，会由于化学反应或者电化反应导致其性能出现大幅度下降。在钢材外部保护层薄弱或没有外部保护时，钢材易产生腐蚀与锈蚀。根据锈蚀的产生原因可分为两种类型：

（1）电化学反应：由于钢材内部有多种金属杂质，这些金属杂质具有不同的电极极位，在与电介质、水或潮湿气体等接触时会产生原电池作用，直接导致钢材锈蚀。

（2）化学反应：当钢材直接与大气或工业废气中的氧气、碳酸气体或者非电介质液体接触时，会导致钢材表面发生化学反应，进而产生钢材的锈蚀。

钢结构桥梁在实际工作过程中，绝大多数钢材锈蚀原因是电化学腐蚀与化学腐蚀相互作用所导致。钢材发生腐蚀的必要因素为水汽和氧气。两块钢材之间表面状态与环境发生变化，以及水汽电解作用会在两者之间建立电解电池反应。当不同的金属相互接触或者相互连通时也会形成电解电池，从而导致锈蚀的产生。

对于钢构件的锈蚀，关键是评价锈蚀部位大小、位置和所取形式。调查结束后应进一步评定由于锈蚀引起结构有效截面的损失并识别锈蚀原因。当钢结构与混凝土、圬工和其他结构材料产生连接时，应给予重点注意。衬垫和摩擦面之间由于其接触面不可见，需要特别关注。对于耐候钢质量检查的内容包括锈蚀保护膜的附着与不透水性。

3. 开裂

（1）概述

大量研究表明，在低应力工作状态下的钢结构桥梁事故大多与结构中存在的缺陷或裂纹有关，这类事故也大多发生在低温季节。钢结构桥梁中的裂纹主要是由于疲劳产生的，在一定的条件下会导致脆性断裂。脆性断裂一般是在没有明显征兆和无塑性变形的情况下贯穿全构件的开裂破坏。脆性断裂可能会发生在易受疲劳构件的细部出现初始疲劳裂纹之处。导致疲劳裂纹的主要原因有：应力循环次数；应力幅；构造细部的疲劳强度。

疲劳引起的裂纹经常出现在应力较集中处、焊接搭件上或者焊缝端点上。裂纹可能会由于超载、车辆的撞击或由于腐蚀使截面抗力减小从而产生或加剧。另外，制造细节的低质量造成的应力集中和使用较差断裂韧性的材料也是其中的因素。材料的韧性决定开裂发生前容许裂纹的大小。

焊接要比螺栓连接和铆接更易于开裂。将焊缝表面打磨光亮平整可以提高抗疲劳特性。如果在焊接接头处出现裂纹，裂缝会逐步发展到整个构件，最终可能导致脆断。螺栓连接和铆接同样会发生疲劳裂纹，但是某一构件上的裂纹不会传到其他构件上去。由于撕开作用及各连接件间的锈胀力作用，栓接和铆接接头也易于开裂或撕裂。由于灰尘、杂物的覆盖，裂纹可能很难发现，在检测之前应对可疑处的表面进行清理。

根据对大批公路、铁路钢结构桥梁调查，以下疲劳损伤最为常见：

① 正交异性钢桥面板：纵肋与横梁连接处易于发生疲劳开裂，尤其在连续梁中墩处更为危险，因为此处局部拉应力与主梁拉应力相叠加。它的寿命取决于纵肋制造精度、焊缝质量与横梁与纵肋的刚性；作为主梁上翼缘的拉应力大小。

② 横梁与主梁腹板连接处：横梁与主梁腹板一般都采用刚性连接，在活载作用下连接角处产生交变弯矩，因此引起疲劳裂纹。

③ 风致涡激振动引起的疲劳损伤：斜拉桥拉索、拱桥吊杆、桁架桥风架等长细构件自身固有频率较低，在风作用下可能产生横向涡激振动，会在根部产生疲劳损伤。

④ 扭曲引起的疲劳裂纹：现场调查发现，腹板与上翼缘连接处产生很高的循环应力是由于横梁弯曲导致主梁腹板扭曲所引起的。下并联连接板在竖向加劲处的空隙部位容易造成腹板扭曲，并产生很高的循环应力。主梁腹板的竖向加劲随主梁一起扭转，由于加劲部分刚度较大，因而引起加劲端部发生折角而开裂。

⑤ 主梁腹板受压区的呼吸疲劳：主梁腹板受压区由于制造误差会有一定的初始偏心，在压力作用下会发生鼓胀，从而引起周围焊缝开裂。

⑥ 主梁受拉翼缘贴板端头开裂：与那些平行于应力方向的裂纹相比，垂直于应力方向的裂纹是非常严重的。无论是哪种情况，都要充分重视钢材中的裂纹，因为有些平行于应力方向的裂纹也会由于某种原因而转化为垂直裂纹。任何裂纹都要仔细观察，并记录其在构件和结构上所处的位置、裂纹的长度、宽度（若可能量测的话）和方向。

（2）开裂原因

就断裂力学的观点而言，钢结构的疲劳破坏是从裂纹起始、扩展到最终断裂的过程。疲劳裂纹的扩展近似沿最大主应力的垂直方向，其扩展速率呈指数增长，早期增长较慢，占疲劳寿命的大部分。由于这个原因，要较早发现钢结构的裂纹则比较困难。

一般认为疲劳失效通常起始于高应力区，如几何突变处、受拉残余应力区和尖锐的不连续处（按裂纹处理）。在循环应力作用下，疲劳裂纹始于此处并逐步扩展，最终失效发生在剩余截面不能承受荷载峰的情形时。疲劳破坏与静力强度破坏是截然不同的两个概念。它与塑性破坏和脆性破坏相比具有以下特点：

① 疲劳破坏是钢构件在反复交变应力作用下的破坏形式，而塑性破坏和脆性破坏是钢结构在静载作用下的破坏形式。

② 疲劳破坏经历了裂缝起始和扩展的漫长过程，最终破坏有两种可能，即韧断和脆断，而脆性破坏往往是无任何先兆的情况下瞬间突然发生。

③ 就疲劳破坏断口来说，一般分为疲劳区和瞬断区。疲劳区记载了裂缝扩展和闭合的交替过程，颜色发暗，表面有较清晰的疲劳纹理，呈沙滩状或波纹状；瞬断区真实反映了当构件截面因裂缝扩展削弱至临界尺寸时脆性断裂的特点，瞬断区晶粒粗亮。

疲劳是一个十分复杂的过程，从微观到宏观，疲劳破坏受众多因素的影响，尤其是对材料和构件静力强度影响很小的因素，对疲劳影响却非常显著，如构件表面缺陷、应力集中等。

影响钢结构疲劳破坏的主要因素是应力幅、循环次数和构造细节，而这些因素与钢材的静力强度应力无明显关系，尤其是焊接钢结构。

4. 异常变形

钢材虽有强度高、韧塑性好，尤其是冷弯性能好的特点，但板厚与构件尺寸相比显得很小，组合形成的桥梁结构是薄壁结构，它受外力作用时容易产生各式各样的变形。如果再加上原材料以及加工、制作、安装、使用过程中的缺陷和不合理的制作工艺等因素，钢结构的变形问题就更加突出。因此，对钢结构异常变形的检查和评估应引起足够的重视。

(1) 钢结构变形类型

钢构件的变形可分为整体变形和局部变形两类：整体变形是指整个构件的外形和尺寸发生变化，出现弯曲、畸变和扭曲等；局部变形是指结构构件在局部区域内出现变形。如构件凹凸变形、端面的角变位、板边褶皱波浪形变形等。

整体变形与局部变形在实际的工程结构中有可能单独出现，但更多的是组合出现。无论何种变形都会影响到结构的美观，降低构件的刚度和稳定性，尤其是附加应力的产生，会严重降低构件的承载力，影响到整体结构的安全。

(2) 钢结构变形成因分析

钢结构的形成和使用过程为：材料→构件→结构→服役。其形式过程中变形原因可以概括如下：

① 钢材的初始变形：钢结构所用的钢材由钢厂以热轧钢板和热轧型钢供应。热轧钢板厚度为5～120mm；热轧型钢包括角钢、槽钢、工字钢、H型钢、钢管、C型钢、Z型钢，其中冷弯薄壁型钢厚度在2～6mm。钢材由于轧制或人为因素等原因，时常存在初始变形，尤其是冷弯薄壁型钢。因此在钢结构构件制作前必须认真检查材料，矫正变形，不允许超出钢材规定的变形范围。

② 加工制作中的变形：包括冷加工产生的变形、制作与组装带来的变形、焊接变形三种。

a. 冷加工：剪切钢板产生变形，一般为弯扭变形，窄板和厚板变形大一点；刨削以后产生的弯曲变形，窄板和薄板变形大一点。

b. 制作与组装：由于加工工艺不合理、组装场地不平整、组装方法不正确、支撑不当等，引起的变形有弯曲、扭曲和畸变。

c. 焊接：焊接过程中的局部加热和不均匀冷却使焊件在产生残余应力的同时还将伴随发生焊接残余变形，通常有纵向和横向收缩变形、弯曲变形、角变形、波浪变形和扭曲变形等。焊接变形产生的主要原因是焊接工艺不合理、电焊参数选择不当和焊接遍数不当等。焊接变形应控制在制造允许误差限制以内，否则应予矫正处理。

(3) 运输及安装过程中产生的变形：由于运输中失误、安装工序不合理、吊点位置不当、临时支撑不足、堆放场地不平及强行安装等均会使结构构件变形明显。

(4) 服役期间产生的变形：钢结构在使用过程中产生由于弯曲、压曲、扭曲、拉伸或这些变形任意组合而成的异常变形。

永久弯曲变形可能发生在荷载作用的方向并且经常与弯曲杆件有关，而车辆的撞击力会使任何杆件发生永久弯曲变形。

永久压曲变形是沿垂直于荷载作用方向产生的，通常与受压杆件有关。主梁、板梁及箱梁的腹板和受压翼板可能会因压曲产生局部永久变形。杆系可能会因为超载的超应力，或温度膨胀造成压曲，也可能由于撞击损伤而造成屈曲，组装在一起的杆件或薄板也会因此而压曲。压曲有的可能只产生弹性变形，应力移去后会恢复原状，有的产生塑性变形造成永久改变。当超静定杆件压曲时，其承受的荷载会转移到其他构件上而造成其他构件的超载。永久扭曲变形表现为梁沿其纵向轴线的扭转，并且往往是在横向偏心荷载作用下产生的。

永久轴向变形往往是沿杆件的轴向产生，一般与受轴向拉伸荷载有关。桥梁使用不当和维护管理不善引起永久变形的主要方面有：

a. 超载：桥梁自重增加，支座坏死不能自由伸缩而使温度内力增加，支座沉陷引起恒载内力变化、过桥车辆加重或桥面路况不佳造成冲击力加大等，都会使构件受力超出正常范围。

b. 车船撞击：薄壁钢结构截面易于遭受车船的撞击导致永久变形，严重时还会降低结构承载能力。超高车辆在桥下通过时对下翼缘或下弦杆的撞击，或在桥面上车辆对主梁和桁架的撞击，都可能导致桥梁结构的损坏或倾覆。涨潮时易发生船撞或闷船事故，造成下平联变形甚至断裂。

c. 屈曲：屈曲是指结构或构件丧失了整体稳定性或局部稳定性，可能失稳前变形很小，呈现出脆性破坏的特征，这种破坏的突然性使失稳破坏更具有危险性。

d. 锈蚀：严重锈蚀将引起构件截面削弱，致使受力偏心，发生永久弯曲变形。板间锈胀造成板件永久鼓包变形。

e. 火灾。

5. 连接松动

钢构件可以采用铆钉和螺栓连接。铆钉通常采用热铆，冷却之后会产生约束力。在松动状况下铆钉是不参加工作的。

结构螺栓通常紧固到指定扭矩或指定圈数。扭矩方法假定了特殊的安装条件，如清洁、油光的螺纹。螺栓松动产生的原因有：初始安装不正确；连接件的拉伸破坏（可能是连接件初始腐蚀而造成的截面损失，或在连接面处由于腐蚀产生的膨胀力）；螺栓的振动导致螺母松动。接头松动一般出现在螺栓和铆接的接头中，可能由于连接板和紧固件的腐蚀、过度振动、超应力、开裂或单个紧固体失效造成。

4.5.2 钢结构桥梁的养护

1. 钢结构梁的刚度、强度和稳定性应符合设计要求。运营中根据钢结构形式，应加强对各部分连接节点及杆件、铆钉、销栓、焊缝的检查、养护。对承载能力或刚度低于限值、结构不良的钢结构，应进行维修或加固。

2. 钢结构外观应保持清洁、冬季应及时清除冰雪。当桥面积水时应查明原因，及时处置。泄水孔应保持畅通，增设泄水孔其直径不应小于50mm，钻孔前应对杆件强度进行验算。桥面铺装应无坑洼积水现象，渗漏部位应及时修好。

3. 钢结构应每年保养一次。检测时发现节点上的铆钉和螺栓松动或损坏脱落、焊缝开裂，应采用油漆标记并作记录。在同一个节点，缺少、损坏、松动和歪斜的铆钉超过10%时，应进行调换。当焊接节点有脱缝，焊缝处有裂纹，应及时修补。对有裂纹及表面脱落的构件，应做出明显的标记，注明日期，并仔细观察其发展，必要时应补焊或更换。

4. 结构定期检测时，应对现场拼接焊缝等关键部位焊缝进行无损探伤检查，其质量应符合设计要求。

5. 钢箱梁应定期检查内部空间积水情况，当有积水时应查清原因，并及时维修。

6. 当钢梁杆件伤损容许限度超过表4-6的规定时，应及时整修、加固或更换。

表 4-6　钢梁杆件伤损容许限度

序号	伤损类别		容许限度
1	板梁、纵梁、横梁及工字梁	竖向弯曲	弯曲矢度小于跨度的 1/1000
2		横向弯曲	弯曲矢度小于自由长度的 1/5000，并在任何情况下不超过 20mm
3		上盖板局部垂直弯曲	$f<a$ 或 $a<B/4$ d——钢板或钢板束的厚度 B——由腹板至盖板边缘的宽度
4		盖板上有洞孔 腹板上有洞孔	工字梁的洞孔直径小于 50mm，板梁小于 80mm，边缘完好
5		腹板受拉部位有弯曲	凸出部分直径小于断面高度的 0.2 倍或深度不大于腹板厚度
6		腹板在受压部位	凸出部分直径小于断面高度的 0.1 倍或深度不大于腹板厚度
7	桁梁	主梁压力杆件弯曲	弯曲矢度小于杆件自由长度的 1/1000
8		主梁拉力杆件弯曲	弯曲矢度小于杆件自由长度的 1/500
9		主梁腹杆或连接杆件弯曲	弯曲矢度小于杆件自由长度的 1/300
10		洞孔	洞孔直径小于杆件宽度的 0.15 倍并不得大于 30mm

7. 不良铆钉的容许限度超过表 4-7 的规定时，应进行更换。

表 4-7　不良铆钉的容许限度

序号	不良名称	形状	容许限度	原因
1	松动铆钉	—	无	(1) 铆合不良； (2) 铆合前钢板未夹紧
2	钉头裂纹		无	(1) 铆钉加热过度； (2) 铆钉钢质不良
3	烂头		$D \geqslant d$ $+8mm$ $h \geqslant 0.7$ 倍钉头高	年久锈蚀

续表

序号	不良名称	形状	容许限度	原因
4	钉头部分或全周浮高（用厚0.2mm塞尺检查）		无	(1) 钉头和钉杆相接处有圆角； (2) 钉头未用顶把顶紧或顶把未对正
5	钉头偏心（拉绳检查钉头与铆钉线位置或观察铆钉两头）		$b \leqslant 0.1d$	铆合不良
6	钉头局部缺边		$a \leqslant 0.15d$	(1) 钉杆过短； (2) 顶压不正确
7	钉头全周缺边		$a < 0.1d$	(1) 钉杆过短； (2) 顶压不正确
8	钉头过小（用样板检查）		$a+b<0.1d$ 或 $c<0.05d$	(1) 铆钉壳和钉杆都小； (2) 钉杆过短或铆钉孔过大
9	钉头周围有飞边		$a<3\text{mm}$ $b=1.5\sim 3\text{mm}$	钉杆过长

续表

序号	不良名称	形状	容许限度	原因
10	铆钉壳打伤钢板		$\delta \leqslant 0.5\text{mm}$	铆合不良
11	埋头铆钉钉头全部或局部缺边		$a \leqslant 0.1d$	(1) 铆合不良； (2) 钉杆过短

8. 钢梁有下列状态之一时，应及时维修：

(1) 桁腹杆铆接接头处裂缝长度超过 50mm。

(2) 下承式横梁与纵梁连接处下端裂缝长度超过 50mm。

(3) 受拉翼缘焊接一端裂缝长度超过 20mm。

(4) 主梁、纵横梁受拉翼缘边裂缝长度超过 5mm；焊缝处裂缝长度超过 10mm。

(5) 纵梁上翼缘角钢裂缝。

(6) 主桁节点和板拼接接头铆栓失效率大于 10%。

(7) 主桁构件、板梁结合铆钉松动连续 5 个及以上。

(8) 纵横梁连接铆钉松动。

(9) 纵梁受压翼缘、上承板梁主梁上翼缘板件断面削弱大于 20%。

(10) 箱梁焊缝开裂长度超过 20mm。

9. 新换钢梁或加固杆件的组拼应符合下列规定：

(1) 组拼板件应采用螺栓均匀拧紧，板件密贴，边缘用 0.3mm 插片深入长度不得大于 20mm。

(2) 组拼杆件应在无活载情况下进行，并不应少于 1/3 的孔眼安装螺栓及冲钉，其中 2/3 为冲钉，1/3 为螺栓。

(3) 无活载情况下铆合时，应每隔 2 个钉孔装一个螺栓，螺栓间距不得超过 400mm，每组孔眼应打入 10% 的冲钉。

(4) 拴接梁使用的高强度大六角头螺栓连接副和扭剪型高强度螺栓连接副应符合国家现行相关标准的规定，出厂时应随箱带有质量证明文件。在安装使用前，应对高强度大六角头螺栓连接副检验其扭矩系数，对扭剪型高强度螺栓连接副检验其紧固轴力（预拉力）。

10. 在有活载情况下更换铆钉时，应拆除一个铆钉，同时上紧一个螺栓；必要时可使用不超过 30% 的冲钉。严禁使用锛斧和大锤铲除钉头，对结构承载力至关重要的构件在更换铆钉时，应禁止车辆通行。

11. 高强度螺栓的更换应符合下列规定：

(1) 高强度螺栓的施工预拉力应符合设计要求，欠拧值或超拧值均不应超过规定值的10%，各种型号的高强度螺栓的设计预拉力应符合表4-8的规定。

表4-8 高强度螺栓的设计预拉力（kN）

高强度螺栓性能等级	螺栓公称直径（mm）					
	M16	M20	M22	M24	M27	M30
8.8S	80	125	150	175	230	280
10.9S	100	155	190	225	290	355

（2）高强度螺栓的初拧值应根据试验确定，宜取终拧值的50%。终拧方法可采用扭矩法或转角法。

（3）大型节点，同时更换的数量不得超过该节点螺栓总数的10%，对螺栓少的节点应逐个更换。在一个连接处（或节点）少量更换的螺栓螺母及垫圈的材质、规格、强度等级应与原桥上使用的相同，不得混用。

（4）高强度螺栓拧紧后，节点板四周的缝隙应采用腻缝封闭。高强度螺栓、螺母及垫圈的外露部分均应进行涂装防锈。

12. 对栓接梁、全焊梁，若在焊缝及附近钢材上发现裂缝，应根据裂缝的位置、性质、大小及数量，按国家现行相关标准进行焊接补强或加固。当构件的变形影响其承载能力或正常使用时，应采取抽换杆件或换梁等措施。

13. 当采用电焊连接主梁时，应停止运营，并应检查其安全性。

14. 钢桥涂装养护应符合下列规定：

（1）钢结构、钢梁和钢栏杆等应进行保护涂装，涂装应与景观适应，美化涂装应保护钢结构不生锈。

（2）当运营中钢梁保护涂装起泡、裂纹或脱落的面积达到10%以上时，应进行整孔、整桥重新涂装。

（3）局部涂装或整孔、整桥重新涂装用涂料，应与原桥用涂料一致。更换新品种涂装，应将旧涂层清除干净，新旧涂料化学性能应一致。

（4）当涂膜维护涂装时，应对局部风化部位按要求进行清理，按原涂装体系逐层进行涂装，新旧涂层间应有50~80mm过渡带，局部修理时干膜总厚度不应小于原涂装干膜的厚度。涂装后应检测漆膜厚度，漆膜厚度不满足设计要求时应重新喷涂。

（5）钢表面清理不得在雨、雪、凝露和相对湿度大于80%及风沙天气进行。环氧类漆不得在环境温度10℃以下施工，无机富锌防锈底漆、聚氨酯漆和氟碳面漆不得在环境温度5℃以下施工。涂装后4h内应采取措施保护，不得遭受雨淋。

（6）油漆涂层不得有脱落、咬底、漏涂、起泡等缺陷；热喷涂锌、铝金属涂层，应致密，均匀一致。

4.5.3 钢结构桥梁的维修

1. 涂层维修

在进行检查评定后，根据涂层退化状态，对相应涂层进行维护。在涂层维护前应当查明涂层退化原因，判断涂层退化原因类型。根据涂层退化原因与退化状态确定底层涂层的处理程度、涂料类型及新旧涂层适应性等因素,并根据实际现场条件制订有效的涂层维修计划。

(1) 选定修补方法

根据涂层的退化情况、使用时间及使用环境选择涂层修补方法。涂层修补方法主要分为局部修补和全面修补。

① 全面修补方法

全面修补方法主要是进行全面重新涂刷。常用于涂层出现初期退化时,进行全面涂刷。由于全面修补方法成本较高,所以在选择使用全面修补方法时应当考虑经费状况。

② 局部修补方法

局部修补方法主要是对部分退化部分进行局部涂刷,防止涂层进一步退化。当涂层退化部分位于梁下缘时,维修前首先应对钢桥的涂层年数与活层范围等情况进行详细的调查,通过调查及研究再确定维修方案。

(2) 涂层基底处理

① 选择清底方式

根据旧涂层退化程度与生锈状态,选定与实际状况相称的清底方式。涂层基底清理必须处理到将来再次涂刷时不会发生问题的程度,具体清底方式如表4-9所示。

表4-9 基底处理类别及标准

旧涂层状态	处理程度	处理工法	适用的清底标准
腐蚀特别显著部位(桥面板龟裂、由该处漏水等原因引起的腐蚀部位之类的小范围严重生锈)	将腐蚀物和旧涂层等完全除掉,显露出基底,并把它清理干净	喷砂法	第一种
涂层恶化,腐蚀太重的状态	将旧涂层及锈除掉,显露出底地,并把它清理干净	兼用旋转钢丝刷和旋盘喷砂机等动力工具以及刮刀、钢丝刷和砂纸等手工工具	第二种
涂层几乎全部是完好有效的活性涂层,但看出部分损伤和生锈等现象	留着活性涂层,但除掉锈和破坏的涂层等处	兼用旋转钢丝刷和旋盘喷砂机等动力工具以及刮刀、钢丝刷和砂纸等手工工具	第三种
涂层是活性涂层,但变色和白垩化附着物等较多的状态	除掉表面的粉化物及污秽,并把它清理干净	使用钢丝刷和砂纸	第四种

第一种清底方式:适用于工厂作业,现场施工会引起环境污染与阻碍交通等问题。

第二种清底方式:采用喷气式钢凿、真空管式除垢器、旋盘式研磨机和旋转钢丝刷等动力工具,清除恶化涂层和浮锈等。在使用动力工具有困难的角隅部位、缝隙部位和铆钉头等处,可采用锤子、敲打棒、刮刀、细凿子和金刚石等手工工具进行清底处理。

第三种清底方式:采用手工工具和动力工具等,在不太损伤活性涂层的条件下,去除损坏的涂层和浮锈,并清除污垢和附着物等。

第四种清底方式：使用钢丝刷、砂纸和有机溶剂等，在不损害涂层（底涂）条件下，清除涂层表面的粉化物和附着物等。

② 基底处理与涂料的适应性

被涂刷的钢材表面处理得当，适应于所使用的涂料，涂刷的土层则不能充分发挥其效果。因而有必要在判断基底处理可能达到的程度之后，再选定涂料，并且应该注意"由于底漆的防锈效果、湿润性、干燥时间和别种涂料的关联性等因素，解决基底适合与否"的问题。对清底方式及相关涂料的要求具体如表 4-10 所示。

表 4-10　清底方式及相关涂料

清底方式	可能使用的涂料
第一种	氯乙烯系列 氯化橡胶系列 环氧系列
第二种	酸醛系列 酞酸系列 氯化橡胶系列
第三种	酞酸系列 酸醛系列 油性胶系列
第四种	油性系列

（3）选定涂料类型

表层涂料大致分为表层用涂料、中层用涂料和底层用涂料。在涂料重叠涂刷时，各层之间所要求的机能大致如下：

① 表层用涂料：对涂层所处的外部条件具有较大的抵抗力，在保护底层的同时呈现出必要的色彩和美观等，以及较好的耐候性能。

② 中层用涂料：补充底层涂料的防锈效果，帮助底层涂料密结。

③ 底层用涂料：保证与钢本身牢固地粘结，以发挥较大的防锈效果。

上、下层涂料组合使用情况如表 4-11 所示。

表 4-11　上、下层涂料组合使用情况

下层涂料	上层涂料				
	油性系列涂料	酞酸树脂系列涂料	酚醛树脂系列涂料	环氧树脂系列涂料	氯化橡胶系列涂料
油性系列涂料	○	○	△	×	△
酞酸树脂系列涂料	○	○	○	×	△
酚醛树脂系列涂料	△	○	○	×	△
环氧树脂系列涂料	△	△	△	○	×
氯化橡胶系列涂料	×	×	×	×	○

注：○为适当的组合；△为在一定条件下可能相互组合；×为不可行或不适当的组合。

2. 锈蚀处理措施

(1) 锈蚀程度等级

钢结构桥梁锈蚀程度等级为五级，其具体分级方法如表 4-12 所示。

表 4-12 钢结构桥梁锈蚀分级

锈蚀程度		症状描述
A 级	良好	构件基本没有锈蚀，涂层漆膜还有光泽；构件可有少量锈点
B 级	局部锈蚀	构件基本没有锈蚀，面漆有局部脱落，底漆完好；个别构件有少量锈点，或构件边缘、死角、缝际、隐蔽部分有锈蚀
C 级	较严重	构件局部腐蚀，面漆脱落面积达 20% 左右，底漆也有局部锈透，其基本金属完好，应进行维护准备工作
D 级	严重	构件锈蚀面积达 40% 左右，面漆大片脱落，但基本金属没有破坏，应立即进行维护工作
E 级	特别严重	基本金属已有锈蚀，应立即测量构件断面削弱程度，计算是否需要更换或采取加固等措施

(2) 锈蚀处理

对于钢结构桥梁锈蚀病害的处理，如果锈蚀程度较低，可以采用除锈、重新涂装的方法进行简单处理，具体处理过程包括旧漆膜处理和表面处理等。

① 旧漆膜处理：旧漆膜处理方法主要有火喷法、涂抹脱漆剂、碱水清洗（5%～10%NaOH 溶液）、涂抹脱漆膏（配方：碳酸钙 6～10 份，碳酸钠 4～7 份，水 80 份，生石灰 1～15 份混成糊状，或清水 1 份，土豆粉 1 份，50%浓度氢氧化钠水溶液 4 份，边搅拌边拌和，再加 10 份清水搅拌 5～10min）等。

② 表面处理：表面处理决定了涂层质量，表面处理包括除锈与控制钢材表面的粗糙度。除锈可以采用手工工具处理、机械工具处理、喷砂处理、化学剂处理（酸洗、碱洗等）。桥梁钢结构主要采用喷砂处理，辅以手工和机械工具除锈。

a. 手工除锈：用铲刀、刮刀、钢丝刷、砂轮、砂布和手锤，靠手工敲铲、砂磨除去钢材表面旧漆膜和铁锈、油污、积灰。该法操作方便，不受结构尺寸条件所限，但劳动强度大、效率低、质量难保证。

b. 机械除锈：采用风动和电动工具——磨光机、风枪（敲铲）、风动针束除锈机。该法比手工除锈的质量和效率都有提高，且劳动强度也有所降低。

c. 喷砂除锈：该法质量可靠、除锈较为彻底。喷砂是利用空气压缩机将石英砂喷射于钢材面上除去黑皮和铁锈，也可以用钢砂、钢丸喷射（投射）于钢材面上，效果更好，且能减少砂尘弥漫；喷砂除锈质量好，但劳动条件较差。

表面除锈的质量标准有美国（SSPC）、英国（BS4232）、德国（DIN18364）、瑞典（SIS）等。国际上常用瑞典（SIS）标准。SIS 标准将表面处理方法分为两类：S_t 为手工或电动工具处理，手工除锈之前应清除表面污垢油脂，铲除厚锈；S_a 为喷砂处理。将处理程度分为 0（未处理表面），1（轻度处理表面），2（中度处理表面），2.5（近完整处理表面），3（完整处理表面）五级，并制定标准彩色样品图作对照。其具体操作及要求如表 4-13 所示。

表 4-13 SIS 操作及要求

除锈方法	等级	操作	要求
手工或电动工具	S_t1	用钢丝刷清理	
	S_t2	用铲、刷、磨工具将疏松氧化皮、浮锈及油污垢除去后，再用毛刷、压缩空气等将表面清理	处理后表面具有淡淡的金属光泽
	S_t3	同上处理，但更为彻底	处理后表面具有较明显的金属光泽
喷砂	S_a1	采用快速轻度喷砂，将疏松氧化皮、浮锈及油污垢异物除去	
	S_a2	采用中度喷砂，除去绝大部分氧化皮、浮锈及油污垢异物，再用毛刷、压缩空气将表面清理	处理后表面呈金属灰色
	$S_a2.5$	采用较彻底喷砂，完全除去氧化皮、锈和油污垢异物，再用毛刷、压缩空气彻底将表面清理，仅允许有极少量点锈或纹锈存在	处理后表面呈近似灰白色金属面
	S_a3	采用非常彻底的喷砂处理，完全除去氧化皮、锈和异物，再用毛刷、压缩空气彻底清理表面	不留任何异物，处理后表面呈均匀白色金属光泽

手工除锈表面处理不宜低于 S_t3 级，只有对附着力强的油漆涂层允许放宽到 S_t2 级；喷砂除锈在无腐蚀性环境下不低于 S_a1 级，一般除锈处理要达到 S_a2 级，重腐蚀环境下表面除锈处理最低要达到 $S_a2.5$ 级。

表面处理后的钢材，会产生凹凸面，称为表面粗糙度。表面粗糙度与表面处理方法和喷砂材料有关，粗糙度大小会影响涂层漆膜防腐蚀的能力。粗糙度大，有利于涂层膜的附着性，但会减薄钢材表面凸点之间的涂层厚度，易产生针孔，减小了涂层防锈能力；粗糙度小，会降低涂层的附着性，喷砂材料越细，表面粗糙度越均匀，除锈率也越好。

图 4-45 为某城市桥梁钢箱梁表面存在局部防腐涂层起皮、脱落，锈迹明显，对钢箱梁采取除锈后重新涂刷防腐材料，以提高其耐久性能。

图 4-45 钢箱梁除锈后重新涂装

3. 疲劳裂纹修补方法

在裂纹较小或活载应力较小的地方，可以不采取措施。通过断裂力学裂纹分析裂纹是否可忍受或应该加以修补。在某些情况下，通过在裂纹端部钻孔可以阻止裂缝的进一步扩展。然而，孔洞必须有足够大的直径，但不能重新引起新的裂纹，《城市桥梁养护技术标准》（CJJ 99—2017）中规定不小于板厚的养护要求。加螺栓盖板可以用来恢复开裂断面的截面积，以及减少活载应力。开裂也可由重新焊接加以修补，但应在咨询专家意见之后进行。在现场结构上进行修补通常比原焊接要困难得多。一个好的修补办法不一定会预先已知。尽管可以采取像锤击和烘烤技术来消去不良应力，但低劣的重焊仍可能诱发再次开裂。

4. 异常变形的处理方法

异常变形的处理方法包括冷矫正法、热矫正法和更换或加固。

（1）冷矫正法

冷矫正法是用人力或机械力矫正变形，适用于尺寸较小或变形较小的构件。这种方法主要包括手工矫正、机械矫正两种方式。

① 手工矫正：采用大锤和平台为工具，适合于尺寸较小的构件的局部变形矫正，也可作为机械矫正和热矫正的辅助矫正方法。手工矫正是用锤击使金属延伸，达到矫正变形的目的。

② 机械矫正：采用简单弓架、千斤顶和其他机械方式来矫正变形。杆件如角钢、槽钢及工字钢梁翼缘的局部弯曲，可用撬棍矫正。如角钢弯曲较严重，可用弓形螺旋顶或油压千斤顶来矫正，如图4-46所示。杆件如有不同方向的弯曲，应先矫正一个方向，然后再矫正另一个方向。如杆件同时有扭转和弯曲，应先矫正弯曲，再矫正扭转。

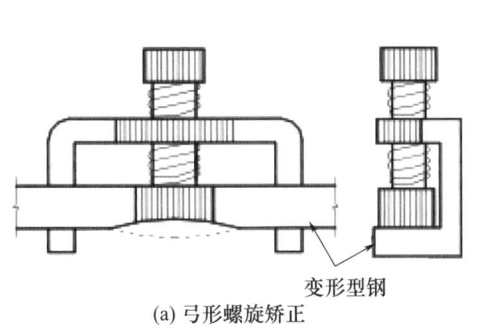
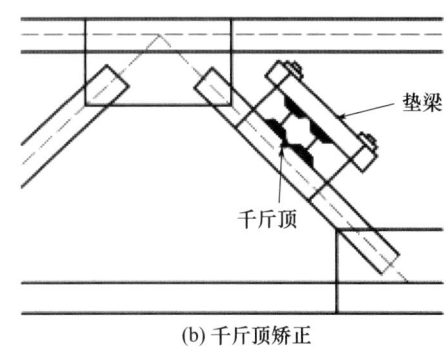

(a) 弓形螺旋矫正　　　　　(b) 千斤顶矫正

图 4-46　机械矫正示意

冷矫正法必须是杆件和板件无裂纹、缺口等损伤，机械施力应逐渐增加，等变形消失后，应使压力保持一段时间。

（2）热矫正法

我国目前较常见的是采用乙炔气和氧气混合燃烧火焰为热源，对变形结构构件加热使其产生新的形变，来抵消原有的形变。正确使用火焰和温度是其关键。加热方式有点状加热、线状加热（直线、曲线、环线、平行线和网线）和三角形加热之分。热矫正法要根据桥梁实际情况谨慎采用。承受应力的构件加热时会发生应力重分配，影响结构体系的力学性能，因此，受力构件禁止使用热矫正法。

（3）更换或加固

屈曲和撞击造成损伤、开裂或退化，以及结构计算证明不足的构件应该加以更换。桁架构件更换过程如下：在适当间两边临时支撑，然后在杆子的两端除去联结，最后再除去杆件，装上新杆件并换上新的连接件。在某些情形下，在多梁式桥中更换主梁也是可能的。

承载能力不足的构件可以通过增贴钢板或型钢予以加强。这个方法对细长受压杆件特别有效，因为它的稳定性是受长细比而不是受截面积的影响，通过增加截面的回转半径，就可以承受较大压力。附加钢板或型钢可以栓接或焊接到原构件上。在增贴钢板增加杆件承载力时，应进行节点连接强度验算，不足时则应增强。

整个桥梁结构的加强可以通过改变结构受力体系，来增加桥梁的承载能力。这些改变体系的方法包括增加预应力、相邻桥跨之间建立连续关系、增设组合混凝土桥面板，采用支架、支柱或拉索支撑结构进行支护。

5. 连接松动的维修

检查出连接松动等不良状况时，应予以及时更换，步骤如下：

（1）设置保障操作安全的工作台和栅栏。暂时中止行人通过，并尽量减少活载。

（2）铲除铆钉或螺栓，可采用直径 3~4mm 的钻头先由钉头中心钻除，然后轻轻铲除钉头剩余部分，或使用能保证不烧伤钢料的配有平口的特制焰割工具割除钉头（平常所用的焰割工具不能使用），再用手锤轻轻取出钉杆，操作中应避免伤及主板。

（3）用相同规格的螺栓或铆钉更换，当更换铆钉数量较多，也可以采用高强度螺栓代替铆钉，但铆合面应经现场喷砂处理后安装，保证摩擦系数在 0.35~0.45 之间或以上。

（4）更换铆钉时必须具备专用铆钉烧炉、铆枪、风顶把、接钉筒、夹钉钳等，并需要熟练铆钉技工操作。铆合时，应使钉杆切实填满钉孔，每只铆钉一般应在 20s 内完成铆合。

（5）螺栓或铆钉重换后，应检查是否符合要求，同时还要检查相邻的不更换螺栓或铆钉是否受影响而松动，如发现松动，也应拆除更换。

（6）对修复范围加以与全桥相同的涂装防护。

现场铆钉更换应注意以下事项：

① 不可同时铲去大于连接处铆钉总数 10% 的铆钉数目，如连接处铆钉少于 10 只，则只能逐个进行更换。

② 拆除铆钉时，应避免相邻铆钉受振动或损伤到钢材，禁止使用剁子铲除钉头，绝对禁止使用大锤猛击杆件。

③ 钻除铆钉时，应用小于 3mm 的钻头，以保证不伤钢料。

④ 旧钉冲出后，要清理钉孔，如钉孔有错位或斜孔偏心超过 2mm，则应采用有圆锥形钻头的手提钻来扩孔。

⑤ 当拆除原有受力铆钉或增加、扩大钉孔时，除应设计计算结构原有和加固连接件的承载能力外，还应校核板件的净截面面积的强度。

4.6 钢-混凝土组合梁桥

钢-混凝土组合梁是在钢结构和混凝土结构基础上发展起来的一种新型梁,通常其肋部采用钢梁,翼板采用混凝土板,两者间用抗剪连接件连成整体。抗剪连接件设置在钢梁与混凝土板的交界面,是钢梁与混凝土板共同工作的基础。非组合的普通钢筋混凝土板和钢梁的结构体系受力如图 4-47 所示;组合梁的混凝土板与钢梁之间设置若干个连接件的受力如图 4-48 所示。

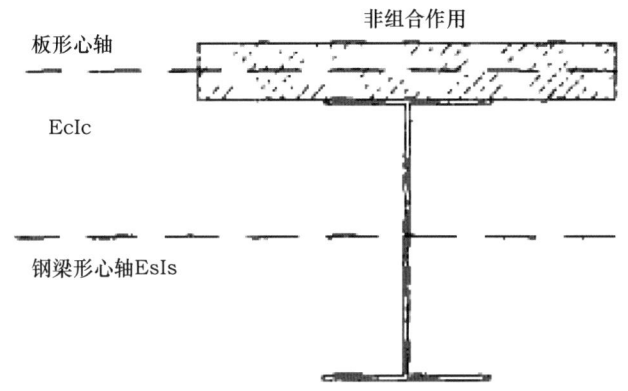

图 4-47 普通钢筋混凝土板和钢梁的结构体系

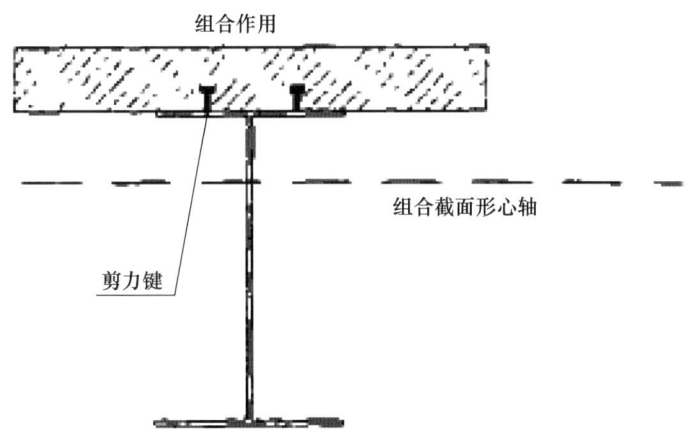

图 4-48 钢-混凝土组合梁的结构体系

混凝土抗压强度较高而抗拉强度低,钢筋混凝土板受拉后易开裂,适用于受压;钢材的抗拉、抗压强度均很高,因此钢结构构件常采用宽而薄的板材,且截面一般较小,受压时易屈曲,所以钢梁的设计必须考虑稳定问题。两种材料按钢-混凝土组合梁的形式结合在一起,可以避免各自的缺点,充分发挥两种材料的优势,形成强度高、刚度大、延性好的结构形式。同混凝土结构相比,它可以减少自重、减轻地震作用、减少构件的截面尺寸、增加有效使用空间、降低造价、节约模板并减少支模工序,从而缩短施工周期，还可以增加结构的延性。同钢结构相比，它可以减少用钢量，增加刚度、稳定性和整体性等。

4.6.1 钢-混凝土组合梁的常见病害

1. 钢梁的锈蚀

钢梁暴露在空气、水汽、工业烟尘及其他化学和污染物的环境中，特别容易发生化学反应或电化学反应，尤其是当油漆退化或桥面板防水失效时。油漆防护是保证钢梁耐久性的重要手段，也是钢桥维护的主要项目。因此当油漆退化后，其直接后果就是钢构件锈蚀，严重锈蚀会导致截面损失，锈坑处产生应力集中，如果发生在设计控制部位，将严重降低结构的疲劳性能及承载能力。桥梁端部的伸缩装置，支座附近、桥面结构，箱形截面构件里侧以及钢-混凝土组合梁接合面处等易积水和积尘的地方，钢构件的焊接点处是容易发生锈蚀的部位。

2. 钢梁疲劳

钢结构桥梁在汽车荷载作用下，容易产生疲劳裂纹，可能导致构件脆性断裂。引起构件疲劳开裂的主要原因是材料缺陷、应力集中和重复活载作用下产生的应力循环。超载、车辆撞击和截面锈蚀等因素增加了裂纹扩展和构件断裂的可能性。现场检测表明：目前公路桥梁的车辆荷载具有轴重大、行驶速度快、通行流量大的特点，容易导致钢结构桥梁出现疲劳破坏事故。连接件是把混凝土桥面板和钢梁连接为一个整体且保证钢-混凝土组合梁协同工作的关键部件，也是钢-混凝土组合梁抗疲劳的一个重要因素。栓钉是应用较为广泛的一种连接形式，试验研究表明，在保证焊接质量的前提下，钢-混凝土组合梁的疲劳破坏大多是由于栓钉的剪切疲劳破坏造成的。

3. 桥梁承载力不足，不能满足既有交通荷载要求

该类情况的既有钢-混凝土组合梁桥本身并没有出现明显的病害现象，只是一方面由于桥梁本身的原因，如使用时间较长，从桥上所通行的车辆载重及流量的增长等，使桥梁功能退化，不能达到原有设计功能；另一方面是由于经济水平快速增长的需要，既有桥梁已不能满足经济的需求，需要对现有桥梁进行加固加宽。因此，将该种情况列为既有钢-混凝土组合梁桥所面临的一种问题，通过加固或可解决。

4. 钢-混凝土组合连续梁混凝土翼板纵向开裂

剪力键在钢-混凝土组合梁中起着重要的作用，主要用来承担钢梁与混凝土翼板之间的纵向水平剪力，并抵抗两者之间的掀起作用。钢-混凝土组合梁中，相当宽的混凝土翼板沿一个狭窄的接触面承受钢梁通过剪力连接件传来的剪力，将在混凝土翼板的结合面附近产生较大的剪应力。所以在钢-混凝土组合梁中，尤其是单排栓的钉连接T形截面组合梁常发生混凝土翼板纵向开裂。混凝土翼板的纵向开裂将导致混凝土翼板的纵剪强度成为梁破坏的控制条件，如果没有足够的横向钢筋来约束裂缝的发展，钢-混凝土组合梁的剪力连接程度就会降低，而使钢-混凝土组合梁达不到设计承载力而提前破坏。

5. 钢-混凝土组合连续梁负弯矩区混凝土桥面板横向开裂

混凝土翼板受压，钢梁受拉是钢-混凝土组合梁的最有利受力状态，但是在连续梁中支点负弯矩区不可避免地会出现混凝土翼板受拉而钢梁受压的不利状态，易在中支点负弯矩区出现混凝土开裂的情形，当负弯矩区处混凝土裂缝较大时，将会导致混凝土板中钢筋锈蚀，影响结构耐久性，同时开裂严重还会使箱内漏水、腐蚀，影响结构的外观，给人们以不安全感。

6. 剪力键剪断

剪力键的作用是保证桥面板混凝土及钢梁共同工作，因此它承受着巨大的纵向剪力作用。对于经常超载的桥梁，由于纵向剪力过大或反复作用导致剪力键疲劳，将会使剪力键弯曲或剪断。出现这种情况时会明显地发现梁段的钢梁与混凝土桥面板间发生相对错动，这时，剪力键起不到应有的作用，组合桥梁已演变成迭合梁桥。

7. 混凝土桥面板局部破裂或腐蚀

由于重载交通的反复作用、桥面防水失效及融冰盐的化学腐蚀作用，使混凝土桥面板局部或大面积开裂、损伤严重。混凝土板中的受力钢筋出现锈蚀，进而使混凝土桥面板承受局部车轮荷载的能力明显下降，既降低了桥梁的承载力，同时也降低了桥梁的适用性和耐久性。

8. 其他问题

早期较低设计荷载水平的钢-混凝土组合梁桥，由于超载严重，再加上长期暴露在潮湿空气和雨水等环境中，容易使连接螺栓或铆钉松动或断裂，因此需要进行更换或加固。对于钢-混凝土组合连续梁桥，钢梁受压区的腹板或底板会因偶然的超载或升温作用而产生局部鼓包，即局部失稳现象。这种局部失稳如不及时修复，也会降低整体结构的抗失稳能力，进而间接降低桥梁的承载能力。

4.6.2 钢-混凝土组合梁的养护

（1）钢-混凝土组合梁桥面板不得有纵向劈裂裂缝。应每季度检查一次，检查纵向裂缝的宽度、长度、位置、密度及发展程度等，难以辨明时，应拆除部分铺装层进行观测。当产生纵向劈裂裂缝时，应采取加固措施。钢-混凝土组合梁桥是通过栓钉等剪力连接件把钢梁和桥面板连成整体而共同受力，剪力连接件传递钢梁与混凝土桥面板之间的剪力。剪力连接件是保证钢-混凝土组合梁桥整体工作的关键元件，对混凝土桥面板的作用相当于对桥面板产生纵向劈裂效应。如果出现混凝土纵向劈裂，就会导致整体工作性能降低甚至失去组合作用。因此当发现纵向劈裂裂缝时，需要采取适当加固措施。

（2）桥面横向裂缝可每季度检查一次。在钢-混凝土组合连续梁支座及其附近的桥面板，不应有裂缝和渗漏水，应加强对其结合部位的保养维修。裂缝和渗漏水部位，应重做防水和封闭裂缝。纵向钢筋失效引起的裂缝，应采取纵向受力加固措施。预应力混凝土桥面板预应力失效产生裂缝，应立即修复加固。

（3）桥面板受压区混凝土压裂、压碎、磨损，应及时加固修复。

（4）钢-混凝土组合梁应每季度检查一次梁端区域。钢-混凝土组合梁结合面不得有相对滑移和开裂。当梁端相对滑移时，应及时修复。钢-混凝土组合梁桥整体工作性能的降低会通过梁端的相对滑移得到反映，根据早期的试验研究结果，当梁端相对滑移达到 0.1mm 时，组合作用大大降低，因此需要进行修复。

（5）钢梁与混凝土桥面板之间的剪力连接件应完好无损，不得有纵向滑移及掀起。压型钢板组合桥面板支撑处及板肋不得变形，板肋与连接件附近的混凝土不得有疲劳裂缝。剪力连接件的作用之一是防止钢梁与混凝土桥面板之间的相对分离，即掀起。有掀起时会表现出混凝土铺装层鼓出、破损等现象，出现掀起时也会导致组合作用降低，应当予以重视。滑移和掀起可由专门的单位进行定期检测。

（6）应每年检查一次结构变位，不得有超过规定的变形。

（7）钢筋混凝土桥面板加固应进行专项设计，加固方法应根据钢-混凝土组合梁桥的结构特点确定。

4.6.3 维修办法

众多的桥梁破坏事故表明，每个破坏实例往往并不是由单一因素引起的，而是多个因素相互诱发共同作用的结果，就钢-混凝土组合梁桥而言，漏水导致腐蚀或锈蚀、疲劳、应力集中，焊接残余应力及焊接缺陷可能是最主要的。因此进行钢-混凝土组合梁桥维修加固时，可以视桥梁状况，采取几种加固措施相结合的方法，重视预防，提倡变被动加固为主动加固的设计理念。

常用的桥梁加固改造技术方案有：施加体外预应力加固、粘贴碳纤维片材加固、钢梁裂纹或锈蚀等缺陷的修补、混凝土桥面板更换、更换剪力键、钢板局部失稳的处理等方法。

1. 施加体外预应力加固

当钢-混凝土组合梁桥出现负弯矩区桥面开裂、主梁挠度过大、荷载等级不够，需要提高主梁承载力等问题时，可以采用体外预应力加固法。该法具有加固、卸荷、改变结构内力三重效果，适用于中小跨径的梁式桥，是一种行之有效的加固方法。工程实践表明，体外预应力加固技术能够较大幅度地提高旧桥承载能力。加固后所能达到的荷载等级与原桥设计标准及安全储备有关，一般情况下可将原桥承载力提高 30%～40%。采用该方法加固时可以简化预应力筋曲线，增加自重少，有效地大幅提高结构承载能力；缺点是易腐蚀，且预应力筋与混凝土变形不一致，造成预应力损失。

2. 粘贴碳纤维片材加固

纤维复合材料质量轻、强度高，而且具有较好的耐腐蚀性和抗疲劳性能，因此是进行桥梁维修和加固的理想材料，国内外对采用 CFRP 加固钢-混凝土组合梁已经有了比较系统的研究，并进行了相关的试验。研究表明采用碳纤维片材加固钢-混凝土组合梁桥可以有效地提高原桥承载能力，减小主梁挠度。

3. 钢梁裂纹或锈蚀等缺陷的修补

当钢梁出现裂纹进行修补时，如仅以焊接和增加盖板等将裂纹堵塞一下，是不能解决问题的，必须充分调查裂缝发生部位的钢材质量、焊接状态、应力状态、锈蚀状况和疲劳状态等，依据调查的结果采取对策。有时，为了改善材质，必须更换构件；为了改善应力状态,必须优化构造细节或变更结构。当钢梁发生锈蚀时,必须及时除锈,并按钢结构的防腐要求进行防腐处理。

4. 混凝土桥面板更换

由于受到车辆局部荷载的反复作用及混凝土碳化、钢筋锈蚀,板抗弯能力相对较弱,钢-混凝土组合梁桥的桥面板使用寿命一般应低于其钢梁的使用寿命。当混凝土桥面板局部破裂或腐蚀严重时,需要局部或整体更换混凝土桥面板。在凿除混凝土桥面板后应同时检查剪力连接件的使用情况,必要时可更换或增加剪力连接件数量后,再重新浇筑桥面板。

5. 更换剪力键

当发现梁端的混凝土桥面板与钢梁明显错位,表明剪力键已因疲劳或纵向剪力过大而失效。在此情况下,必须凿除混凝土桥面板,更换剪力键并重新浇筑混凝土桥面板。否则钢-混凝土组合梁将蜕化为钢-混凝土叠合梁,其挠度将明显增大、承载能力将大幅降低。

6. 钢板局部失稳的处理

对于局部失稳的钢板可采取局部更换钢板、局部粘贴或加焊钢板及箱内局部增加横向或纵向加劲肋的措施,以增加其局部稳定性。

4.7 系杆拱桥

系杆拱桥是利用系杆来平衡拱脚水平推力的拱式结构桥梁。其主要结构由主拱肋、吊杆、系杆、主梁等组成。按主拱肋材料的不同可分为:混凝土系杆拱桥、钢管混凝土系杆拱桥及钢拱肋系杆拱桥,其中钢管混凝土系杆拱桥在我国使用比较普遍,但迄今为止,国内外都尚未出台完整的设计规范,并极少有成熟的使用和养护经验以资借鉴。

4.7.1 主要病害

系杆拱桥的病害主要有:
(1) 钢管混凝土拱肋涂层损坏或剥落,拱肋及联结系的焊缝出现裂缝。
(2) 拱座与拱肋交界的转折区及系杆锚固区混凝土开裂和积水。
(3) 吊杆两端的锚固部位浸水、锈蚀和开裂、松动等。
(4) 防护套管油漆起裂或剥落。
(5) 冷铸锚头松动、开裂或破损。
(6) 吊杆在强风时出现明显的振动。
(7) 吊杆的保护层老化并出现裂纹和破损。
(8) 吊杆端部及减振器橡胶老化变质。
(9) 混凝土结构有裂缝、渗水、表面风化、剥落、露筋和钢筋锈蚀等。
(10) 横梁预应力束锚头附近出现裂缝。

(11) 纵横梁固结部分开裂。

(12) 系杆松弛回缩，护套破损，索内钢丝锈蚀。

4.7.2 系杆拱桥的养护

1. 系杆拱桥技术状况应符合下列规定：

(1) 吊杆以及吊杆与横梁节点区防腐油脂不得漏油、发酵、锈蚀，不得积水。

(2) 柔性系杆、吊杆钢丝束受力应均匀，不得锈蚀。

(3) 锚固区附近的混凝土不得有裂缝，混凝土表面不得有积水。

(4) 每年检测一次结构变位。

(5) 钢管混凝土系杆拱桥应及时清理拱座积水，拱座混凝土与钢管拱肋连接处应清洁干燥，积水或垃圾不得进入钢管与混凝土间缝隙，应定期维护拱肋的防蚀涂装。

2. 对套管式吊杆或柔性系杆，钢丝或钢绞线和套管之间应灌满防腐油脂、环氧砂浆或其他防腐材料，套管表面应每年涂刷防锈材料。挤塑式套管应检查外包材料，对老化、脆裂及人为损伤的应采用玻璃丝布或其他防护材料包扎。

3. 系杆拱桥的锚夹具应每季度检查一次。松弛、锈蚀或锚垫板预埋钢管内积水时，应及时维修。酷暑、严寒季节应加强检查和养护。

4. 对基础不均匀沉降引起的结构物附加内力，应按设计部门提出的时限进行检测调整，并应消除温差影响。

5. 桥梁使用后第一、二年内应每半年检查一次系杆、吊杆状况，以后每年检查一次。测量吊杆拉力，在损坏处做出标记，做好记录，及时处理。需要更换的，应进行力学分析，制定更换方案。吊杆锚头及吊杆与横梁节点区密封处，发现漏水、积水和脱漆、锈蚀，应及时处理。

6. 柔性系杆的下承式拱桥的拱脚部分，中承式拱桥的边拱混凝土内预埋钢管和系杆拉索分束穿入预埋钢管的间隙，应根据原设计锚固构造加压注满防腐油脂、环氧砂浆或其他防腐材料。

7. 刚性系杆的拉索全部外包钢管内应加压注满防腐油脂或环氧砂浆等防腐材料，两端应采用不锈钢罩保护。

8. 当吊杆锚头渗漏水时，应及时将水排出、烘干，并应采用防水材料封堵，对有损坏的钢护筒与套管、钢护筒自身之间的防水垫层及阻尼垫层应及时更换，并应进行搭接处的防水处理。

4.7.3 系杆拱桥的修复

系杆拱桥的修复主要有以下工作：

1. 钢管混凝土拱肋的修复

(1) 对钢管混凝土拱肋的焊接部位，应注意保持焊接的正常状态。若发现桥梁在使用过程中焊接处有异常情况，应注意分析裂缝发生原因，及时处理。

(2) 当拱肋发现裂缝后，应由专业技术焊工及时用手电钻在裂纹端钻一直径 2～

3mm的圆孔,制止裂纹的扩展,然后用碳弧气刨清除裂纹部位。裂纹清除后,用砂轮打磨干净,预热后用CO_2保护焊修复。修复完毕应进行无损检查,确认焊缝缺陷不复存在,否则应重新修补。

(3) 焊缝修补次数不应超过2次。修复工作进行前,应制定相应修补方案及焊接修复工艺,焊接工艺应进行必要的测试与评定。对重要部位焊缝修复,应征得有关专家认可后方可实施。

(4) 应经常检查拱肋的防护层,若发现涂层漆膜有损坏,应及时进行修复。

(5) 在确定钢管混凝土的管内有空洞或离析时可先钻孔注入环氧树脂、水泥砂浆后再封闭钻孔。

(6) 应检查构件是否扭曲变形、局部损伤、腐蚀生锈。

(7) 主梁的挠度值出现异常时要及时限制交通,并应查明原因,委托设计部门计算,采取措施进行处理。

2. 拱座的修复

(1) 在拱座与裸露的钢管混凝土交界段以上露出的钢管表面,若涂层出现褶皱、龟裂,在排除涂层质量、气温、老化等原因外,宜再将包裹混凝土向上延长。

(2) 若拱座的外包混凝土出现褶皱、龟裂、裂纹,当无明显变形时,可暂用水泥砂浆涂抹,加强观察,分析原因。待稳定后再根据情况进行修复(如压浆,封闭或凿除裂损部分进行修复)。

(3) 对拱座处的积水要及时排除,保持清洁干燥。

(4) 每年冬夏来临之前,对裸管段与有外包混凝土的管段交界处要涂厚油脂。

3. 吊杆及锚具的修复

吊杆及锚具的养护主要参考本书相关内容,以下列出了吊杆拱桥应格外注意的三点:

(1) 应经常检查吊杆两端的锚固部位是否浸水、锈蚀和开裂、松动等。

(2) 冷铸锚头和螺栓是暴露在大气中的,要注意防水、防锈,丝扣部分应经常涂润滑油防腐。应定期对吊索系统涂漆防锈,补刷防锈漆。吊杆两端锚固处及锚头、吊杆出口密封处、防护套等部位,发现有损坏时,应及时处置。

(3) 当锚头发现裂缝或破损,应更换该吊杆。

4. 系杆及防护板的修复

(1) 应注意检查系杆锚头防护套外部涂层有无损坏,连接是否松动,防护油脂是否向外渗漏,锚头、防护套是否破坏,钢丝是否疲劳断丝。

(2) 应定期检查系杆预应力束的应力,如发现应力损失超过设计容许值或各束松紧不均匀,应予补拉或调整。

(3) 系杆要避免横向冲击,注意防水、防锈。若发现系杆及防护板损坏应及时处理。如发现油脂渗漏,应补注防锈油脂,并找出渗漏部位,加以堵塞。对系杆锚头、锚板防护罩、滚珠轴承等,应使其保持在完好状态。混凝土防护板裂缝宽度超过0.2mm者应压浆修补。

5. 钢筋混凝土及预应力混凝土梁的修复

在检查中若发现混凝土有开裂现象,应注意观察其发展情况。待稳定后,再根据开裂情况，进行修复。如裂缝发展严重时，应查明原因，咨询专家、委托设计或科研单位，采取加固处理措施。若发现混凝土有露筋、剥落等现象，应及时修补。

图 4-49 为对某系杆拱桥吊索和锚具防水防腐进行养护维修。

图 4-49　吊索和锚具防水防腐养护维修

4.8　斜拉桥

斜拉桥是一个由索、塔、梁三种基本构件组成的组合结构。斜拉桥养护包括经常性检查、定期检测及特殊检测三种。为了掌握大桥在使用过程中其结构部件的变化、力学性能及空间位移状况，以便及时采取有针对性的对策和措施，确保大桥的安全，有必要对斜拉桥进行健康监测。监测内容包括塔、墩的沉降，主梁的线形，主塔的倾斜，拉索的索力和交通流量。此外，还应定期对拉索锚头、焊缝和高强螺栓进行一次探伤检测。

4.8.1　主要病害及原因分析

1. 斜拉索

斜拉索是斜拉桥中对损伤最敏感的构件，斜拉索事故也是斜拉桥面临的主要问题，因此必须对斜拉索进行彻底的防护，保证拉索健康工作。

斜拉索主要可能面临以下几种情况的病害：斜拉索 PE、PU 护套开裂破坏；早期采用水泥浆灌注技术防护的斜拉索护顶部出现空穴；早期采用水泥浆灌注防护措施的斜拉索水泥开裂；斜拉索内部高强钢丝锈蚀；斜拉索内部高强钢丝断裂；斜拉索锚头部分锈蚀；斜拉索锚具部分开裂；斜拉索索力偏差过大；斜拉索的异常振动。

（1）斜拉索 PE 护套开裂破坏

以 PE（高密度聚乙烯）或 PU（聚氨酯）或 PE、PU 复合材料作为防护的拉索护套破损开裂或外附的 PU 起皱、剥落。严重的甚至露出内包带或拉索钢丝。PE 开裂将使拉索外部腐蚀性介质接触到拉索内部高强度钢丝，最终导致拉索断裂。图 4-50 为 PE 护套开裂。

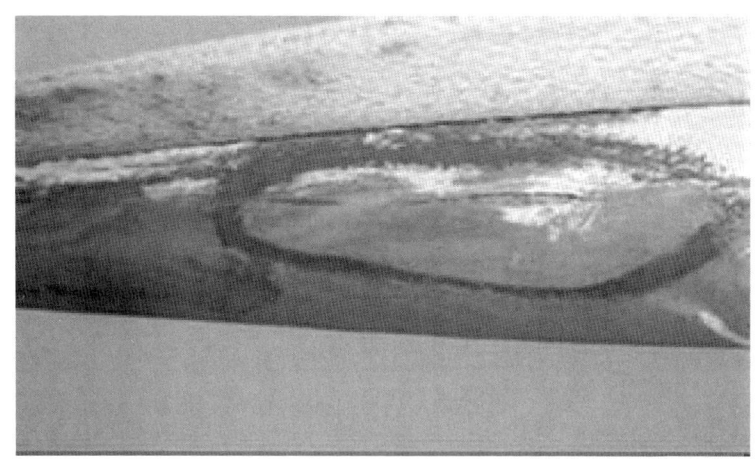

图 4-50　PE 护套开裂

PE 护套出现裂纹可能是由以下原因造成：

① 在拉索制造过程中，护套受到损伤。

② 为方便将拉索运至工地，将拉索卷盘，如果卷盘的直径太小，拉索护套在卷盘过程中将产生应力致使护套开裂。

③ 在施工过程中，施工方由于操作失误或重视程度不足，在成品索搬运及安装过程中未采取相应保护措施，导致拉索护套表面磨损，甚至被尖锐物体划破。

④ 在运营过程中，环境、温度、交通荷载等作用甚至是车辆意外撞击都可能导致护套开裂。

⑤ 在拉索检测过程中，沿拉索移动的检测小车摩擦挤压拉索，也会导致拉索护套损伤。

⑥ 由于拉索护套 HDPE 老化，导致护套塑性降低，最终护套开裂。

⑦ 采用双层护套 PE+PU 的拉索，由于两者线膨胀系数不同，且不相互亲和，在外力作用下，PE+PU 双层护套的外层 PU 起皱、脱层、开裂，并与内层护套间形成存水腔。

⑧ 夏季施工、灌浆时温度过高，当灌浆后出现短暂低温时，PE 与水泥的热膨胀率不同，从而产生温差导致破裂。

（2）拉索上端空穴

对于采用水泥浆灌注作为防护体系的拉索，其拉索上端往往会出现空穴，拉索这部分的高强钢丝暴露在空气中或浸在水中。上端空穴使拉索内的高强钢丝得不到水泥的保护，这一部分的钢丝将首先生锈，严重影响拉索的使用寿命。拉索上端空穴主要由以下原因造成：

① 拉索灌浆时，水泥浆应由拉索的下端向上压入。但由于压浆压力过大，压浆无法达到拉索顶端。

② 水泥浆虽然到达拉索顶部，但是由于拉索顶部水泥浆离析，浆水分离，浆沉积在下部，而水集中在顶部，当水蒸发后形成空穴。

③ 拉索灌浆料收缩。
(3) 水泥开裂
早期斜拉桥多采用水泥浆填充外部护套和内部高强钢丝间的缺陷，水泥护层裂纹是这类桥梁的常见病害。图 4-51 为水泥护层开裂。

图 4-51　水泥护层开裂

水泥护层开裂增加了腐蚀性介质接近拉索高强钢丝的机会，最终将导致高强钢丝的锈蚀和断裂。拉索水泥开裂主要由以下原因造成：
① 在周期性荷载作用下，水泥由于脆性开裂。
② 水泥干燥收缩导致开裂。
(4) 高强钢丝锈蚀
缆索钢丝生锈、流淌锈水，锈皮起鼓脱落是常见的病害。图 4-52 为缆索钢丝生锈。

图 4-52　缆索钢丝生锈

高强钢丝锈蚀主要由以下原因造成：
① 在制造拉索时，由于空气湿度大，水汽被包裹在护套内部。水汽从成索时起就开始锈蚀钢丝。
② 当拉索外部潮湿空气通过护套裂缝到达拉索钢丝周围，水汽受冷凝结成水珠，锈蚀钢丝。
③ 下雨时，雨水落到索面上，并沿拉索向下流淌，当遇到护套裂缝时，就会通过护套裂缝进入拉索内部，使钢丝锈蚀。
④ 采用灌浆防护的拉索，其拉索上部存在空穴，空穴中钢丝受大气以及雨水作用而锈蚀，此外空穴中残留的水汽也会锈蚀钢丝。
(5) 高强钢丝开裂
高强钢丝断裂或检查时发现检查面一侧的钢丝松动，可以抽动。图 4-53 为高强钢丝断裂。

图 4-53 高强钢丝断裂

高强钢丝断裂主要由以下原因造成：

① 拉索防锈蚀措施失效，导致高强钢丝锈蚀严重，最终锈断。

② 拉索承受拉力较大，活载比重较高，高强钢丝疲劳断裂。特别是在拉索锚头位置，由于构造产生的应力集中，增大了钢丝出现疲劳的可能性。

③ 在拉索制造时，制作高强钢丝的盘条存在问题；盘条存在疏松、夹杂、气泡、成份偏析等缺陷，这些缺陷给成品钢丝留下断裂隐患；为追求出材率和连续生产，对盘条采用焊接方式连接，在钢丝中留下缺陷。

④ 在制索和架索施工中，牵引力作用导致钢丝断裂，或因绞扭、勾挂等原因导致钢丝断裂。

⑤ 在使用中，受到人为损坏（如车撞），拉索受极大拉力，钢丝直接拉断。

（6）索力偏差

经索力测定，发现实际索力与设计索力相差 10％以上，或顺桥向与横桥向对称拉索索力相差超过 10％。拉索的索力偏差可能是由以下原因造成：

① 结构不均匀沉降及梁塔的变形。

② 施工控制方法不当，设计计算模式与施工方法存在较大差异。

③ 节段施工时，施工荷载与设计值相差过大，且反馈信息不及时、不准确，使成桥后节段标高和索力相差过大。

④ 拉索张拉时，千斤顶油压表读数误差较大。

⑤ 拉索的长度误差较大，或拉索的非线性变形不一，导致拉索实际长度相差过大。

⑥ 拉索的非线性松弛。

（7）拉索异常振动

斜拉索在风雨中振幅增大，剧烈摆动，有时伴有波状驰振，严重时甚至两索相碰。剧烈的振动会损坏索的钢套筒、套筒帽及其固定螺栓、拉索的防振阻尼橡胶圈及拉索的护套。经常发生的振动异常，加剧了斜拉索的疲劳损伤，还增加了行人和车辆的不安全感。斜拉索异常振动主要由以下原因造成：

① 拉索出现三类振动：涡振、尾流驰振和风雨振。

② 拉索上安装的制振阻尼圈松动或脱落。

2. 主塔

塔是斜拉桥的主要承力构件，每年应对钢筋混凝土主塔进行一次检测，内容包括：混凝土有无裂纹、渗水、表面风化、剥落、露筋和钢筋锈蚀；混凝土有无因骨料硅钙反应引起的整体龟裂现象；预应力钢束锚固区段混凝土有无开裂，沿预应力筋的混凝土表面有无纵向裂纹；拉索、锚固区承压板四周及塔壁牛腿混凝土有无开裂、剥落、锚固钢筋锈蚀等病害。

（1）锚箱开裂

在对锚箱进行检查时，可能发现采用焊接结构的锚箱结构由于受到拉索拉力而在焊趾处开裂。锚箱开裂主要由以下原因造成：

① 锚箱焊接施工空间狭小，焊缝质量不易控制，导致焊缝存在的局部焊接残余应力较大，且材料脆性较高。

② 锚箱结构复杂，存在尖角和转折，导致应力集中。

③ 锚箱受到拉索锚头反复作用，发生疲劳损伤。

④ 锚箱锈蚀，导致氢致开裂和应力腐蚀开裂。

（2）桥塔裂纹

塔体四周出现竖向裂纹，且随着时间的推移竖向裂缝不断增加、延长。桥塔出现裂纹的原因包括以下三点：

① 塔体壁中心和外表面由于水化热的不均匀降温和收缩在内外侧表面产生自约束拉应力。

② 塔体箱形外侧温差和收缩差产生的弯曲应力，使外表面受拉，内表面受压，外表面拉应力呈增加作用，内表面应力受拉、压作用相互抵消，因而其外表面出现裂纹。

③ 采用的泵送混凝土收缩量大导致桥塔开裂，桥塔裂纹可根据裂纹大小采用相应方法修补。

（3）施工预埋件外露锈蚀

塔柱施工过程中因滑模、翻模需要，而在结构上设置了提升、塔吊扶墙、施工电梯导轨、脚手固定螺栓等预埋铁件。这些预埋件在施工完成后未清理干净，进而出现锈蚀，影响塔柱外观和混凝土质量。施工预埋件锈蚀主要由以下原因造成：

① 每一节段混凝土浇筑完毕拆模后，废弃的预埋件未及时清理或修补。

② 无法拆除的预埋铁件未作防锈处理。

（4）承台和塔座表面裂纹

裂纹沿塔座棱线分布，双柱式塔柱的承台顺桥向中部表面裂纹（图4-54）。

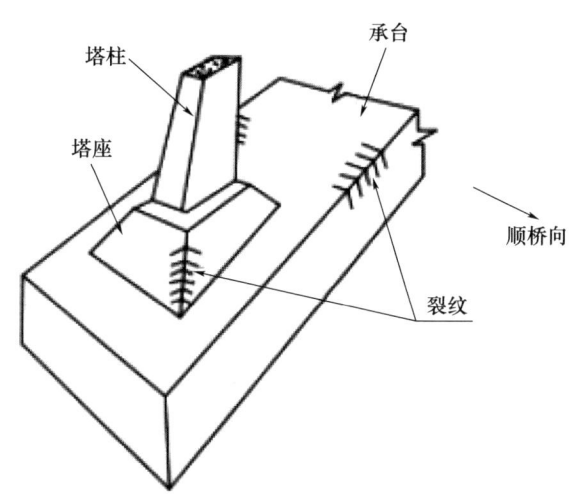

图 4-54 承台、塔座裂纹示意

承台和塔座表面开裂主要由以下原因造成：

① 塔座棱线两侧有两个夹角较小的临空面，混凝土在该处的水分易散失。且因塔座形状接近漏斗形，棱线处往往是一些缺少骨料的砂浆，抗裂性差。

② 双柱式塔柱随着柱身的不断增高，承台两端受压力增大，承台中部受反弯矩作用，上部混凝土受拉开裂。

③ 养护不及时，塔座水分散失过快，塔体积混凝土水化热高，内外层温差大，表面混凝土受拉开裂。

3. 主梁

斜拉桥的主梁按材料类型可分为叠合梁和预应力混凝土梁两种。

对叠合梁钢结构的养护包括钢结构的防锈、焊缝的检查及裂纹处理、对高强螺栓的检查和更换、对叠合梁混凝土出现裂纹的，应进行修补，具体方法参见本书相关章节。

（1）主梁线型变化过大

主梁波状起伏、桥面开裂严重以及合龙段下凹不平，这主要由以下几点造成：

① 主梁施工时，施工控制参数与计算拟定的参数不相符，反馈不及时、不准确。

② 采用挂篮悬臂浇筑施工，挂篮支承平台前端下挠，下一节段浇筑时又产生前端下挠，随着节段的延伸出现波状起伏。

③ 合龙段模板或支撑刚度不够，浇筑混凝土时下挠。

④ 主梁收缩徐变与设计情况不符。

（2）预应力锚固区开裂

在主梁底部的预应力锚头混凝土牛腿前端，在使用一段时间后，出现横向裂缝。锚固区开裂主要由以下原因造成：

① 预应力索的锚头布置在梁体底部，索在梁体内呈曲线弯曲，张拉后，在曲线拐点出现一向下分力，该处混凝土局部受压，超过其抗拉强度则发生开裂。

② 混凝土未达到抗拉强度即进行张拉，张拉力超过其抗拉强度导致开裂。

4. 锚头

(1) 锚头锈蚀

锚头外锚圈或盖板内螺纹、锚头上的结构固定螺纹及孔洞锈蚀。锈蚀轻微时仅存在表面浮锈,但严重时锚头流淌锈水,甚至流入锚头内部导致钢丝锈蚀。图4-55为锈蚀的锚头。

图 4-55 锚头锈蚀

锚具锈蚀会导致拉索承载能力降低,同时严重的锈蚀将固结拉索与锚箱的连接,妨碍拉索的更换。锚具腐蚀主要由以下原因造成:

① 拉索安装后没有及时采取防蚀措施。

② 未安装锚头盖板,或盖板固定螺栓松动脱落以致盖板脱落或不密封,水、汽侵入。

③ 锚锭板的防锈蚀措施失效。

④ 拉索锚具与拉索自由段连接位置密封不佳,雨水沿PE进入下锚头。

⑤ 减振器、密封圈脱落,导致下锚头进水。

⑥ 拉索护套存在开裂,雨水进入拉索后,沿钢丝流到下锚头,从泄水口排出,排出的积水导致下锚头锈蚀。

(2) 锚具开裂

在高应力下,锚具螺纹或其他部分可能出现裂纹。锚具开裂主要由以下原因造成:

① 锚具存在杂质、缺陷、应力集中,在高应力作用下,出现裂纹。

② 锚具受到拉索拉力反复作用,由于疲劳而开裂。

③ 锚具受到腐蚀介质的腐蚀,脆性增加,在高应力作用下开裂。

4.8.2 斜拉桥的养护

1. 拉索日常养护包括:索体及锚固设施保持清洁和干燥;索体套管、保护罩的维修与更换;锚头的防锈蚀措施;锚具开裂的应急处理;护套的临时修补等。

2. 当拉索 PU 护层撕破露出 PE 护层超过面积 10% 时，应进行修补。

3. 拉索护层表面有裂缝，应排出水分，钢丝除锈并干燥后，再经防锈处理，修复防护层。

4. 塔端钢承压板四周的混凝土松动、剥落、开裂，应确定损坏范围，对钢筋进行除锈、阻锈处理后，再修补混凝土。锚杯和螺母的梯形螺纹出现变形、裂缝，应进行探伤，并测量索力，确定方案后，方可维修。

5. 应经常检查支座处斜拉索及阻尼垫圈式减振器的防水情况和橡胶老化变质情况，发现防水失效或橡胶剪切变形过大、老化、开裂现象时应及时更换。

6. 斜拉桥出现下列状况之一时，应及时查明原因，通过计算进行加固或索力调整：

（1）钢筋混凝土或预应力混凝土主梁的裂缝超过规定值。

（2）钢筋混凝土或预应力混凝土主梁的挠度超过设计规定的允许值。

（3）拉索索力与设计值偏离较大。

7. 斜拉桥因加固、调节桥面线形等原因需调整索力时，应计算各施工阶段缆索与桥梁结构的安全性，并应在施工全过程中对全桥拉索实施索力监控。

8. 当一根拉索内已断裂的钢丝面积超过拉索钢丝总面积的 2% 时，或钢丝锈蚀造成该拉索钢丝总面积损失超过 10% 时，必须进行换索。

9. 当主塔混凝土有碳化和水渗入使混凝土产生钙化反应时，应在混凝土表面涂混凝土保护剂。

10. 端横梁的养护应符合下列规定：

（1）当外力造成混凝土剥落与露筋时，钢筋的锈迹应清除，松动保护层应凿除修补。

（2）横梁箱内应通风，应适时测量内外温差，温差不宜过大。对横梁箱体裂缝，必须查明原因后再进行加固处理。

11. 设置在塔身与梁体之间的橡胶体横向限位装置，应每年清除一次四周的污物，并应检查橡胶体的老化程度，进行记录。锈蚀的钢构件应除锈后刷油漆。

12. 对岸跨有辅墩的斜拉桥，应每年至少对主塔与辅墩的沉降量和不均匀沉降量进行一次监测。当主塔与辅墩的沉降量与不均匀沉降量超过设计要求时，必须在原设计单位指导下进行辅墩支座调整。

13. 主桥线形应每年测量 1 次，线形测量宜包括桥梁中心线和梁边线处的线形；主桥挠度应每年测 2 次，分别在夏、冬季节时各测一次。挠度测量时应记录当时的气温、风向、风速等。测量时间宜相对固定。

4.8.3　斜拉桥的维修

1. 护套开裂的整治措施包括以下几点：

（1）对拉索 PE 护套应每 5 年进行一次专门检查，日常应不定期巡检。检查时，可采用相应缆索爬升设备进行检测。如采用望远镜进行观测，则应注意加强对拉索上部的观测。

（2）对于护套裂缝没有穿透 PE 的情况，可先用热补法修复护套，再用专用缠包带对开裂位置进行修补；若钢丝已有锈蚀或表面潮湿，裂缝内有锈水渗出，应沿裂缝处剥开 PE，排出水分，待拉索干燥后，再修复防护层，并用缠包带进行缠包。进行修补时应注意施工温度，建议在夜晚气温较低时进行施工。

（3）对 PE、PU 复合护套出现 PU 破损的情况，可剥除起皱损害的 PU，清除内层 PE 上的污垢，用热补法修复 PE 缺陷后，再用专用缠包带防护，代替原外部护套。

（4）若发现拉索 PE 损伤过于严重，不堪修复，应更换拉索。

2. 要预防拉索上端空穴的发生，可以采用以下方法：

（1）加强对拉索护套的防护，增加护套厚度，防止护套由于压浆开裂。

（2）在施工过程中，灌浆时确保水泥浆流出 3min 后再停止压浆。

（3）采用收缩小的水泥灌浆。

（4）使用添加剂，避免水泥浆离析。

（5）不采用灌注水泥浆的拉索形式。

当发现拉索存在空穴后应及时记录，并检查空穴内部高强钢丝是否出现锈蚀，如无锈蚀，应采用填充材料填充空穴并密封；当发现拉索内高强钢丝出现轻微锈蚀，则应该首先除锈，然后再填充空穴并密封；当发现拉索高强钢丝锈蚀严重，应尽快更换拉索。

3. 在日常养护过程中，应加强对拉索损伤的监测，及时修补 PE 可能存在的裂缝。当发现拉索高强钢丝锈蚀时，可采取以下措施进行修复：

（1）以热挤高密度聚乙烯作护套的工厂成品索，如护套有裂纹、套内钢丝有轻微浮锈，应清除浮锈，钢丝表面涂防锈涂料或防锈油后热补聚乙烯护套。

（2）拉索端部锚头部分等应力集中处发现钢丝有应力腐蚀或氢致开裂（如钢丝上有锈蚀凹坑、剥蚀）应立即更换拉索。

（3）对发现严重钢丝锈蚀（锈蚀率达到总钢丝面积的 10%～20% 时）的拉索或是采用灌浆防护的拉索应及时进行更换。

4. 要防治高强钢丝的断裂，需要做到以下几点：

（1）控制所采用的高强钢丝的质量，对高强钢丝的质量进行严格质检。

（2）在拉索制造、运输、架设期间严格按施工标准进行操作，加强对拉索的保护。

（3）加强防锈措施，对锈蚀拉索及时除锈。

（4）当拉索钢丝断裂数超过钢丝总数的 2% 时，必须对拉索进行更换。

5. 当发现索力异常时，应从误差最大或最小的拉索开始调整，渐次调整，直到所有索力达到设计值。索力调整方案应会同设计方确定。在换索时，为避免索力偏差，应注意以下几点：

（1）为减小线性变形的影响和提高索的可靠度，对每根拉索都进行预张拉，张拉应参照相关标准的规定。

（2）施工前应预先标定千斤顶，索力测量仪器与张拉千斤顶表具应相互校核。

（3）张拉、安装拉索时，同侧对称和对岸对应拉索的施工时间应尽可能同步。

6. 减轻甚至避免拉索异常振动，防治措施包括以下三种：

（1）改变拉索断面形状，以达到空气动力学方面的稳定。

（2）采用辅助索连结索面，每隔 30～40m 将几根拉索用辅助索连接起来，在一个索面上布置若干根辅助索,从而增加振动频率以控制振动。

(3)在拉索上安装阻尼减振器进行制振。在斜拉索的上端,斜拉索与索孔混凝土间和下端的拉索钢套筒或混凝土索孔内安装高阻尼橡胶阻尼圈,以增加结构振动的衰减效应。

图 4-56 为对某斜拉桥拉索进行常规维修保养。

图 4-56 斜拉桥拉索维修保养

4.9 悬索桥

悬索桥是以悬索为主要承重结构的桥,悬索桥又称吊桥,是最简单的一种索结构。其特点是桥梁的主要承载结构由桥塔和悬挂在塔上的高强度柔性缆索及吊索、加劲梁和锚碇结构组成。现代悬索桥一般由桥塔、主缆索、锚碇、吊索、加劲梁及索鞍等部分组成。

(1)桥塔。桥塔是悬索桥最重要的构件。桥塔的高度主要由桥面标高和主缆索的垂跨比 f/L 确定,通常垂跨比 f/L 为 1/9~1/12。大跨度悬索桥的桥塔主要采用钢结构和钢筋混凝土结构。其结构形式可分为桁架式、刚架式和混合式三种。刚架式桥塔通常采用箱形截面。

(2)锚碇。锚碇是主缆索的锚固构造。主缆索中的拉力通过锚碇传至基础。通常采用的锚碇有两种形式:重力式和隧洞式。

(3)主缆索。主缆索是悬索桥的主要承重构件,可采用钢丝绳钢缆或平行丝束钢缆,大跨度吊桥的主缆索多采用后者。

(4)吊索。吊索也称吊杆,是将加劲梁等恒载和桥面活载传递到主缆索的主要构件。吊索可布置成垂直形式的直吊索或倾斜形式的斜吊索,其上端通过索夹与主缆索相连,下端与加劲梁连接。吊索与主缆索联结有两种方式:鞍挂式和销接式。吊索与加劲梁联结也有两种方式：锚固式和销接固定式。

（5）加劲梁。加劲梁一般为简支或连续支承的钢桁架或钢箱梁，少数采用薄壁预应力混凝件箱梁和钢板梁。

（6）索鞍。索鞍一般分为主索鞍和散索鞍。主索鞍主要是将主缆传来的巨大压力传递到主塔，按鞍体的构造，可分为整体式和分体式，按主鞍上、下板间滑动装置的形式，又可分滚动式和滑动式，钢塔多用斜纵肋直接传力式鞍座，而混凝土塔则多用纵横肋间接传力式鞍座。散索鞍主要作用是改变主缆的传力方向，并将主缆分散为索股分别锚固在锚碇上，散索鞍分滚轴式、摆轴式和盒式橡胶支座式，前者是靠钢的弧形板件滚动或摆动适应变形，后者是靠橡胶的变形。

4.9.1 主要病害及原因分析

1. 主缆

相对于悬索桥的其他受力部件而言，主缆是不可更换构件，也是悬索桥的"生命线"，相对于其他构件的病害，主缆出现的病害更容易影响到悬索桥整体的安全。

（1）漆膜损坏

主缆缠丝外表面的油漆漆膜损坏主要包括裂缝、粉化、老化、脱落等，有的还存在漆膜局部起泡现象。其损坏的主要原因有：①外部环境较复杂，降低了使用寿命，大跨径悬索桥跨河或跨海，环境中的空气湿度较高，日照比较强烈，会使主缆涂装老化加快；②漆膜本身材料存在缺陷，涂层表面是直接涂抹在主缆的外层匝丝上面，而匝丝之间并非紧密相连，很多种类的匝丝之间并无横向联系，在主缆受力变形时涂装层也会受拉，当所受拉力超过涂装层所能承受的极限时，涂装层会破坏；③后期投入使用后，人为作用导致了漆膜表层不均匀或出现刮痕等。

（2）钢丝腐蚀

主缆钢丝常见的病害形式有腐蚀、氢脆、疲劳断丝等。其中最为常见的是钢丝腐蚀，通常肉眼是无法观察到的。钢丝腐蚀严重威胁到主缆的安全，使主缆有效承重面积减小，从而使主缆的强度降低，大多数悬索桥都存在一定程度的钢丝腐蚀问题。钢丝锈蚀主要是由水分进入造成的，桥梁投入运营后，水分通过间隙或主缆表层裂缝处进入主缆中，并逐步渗入内部钢丝，从而发生化学作用形成电解质溶液，随着温度和电解质溶液浓度的变化，钢丝逐渐被腐蚀。同时，水分在主缆中由于温度上升发生汽化，气温下降再凝结，加快了主缆钢丝的锈蚀速度。在腐蚀的初期，主要现象是主缆表面的镀锌层与空气发生反应，当主缆的表面出现黄色的锈斑时，就说明主缆高强度钢丝已经被锈蚀。此时，主缆有效截面面积减小，降低了主缆的承载能力，这时就必须对主缆进行及时维修。当主缆出现严重锈蚀时，应力腐蚀和疲劳腐蚀可能会导致钢丝断裂，这时，就需要对主缆进行安全和承载力评定，然后采取相应的加固措施。

（3）主缆渗水漏水

通过对大量悬索桥主缆内部的调查发现，当去掉缠绕钢丝后，主缆底部存在积水，锈蚀主要发生在主缆两侧和下部，锚室也有渗漏水现象。主缆渗漏水处表面涂层一般能明显观察到存在许多针孔渗漏水点，并且主缆渗漏水通常都会伴有内部钢丝腐蚀。导致主缆生锈的主要原因是表层开裂或索夹存在密封缺陷等，雨水渗入主缆内部向下流动，由于内部存在间隙及主缆在外力作用下振动，雨水继续向下流动汇聚到主缆跨中处，逐渐累积最终导致主缆积水或漏水。

2. 吊杆

（1）护套的损伤

吊杆的护套材料多采用高密度聚乙烯，高密度聚乙烯耐寒耐热性能较好，具有较高的刚度、韧度和稳定性，被用于制作吊杆外套，但其耐老化性能较差，受热变形能力不好，所以在复杂环境作用下容易发生开裂。护套的损伤主要受制作材料和使用环境的影响，具体表现形式为龟裂、划痕、裂缝等。

（2）索体钢丝病害

吊杆索体钢丝的病害主要有腐蚀、松弛及断裂等。其中钢丝腐蚀在国内外报道的吊杆病害调查中占主要部分。通常是由于护套表面出现裂隙后，水分、微生物等外界介质进入索体内部，与钢丝发生化学反应，腐蚀钢筋。根据腐蚀程度的不同，吊杆钢筋腐蚀主要包括：均匀腐蚀、孔蚀、应力腐蚀、疲劳腐蚀。通常最常见的是均匀腐蚀，主要发生在钢丝表面，然后腐蚀逐渐加剧，在某些局部形成点状蚀坑，进入孔蚀阶段，此时若不加以防护或是无预裂纹试件，在电解质溶液的作用下孔蚀将进一步加剧，形成应力腐蚀，应力腐蚀最大的特点是主裂纹不断扩展的同时，若干支裂纹也扩展。由于钢丝腐蚀会形成化学产物覆盖在表面，裂纹通常难以检测，由于钢丝的有效面积减小，索体受力会不均匀或松弛，进而导致吊杆力学性能改变。

吊杆索体钢丝腐蚀的最主要原因有：①水分、温度、电解质溶液浓度；②在运输或者现场加工安装过程中人为造成磨损等；③所处江面或海面环境情况较复杂。

（3）锚头病害

既有悬索桥吊杆的病害调查结果表明，锚头的病害主要包括锈蚀、渗水。锚头锈蚀是吊杆锚头的主要病害之一，轻者表现为锚头外部固定螺栓和孔洞锈蚀；重者则锚头渗出锈水，常出现在锚杯等易于积水、积尘的部位。锚头锈蚀的原因可能是锚头安装后每月未及时地在表面涂抹防锈剂，或吊杆锚杯未设置保护罩或保护罩的气密性不够。下锚头渗水、积水也是锚头的常见病害之一，很多桥梁运营后进行检查时，发现下锚头内部有积水，一般锚头积水都伴随有吊杆护套开裂或下锚头开裂，从而使外部水分得以进入，也有可能是由于热胀冷缩的原因使索体与护套之间产生间隙。

4.9.2 悬索桥的养护

（1）悬索桥应每月目测检查（可借助简单工具）主缆和吊杆钢索防护的渗水、损坏情况，钢索应处于正常工作状态。

（2）悬索桥的索洞门或锚锭的锚室门应定期打开通风和做好排水，洞内应保持干燥，不得潮湿和积水。

（3）悬索桥的索夹应每季度检查和保养一次，紧固螺栓不得松弛和锈蚀，索夹不得与主缆有相对滑移。酷暑、严寒季节应加强检查和保养，及时拧紧螺栓，保持设计的紧固力。

（4）悬索桥主缆各索股应受力均匀，索股摆动应一致。吊杆明显摆动时，应调整索夹，并拧紧套筒螺帽。

（5）悬索桥主缆应保持在正常位置，当发生变化时应及时调整。当锚锭拉杆处距离不够时，可在套筒与拉杆螺帽之间加垫圈，严禁截短钢索。

（6）悬索桥的主索鞍、散索鞍、主缆索股锚头和吊杆锚头及钢索出口密封处，应每年检查养护一次，应及时处理漏水、积水和脱漆、锈蚀。

（7）索鞍应每季度清扫一次，防止尘土杂物堆积、雨雪侵蚀，索鞍的辊轴或滑板应能正常工作。

（8）悬索桥的吊杆减振装置应保持正常工作状态，当发现异常或失效时，应及时维修。

（9）当吊杆锚头渗漏水时，应及时将水排出、烘干，并应采用防水材料封堵，对有损坏的钢护筒与套管、钢护筒自身之间的防水垫层及阻尼垫层应及时更换，并应进行搭接处的防水处理。

4.9.3 悬索桥病害的处理措施

（1）对主缆漆膜损坏，应及时采取相应措施，对损坏处清理后重新刷油漆，防止进一步损坏。

（2）对主缆钢丝腐蚀，可以通过注入空气的办法防止主缆钢丝锈蚀；若主缆钢丝出现锈蚀，应及时采取措施，通常是除锈后重新缠绕新的钢丝，再在表面涂上油漆，保证主缆工作状态良好，避免水分再次进入。

（3）对于主缆渗水漏水，可在主缆采用S形截面缠绕钢丝，防止水的进入并减小表面油漆开裂的可能。

（4）对于吊杆索体钢丝腐蚀，可采用表面套上充有氮气的不锈钢套管，使其有较好的气密性和水密性，以隔绝外部雨水阳光等，这对延长吊杆使用寿命起到了较好的效果。

5 下部结构养护

5.1 支座

5.1.1 支座的作用与形式

支座是桥跨结构的支撑部分，用于连接桥梁的上部结构和下部结构。钢筋混凝土和预应力混凝土梁式桥在桥跨结构和墩台之间均需设置支座，桥梁支座主要作用如下：

(1) 传递上部结构的支承反力，包括恒载和活载引起的竖向力和水平力。

(2) 保证结构在活载、温度变化、混凝土收缩和徐变等因素作用下能自由变形，以使上、下部结构的实际受力情况符合结构的静力图式。

桥梁支座按其作用分为固定支座和活动支座两种。固定支座既要固定主梁在墩台上的位置并传递竖向力和水平力，又要保证主梁发生挠曲时在支承处能自由转动。活动支座只传递竖向力，可以保证在温度变化、混凝土收缩和在竖向荷载作用下结构不但能自由转动，而且也能自由移动。

按照静力图式，简支梁桥应在一端设置固定支座，另一端设置活动支座；悬臂梁桥的锚固跨也应在一侧设置固定支座，另一侧设置活动支座；连续梁桥应在每联中的一个桥墩（或桥台）上设置固定支座，其他墩台上均应设置活动支座，固定支座要设置在每联的中间支点上。悬臂梁桥和连续梁桥在某些特殊情况下，支座需要传递竖向拉力时，应设置能承受竖向拉力的拉力支座。固定支座和活动支座的布置，应以有利于墩台传递纵向水平力为原则。对于特别宽的梁桥，应设置沿纵向和横向均能移动的活动支座。目前小跨径的简支梁桥多采用板式橡胶支座，板式橡胶支座无固定支座和活动支座之分。

根据桥梁跨径的长短、支点反力的大小、梁体变形的程度及支座结构高度的要求等，目前我国在桥梁设计中通常采用以下几种支座构造形式：

(1) 简易垫层支座。

(2) 弧形钢板支座。

(3) 钢筋混凝土摆柱式支座。

（4）橡胶支座（板式橡胶支座、聚四氟乙烯滑板式橡胶支座、球冠圆板式橡胶支座和盆式橡胶支座）。

常用的板式橡胶支座和盆式橡胶支座构造如图 5-1、图 5-2 所示。

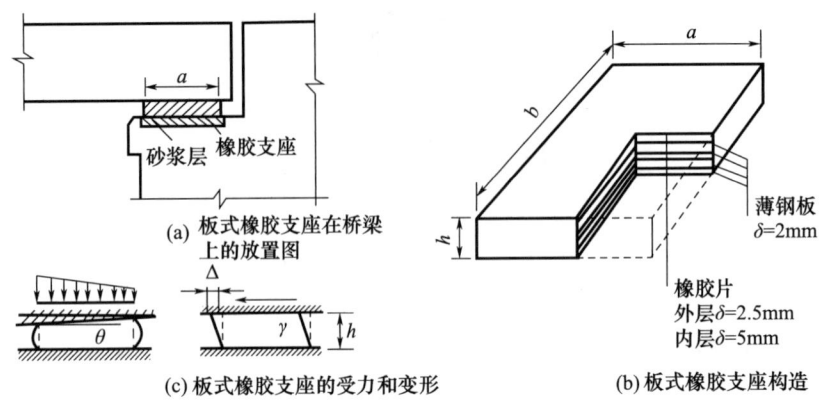

图 5-1 板式橡胶支座

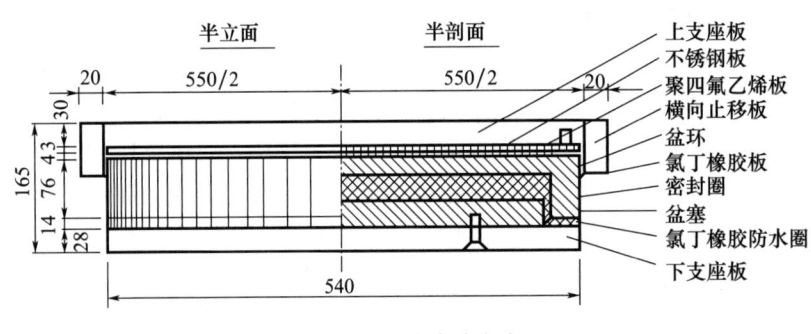

图 5-2 盆式橡胶支座

5.1.2 支座病害及原因

1. 桥梁支座的病害包括支座本身的病害和支座垫板（块）的病害。

（1）桥梁支座本身的病害

各种形式的支座，其本身情况不同，病害也不同：

① 钢支座的滑动面磨耗大、不平整，钢轴承有裂纹或切口，滚轴有偏移和下降。

② 支座螺母松动或螺栓脱落，支座地脚螺栓剪断。

③ 固定支座的固定锚栓剪断。

④ 活动支座不灵活或实际位移不正确。

⑤ 钢辊轴式支座辊轴（或摇轴）的实际纵向位移偏大或发生横向位移。

⑥ 橡胶支座出现橡胶老化、变质现象，梁丧失自由伸缩能力。

⑦ 橡胶支座纵向剪切变形或转角位移过大，超出最大规定值，会导致支座损坏。

⑧ 支座脱空，尤其是板梁或异性板的橡胶支座脱空，造成脱空支座的偏移和梁体受力不均。

⑨ 聚四氟乙烯支座或盆式橡胶支座的聚四氟乙烯板滑出支座，支座滑动干涩。
(2) 桥梁支座垫板（块）的病害
桥梁支座板（块）的病害形式主要有以下几种：
①桥梁支座的底板翘起、扭曲或者断裂。
②支座砂浆垫块裂缝。
③桥梁支座座板混凝土已压坏、剥离、掉角等。

2. 支座在使用过程中，由于设计、施工以及材料老化等原因，往往容易发生以下几种病害：

(1) 支座脱空、不均匀支撑

支座脱空产生的原因主要是：墩台顶支座垫石标高控制不当；梁体预制时梁端三角楔形块不平，尤其是斜交板梁较难控制；垫石强度过低，受压后垫石破碎，引起脱空；支座安装温度选择不当，安装时气温过高或过低，后期梁体伸缩过大，导致支座出现难以恢复的纵向一侧较明显的半脱空。

(2) 支座变形过大

支座变形过大产生的原因主要有：由于同一梁体有的支座完全脱空导致个别支座受力过大而引起初始变形过大；安装温度过高、过低，随环境温度变化、混凝土涨缩、徐变和汽车制动力的作用，引起过大剪切变形；桥梁纵坡设计过大，导致纵向剪切过大。

(3) 支座移位、偏压

支座移位、偏压产生的原因主要是支座或垫石放样不准，支座在安装时未进行校核，垫石位置有偏差且未进行处理。

(4) 支座破裂和侧面波纹状凹凸

支座破裂和侧面波纹状凹凸产生的原因主要有支座本身质量问题，极限抗压强度不够；由于支座安装质量较差引起。

5.1.3 支座的检查与养护

桥梁支座应定期检查和保养，并应符合下列规定：

(1) 支座每半年检查、清扫一次，每年保养一次，以使支座各部保持完整、清洁、有效，冬季应及时清除积雪和冰块，以保证梁体支撑状况正常，桥跨伸缩自如。

(2) 支座外露金属面应定期清洁、除锈、涂漆或封油；除铰轴、钢辊、不锈钢滑面外，每两年涂漆防锈一次。

(3) 固定支座每两年应检查锚栓的牢固程度，支承垫板应保持平整、紧密、锚栓牢固，检查并拧紧接合螺栓。垫石不应开裂、积水、积污。

(4) 板式橡胶支座恒载产生的剪切位移应在设计范围内；支座不得产生超过设计要求的压缩变形；支座橡胶保护层不应开裂、变硬、老化，可抽样检查，检查其是否老化并做好记录；支座各层加劲钢板之间的橡胶板外凸应均匀和正常；支承垫石顶面不应开裂、积水；橡胶支座应经常清除污水，防止油脂污染。

(5) 盆式支座的钢件不得有裂纹、变形、脱焊、锈蚀；聚四氟乙烯滑板不得有磨损过量，支座位移、转角不得超限，螺栓不得有剪断破坏，应及时拧紧松动的螺母；防尘罩应完好。

（6）球形支座应检查各向转动性能是否一致，转动是否灵活；支座地脚螺母不得剪断，橡胶密封圈不得龟裂、老化；每年应清除尘土、更换润滑油一次；每2年对支座钢件进行油漆防锈处理。

（7）滚动支座滚动面每年进行一次清洁及涂抹润滑油。

（8）活动支座应保持灵活，实际位移量应符合设计规定。

（9）钢支座每3年进行敲铲油漆一次（包括盆式橡胶支座的钢圈部分），清除锈迹，打磨光洁，并重新涂刷防锈油漆保护。

支座的养护应符合下列规定：

（1）弧形支座、辊轴支座、摆轴支座应定期测量其位移值，位移值不得超过其容许值，当位移超限时应采取调整措施。

（2）应定期检查辊轴的变形、磨损，上下锚栓（特别是弧形支座）应无剪断、弯曲断裂，损坏的应维修更换。支座钢板不得生锈，钢筋混凝土摆柱不得破损露筋，损坏时应及时维修更换。

（3）应定期检查橡胶支座的裂纹、钢板外露、不均匀鼓凸、移位、脱空及剪切超限等病害。板式橡胶支座恒载产生的剪切位移应在设计范围内。橡胶支座应干燥清洁，当支座金属构件除锈刷漆时应对橡胶构件采取保护措施，油脂不得污染橡胶。损坏、失效的橡胶支座应及时更换。支座支承垫石顶面应平整、整体完好，损坏时应及时修复。

（4）聚四氟乙烯滑板支座储油凹坑内专用润滑硅脂应饱满。

（5）盆式支座中的钢构件不得出现裂纹、变形、脱焊和锈蚀；支座位移和转角不得超限；螺栓不得有剪切破坏，螺母不得缺失和松动，防尘罩应完好。

（6）球形支座应检查各向转动性能，转动不得受阻碍。每年应清除尘土、更换润滑油一次。

（7）应定期检查盆式支座、球形支座的支座高度变化情况，校核支座内的聚四氟乙烯滑板的磨耗情况，支座高度变化值不应超过3mm。

（8）当小跨径（板）桥的油毡垫层损坏、脱落、老化时，应及时更换为橡胶支座。

（9）当梁支点承压不均匀时，应进行调整。脱空支座宜采用注浆或加设不锈钢垫板的方式处理。支座复位或更换宜采用同步整体顶升的方式。

（10）对需抬高的支座，抬高量在50mm及以内可垫入不锈钢钢板或调整支座型号；抬高量在50mm以上的应进行专项设计，并及时修复。

5.1.4 支座维修与加固

桥梁支座缺陷与故障，应及时进行维修或更换，以保证结构的安全和正常运行。

（1）支座滚动面不平整、固定锚栓剪断、轴承有裂纹或切口，以及个别辊轴大小不合适、混凝土摆柱出现严重开裂或歪斜时，应进行更换。板式橡胶支座发生大剪切变形、中间钢板外露、橡胶老化开裂；小跨径（板）桥油毡支座的油毡垫层支座发生破裂、掉落、老化、酥烂等损坏、失效时，应予及时更换。

（2）梁支点承压不均匀时，应进行调整。调整时可先采用千斤顶将梁上部顶起，然后移动调整支座的位置。在矫正支座位置以后，降落上部构造时，为避免桥孔结构倾斜，应徐徐下落，并注意千斤顶的工作状态是否均衡，同时调整顶升用木框架的楔子，以保证上部结构能恢复原位。

（3）桥梁支座板翘起、扭曲、断裂时应予更换或补充，焊缝开裂应予维修加固。

（4）对需抬高的支座，可根据抬高量的大小选用下列方法：①当抬高量在50mm以内时，可垫入钢板；当抬高量在50～300mm时，应垫入铸钢板。②就地灌注高强钢筋混凝土垫块，厚度不应小于200mm。

（5）橡胶支座已老化、变质而失效时，应及时更换。

（6）滑移的支座应及时恢复原位；脱空支座应及时维修或更换。

（7）桥梁支座出现支座板贴角焊缝开裂，座板混凝土被压坏、剥离、掉角；板式橡胶支座出现脱空或不均匀压缩变形；填充砂浆出现裂缝等缺陷或故障时，应及时进行维修。

图5-3为某城市桥梁板式橡胶支座存在脱空、移位、剪切变形超限现象，采用顶升法对其进行纠偏或更换。图5-4为某城市桥梁盆式支座采用顶升法进行更换。

图5-3　板式橡胶支座顶升法纠偏及更换

图5-4　盆式支座顶升法更换

5.2　墩台

桥梁墩台是桥梁重要的组成部分之一，称为桥梁的下部结构。它主要由墩（台）帽、墩（台）身和基础三部分组成。桥梁墩台的主要作用是承受上部结构传来的作用效应，并通过基础又将此作用效应及本身自重传递到地基上。

桥墩指多跨桥梁中间支承结构物，它除承受上部结构的竖向力、水平力和弯矩外，还要承受流水压力、风力以及可能发生的冰压力、地震力、船只和漂浮物的撞击力（图5-5）。桥台是设置在桥的两端，除了支撑桥跨结构作用的受力，还是衔接两岸接线路堤的构筑物；它既要能挡土护岸，又要能承受台背填土及填土上车辆作用所产生的附加土侧压力（图 5-6）。桥梁墩台不仅本身应具有足够的强度、刚度和稳定性，而且对地基的承载能力、沉降量，地基与基础之间的摩阻力等也都有提出一定的要求，以避免在这些作用下有过大的水平位移、转动或者沉降发生。但随着时间的增长，城市桥梁交通量日益繁重，墩台所受的负荷强度已达到或超过设计规定的负荷要求。因此，桥梁的墩台经过多年使用后会出现不同程度的损坏和各种各样的缺陷。

图 5-5　桥墩实例

图 5-6　桥台实例

5.2.1　墩台常见病害

墩台常见病害有：墩台裂缝；墩台表面有青苔、杂草荆棘及污秽；墩台混凝土表面侵蚀剥落、蜂窝麻面、露筋锈蚀；圬工墩台砌体出现表面风化、剥落或损坏等。

5.2.2 墩台常用修复方法

（1）墩台表面应保持清洁，并及时清除青苔、杂草、荆棘和污秽。

（2）当圬工砌体表面部分严重风化和损坏时，应清除损坏部分后用原结构物相同材料补砌，应结合牢固，色泽和质地宜与原砌体一致。

（3）圬工墩台砌体如出现表面风化、剥落或损坏，范围较小且损坏深度在3cm以内者，可用不低于M10的水泥砂浆进行修补。损坏范围较大且损坏深度超过3cm者，须采用挂网喷浆或挂网浇筑混凝土加固。圬工砌体出现灰缝脱落时，应清除缝内污垢杂物，用水泥砂浆勾缝。圬工墩台砌体的砌块出现裂缝，应拆除部分砌体，重新砌筑。

（4）混凝土墩台如出现裂缝，应及时查明裂缝部位、范围、类型及裂缝的长度宽度，分析形成原因。混凝土裂缝宽度超过最大限值应进行裂缝治理。一般裂缝可作化学注浆或水泥压浆处理。对贯穿裂缝或大面积的开裂破损可采用钢筋混凝土围带、粘钢板箍、包裹碳纤维布或加大墩台截面等方法进行加固。

因基础沉降产生自下而上的裂缝，应先加固基础后，再进行封闭裂缝或加固墩台。因支座功能障碍造成墩台拉裂时，应首先修复或更换支座后再治理裂缝。因碱骨料反应、氯离子浸蚀、空气或水污染腐蚀混凝土，锈蚀钢筋，造成混凝土裂缝扩展、坏损等，应截断污染源，修补裂缝及坏损部位，必要时对墩表面进行涂料防护。

（5）当立交桥墩靠近机动车道时，宜在桥墩四周浇筑混凝土护墩。具体来说，一是加强经常性的养护维修，建立起日常检查机制，以保证桥梁运营安全，防止病害的扩展。二是定期对桥梁进行"体检"，对桥梁结构进行运营潜力评估。三是贯彻执行"预防为主"的原则，对桥梁病害进行预防处理，首先要进行桥梁检查，必要时还需进行桥梁荷载试验。

5.2.3 桥梁墩台的维修与加固

1. 圬工砌体墩台表面风化剥落

圬工砌体墩台如表面风化剥落，深度在30mm以内的，可用M10以上的水泥砂浆修补；如损坏面积较大，深度超过30mm的，应浇筑混凝土层予以保护。

2. 墩台变形

当墩台出现变形，应查明原因，并采取以下针对性措施：

（1）由于桥台台背填土遇水膨胀而变形，应挖去膨胀土，检修排水设施，填以砂砾土，修好损坏部位。

（2）若由于冻胀原因使墩台产生缺陷，应及时挖去冻土，填以矿渣、砂砾等，并封闭表面，使其不渗水，修好损坏部位。

（3）由于砌筑不良而发生变形，应凿去或拆除变形部分，重新砌筑或浇筑。

（4）由于砌筑填缝不实，墩台有空洞，可择空洞部位附近，开凿通眼，以压力机注水泥砂浆或环氧树脂修补。

3. 墩台裂纹

当墩台由于混凝土温度收缩、局部应力集中以及施工质量不良等而产生裂纹时，应视裂缝大小，分别采取下列措施：

（1）裂缝小于表5-1所列限值时，应进行封闭处理，一般涂刷水玻璃或环氧树脂；

表5-1 裂缝最大限值

结构类别	裂缝部位		允许最大裂缝宽度（mm）
墩台	墩台帽		0.30
	墩台身	经常受侵蚀性环境水影响 有筋	0.20
		经常受侵蚀性环境水影响 无筋	0.30（不允许贯通墩台身截面一半）
		常年有水，但无侵蚀性影响 有筋	0.25
		常年有水，但无侵蚀性影响 无筋	0.35（不允许贯通墩台身截面一半）
	干沟或季节性有水河流		0.40（不允许贯通墩台身截面一半）
	有冻结作用部分		0.20

（2）裂缝大于表5-1所列极限值时，应采用压力灌浆法灌注环氧树脂胶，确保裂缝不再延长。

（3）当砌石圬工出现通缝或错缝时，应拆除部分石料，重新砌筑。

（4）当活动支座失效造成墩台拉裂时，应修复或更换支座，并维修裂缝。

（5）对由基础不均匀沉降产生的自下而上的裂缝，应先加固基础，并应根据裂缝发展程度确定加固方法。

（6）裂缝已贯通墩台，可用钢筋混凝土围带或钢箍进行加固。

4. 墩台位移

当墩台发生水平位移或倾斜时，应分析原因，按照具体情况确定加固方案。若是梁式桥台背土压力过大，造成桥台向桥孔方向倾斜，可采取下列方法加固：

（1）首先是挖去台背填土，然后加厚桥台胸墙，更换内摩阻角大的填料，减小土压力。

（2）小跨径简支梁桥可在台间加设钢筋混凝土支撑梁，顶住桥台，以平衡台后土压力。

若是拱桥桥台产生位移，可选择下列加固方案：

（1）在桥台两侧加厚翼墙，翼墙与桥台牢固结合为一整体，增加桥台的横断面尺寸和自重，借以抵抗水平推力。

（2）当桥台的位移尚未稳定时，可在台后增设小跨引桥和摩阻板，以制止桥台继续位移。双曲拱桥由于涉及施工不当，以及土基软弱，引起桥台下沉位移、拱圈及拱上空腹等结构严重开裂时，应进行观测，限载或禁止通行，查明原因，进行处理。限载或禁止通行时，两侧桥头应设立醒目标志。

5. 桩式墩台强度不足或折断等损坏

桩式墩台，如结构强度不足或桩柱有被碰撞折断等损坏，在基桩承载力许可条件下，可采用下列方法修理加固：

(1) 对于桩柱式墩台结构的整体稳定性不足时，可采用加固整个桩柱式墩台的方法，即在桩或柱间用槽钢或角钢做横、斜撑联结，以增强整体性和稳定性。钢板箍和横夹板（用槽钢或角钢）用螺栓拧紧，斜夹板可用电焊联接。盖梁如强度不足，也可在盖梁下加横向夹梁，用螺栓拧紧，予以加强。

(2) 对于迎水侧桩、柱被船只等碰撞损伤，以致折断，可视情况采用下列修理方法：①将损伤或折断的桩柱，凿除松动部分混凝土，添加必要的钢筋，立模浇筑混凝土按原式修复，使仍起柔性墩的作用。施工时应在伤柱两侧加设临时支撑。②在桩柱损伤处，将原混凝土凿毛，外面加设钢筋混凝土围带，使损伤部位的桩柱得以加强。

图 5-7 为某简支预应力混凝土空心板桥，下部结构采用桩柱式，砖孔灌注桩基础。该桥梁墩柱下部长期受水流冲刷，混凝土老化破损严重，对该桥梁墩柱凿除老化破损的混凝土后，采用增大截面的方法进行加固维修处理，以提高桥梁承载能力及耐久性能。

图 5-7　墩柱增大截面加固

5.3　基础

基础是介于墩身与地基之间的传力结构。基础的种类很多，常用的形式有扩大基础、桩基础、沉井基础、地下连续墙基础等，其中应用最多的是扩大基础。

5.3.1　基础部分常见病害及成因

桥梁基础结构可分为浅基础和深基础。浅基础主要是指天然地基、改良地基；深基础主要是指桩基础、沉箱基础、混合基础。由于每类基础所处的条件不尽相同，基础结构形式及修筑基础地形的差异，所产生的缺陷也不完全相同。但从总的方面来分析，其具有一定的规律性。桥梁基础结构一般容易发生的主要缺陷有：

1. 桥梁基础的沉降和不均匀沉降

由于地基的压密下沉而引起基础沉降，在一定范围内的沉降都是难以避免的，属于正常现象，而超出一定范围则对桥梁产生有害的影响。在软土地基上修建的桥梁基础，由于经常受到土基压实下沉和地下水位升降等影响，往往会产生不均匀的沉降。

因此，在桥梁施工过程中或通车后相当长的一段时间内，应定期和及时做好基础沉降变形的观测分析工作，以便了解基础的沉降情况及发展趋势，分析沉降对桥梁结构的影响，并对有害的基础沉降采取有效的防治措施。

2. 桥梁基础的滑移和倾斜

桥梁基础由于经常受到洪水的冲刷而发生滑移。冲刷深度由河流的河床纵坡与河床堆积物成分等因素所决定。一般很难预先估计冲刷有多深，事先必须经过充分的调查，以探求其冲刷的深度。

由于所在河床疏通开挖，减少了桥台台前临河面地基土层的侧向压力，从而使基础产生侧向滑移。

桥台基础建造于软土地基，当台背填土超过一定高度且基础构造处理不当时，作用于台背的水平力增大，将导致地基失稳产生塑性流动，使桥台产生前移。当基础上下受力不均时，台身也随之产生不均匀的滑移，导致基础出现倾斜。产生滑移和倾斜的桥台基础，多为建立在软土地基上的重力式桥台、倒 T 式桥台。

3. 桥梁基础的异常应力和开裂

由于桥梁受力不均，往往产生局部异常应力，并导致桥梁出现横向或竖向裂缝。在特殊外荷载作用下，还会使基础结构物因出现异常应力而产生局部损坏。桥梁基础的主要类型及其常见的缺陷如表 5-2 所示。

表 5-2 桥梁基础的类型及常见缺陷

基础类型			常见缺陷
浅基础	天然地基上的浅基础		① 桥梁基础埋深浅，易受大水冲刷而掏空； ② 桥梁基础埋置深度不足，受冻害影响； ③ 桥梁地基不稳定，易产生滑移和倾斜
	岩石基础		① 基础置于风化岩层上，风化部分易经水流冲刷而掏空或悬空； ② 桥梁基础受地震时的剪切作用，易产生裂缝
	人工地基基础		因桥梁基础处于软弱地基上，在竖向荷载作用下压实沉陷
桩基础	打入桩	木桩	地下水位下降时，桥梁的桩身经常腐蚀
		钢筋混凝土预制桩	① 打桩时，桩身受损坏； ② 桥墩受水冲刷、侵蚀，产生空洞、剥落等； ③ 桥墩受船只或其他漂浮物的撞击而损坏
	钻（挖）孔桩		① 施工时淤积未完全清除，即灌注混凝土使成形后的桩基产生缺陷； ② 施工不当，或受水冲刷、侵蚀而产生空洞、剥落、钢筋外露等； ③ 灌注混凝土过程中发生塌孔而未作处理，桩身部分脱空； ④ 桥墩受外力冲击而产生损坏
	管桩基础		承载力不足而使基础下沉

续表

基础类型	常见缺陷
沉井基础	① 桥梁所处的地基下沉时，基础也常发生一些下沉； ② 基础下沉不均时，或桥台台背高填土受地基侧向流动的影响时产生滑移、倾斜

5.3.2 基础常用修复方法

（1）当基础局部被冲空时，应及时填补冲空部分。当水深大于 3m 时，除应及时填塞冲空部分外，还应比基础宽 0.2～0.4m。

（2）基础周围冲空范围较大时，除填补基底被冲空部分外，还应在基础四周加砌防护设施。

（3）当严寒地区的基础出现浅桩冻拔或深桩环状冻裂状况时，应在冰冻开始前进行保温防护。

（4）为防止桥墩被流冰和漂浮物撞击，可在桥墩上游设置菱形破冰体。

（5）钢筋混凝土灌注桩和打桩基础受水冲刷、侵蚀时，应采用如下方法进行修理：检查损伤程度，用水泥砂浆修补到原来状态；如桩身有空洞，可灌注水泥混凝土进行修复；抛填大块石、石笼或钢筋混凝土块防护，以免继续冲刷。

5.3.3 汛期抢险抗洪措施

（1）流冰、漂浮物堵塞桥孔时的处理措施：

① 当流冰、漂浮物到达桥梁上游附近时，应立即用钩杆、长柄斧头等疏导、砍散，要随来随清理。

② 洪水或流冰退落后，应马上进行检查、修理或加固，以避免下一次洪水或流冰扩大其损坏范围，同时悬挂在护墩体及墩台上的柴草杂物等应立即清除。

（2）墩台基础受严重冲刷时的处理措施：

① 对于墩台基础淘刷，采用的方法是在基础掏空处抛投石块，如流速较大，可抛投石笼。抛石大小可根据防护地点洪水流速及水深估算。

② 洪水时速较大，抛入水中的石块，一方面因自重而下沉，另一方面又随水流向下游漂浮，因此抛石地点应在需要防护地点上游一定距离处。

③ 在投抛块石或石笼时，石块和石笼均不应抛得过多，以免减少排洪断面，加剧其他桥墩的冲刷。

④ 当流速大于等于 5m/s 的情况下，墩前局部冲刷危及桥梁安全时，可在墩前抛投大型片石混凝土砌块进行局部防护。

⑤ 对于石料来源困难的桥梁，可用混凝土预制的六脚块作为墩前局部冲刷防护。

⑥ 当发现墩台基础底下已冲空时，可在冲空部位填以装有干灰砂的小麻袋。麻袋由潜水工塞入基底空隙中，并在麻袋间打入扒钉互相联结，当灰砂遇水结硬后就成为坚硬的整体。小麻袋仅能用来填塞基底空隙。

5.3.4 桥梁基础的改建与加固

1. 墩台基础的加宽

（1）接长盖梁法

① 利用旧桥的基础，靠墩台盖梁挑出悬臂加宽部分，以便安装加宽的上部桥跨，仅加宽桥墩和桥台的上部，基础和墩台体则不需要予以加固。

② 利用该法加宽墩台时，旧桥墩台基础必须完好、稳定，且需经过承载力验算后才能采用。

③ 墩台盖梁采用悬臂式加宽施工时应注意以下几个问题：应先凿除旧盖梁连接部位的混凝土保护层，使钢筋露出，并在原主筋上焊接新主筋；采用搭接焊形式和用双面焊时，其焊接长度应不小于 $5d$（d 为主筋直径）；用单面焊时，其焊接长度应不小于 $10d$（d 为主筋直径）。新旧混凝土连接表面应粗糙，做成阶梯及凹槽等，且不能沿斜面连接。施工时，应清除连接部位混凝土的灰尘，新梁浇筑后应加以妥善保养，避免受外力振动。

（2）旧墩台附近设置新墩台法

直接靠近原有墩台或稍稍离开一些，在其上、下游添造一个新的墩台。在此情况下，必须巩固与围护原有桥台基础周围的地基，并设法防止原有墩台基础的变形。通常有两种做法：①采用离开旧墩台新置结构物的做法，②靠近旧墩台构筑新墩台的做法。

用构筑新墩台法加宽墩台时，需考虑到新加宽部分墩台的沉降量和旧墩台不一致的情况。新加宽的部分墩台和旧墩台之间，可采用设置沉降缝的办法来避免相互牵制。沉降缝的设置要求使新拓宽部分沉降对旧桥墩台不发生重大影响。

2. 墩台基础的加高

桥梁墩台产生沉陷，严重时影响桥下净空，甚至会阻碍通航，由于墩台的沉降，使桥梁产生不均匀受力，出现局部破坏，上部结构的受力状态恶化，将影响桥梁的正常使用。为此必须进行改建加高，通过顶升桥梁上部结构来加高墩台基础是修复桥梁基础沉陷的一种既经济而又简便易行的施工方法。

桥梁基础的加固有以下方法：

（1）当地基承载力不足，引起墩台基础沉降，可采取下列措施：

① 在刚性实体式基础周围加石砌圬工或混凝土，以扩大基础承压面，新旧基础应注意牢固结合。

② 桩式基础周围加钻孔灌注桩或打入钢筋混凝土桩，并扩大原承台，将墩台的压力部分传递到新桩基上。

③ 在墩台基础之下，向墩台中心斜向钻孔或打入压浆管，通过孔眼及管孔，在一定条件下压注水泥砂浆、加热的沥青、土的固结剂等提高地基承载力。

（2）当基础置于风化岩石上，基底外缘已被冲空时，应及时清除表面严重风化部分。在浅水时，填以混凝土，并将周围风化地基用水泥砂浆封闭；在深水时，要采取潜水作业，并铺以袋装干硬性混凝土。

（3）旋喷注浆法是一项正在发展中的地基加固技术，应用时间并不长，但由于用途广泛，加固的地基质量可靠且效果好，故目前已逐渐成为我国常用的地基处理方法之一。

旋喷注浆法原理是利用工业钻机将旋喷注浆管置于预计的地基加固深度，借助注浆管的旋转和提升运动，用一定的压力从喷嘴中喷射液流，冲击土体，把土和浆液搅拌成混合体，随着混合体的凝聚固结，形成一种新的有一定强度的人工地基。旋喷注浆法的基本工艺类型可分为：单管旋喷注浆法、二重旋喷注浆法、三重旋喷注浆法。施工程序：钻机就位→钻孔→插管→旋喷作业→冲洗。其操作要点如下：

① 旋喷前要检查高压设备和管路系统，其压力和流量必须满足设计要求。注浆管及喷嘴内不得有任何杂物，注浆管接头的密封圈必须良好。

② 垂直施工时，钻孔的倾斜度不得大于1.5%。

③ 在插管和旋喷过程中，要注意防止喷嘴被堵，在拆卸或安装注浆管时动作要快。水、气、浆的压力和流量必须符合设计值，否则要拔管清洗再重新进行插管和旋喷。使用双喷嘴时，若一个喷嘴被堵，则可采取复喷方法继续施工。

④ 旋喷时，要做好压力、流量和喷浆量的量测工作，并按要求逐项记录。钻杆的旋转和提升必须连续不中断。拆卸钻杆继续旋喷时，要注意保持钻杆有0.1m的搭接长度，不得使旋喷固结体脱节。

⑤ 深层旋喷时，应先喷浆后，再旋转和提升，以防止注浆管扭断。

⑥ 搅拌水泥时，水灰比要按设计规定执行，不得随意更改，在旋喷过程中应防止因水泥浆沉淀而使浓度降低。禁止使用受潮或过期的水泥。

⑦ 施工完毕，应立即拔出注浆管，并彻底清洗注浆管和注浆泵，管内不得残存任何水泥浆。

（4）高压喷射注浆法加固。将带有特殊喷嘴的注浆管置于土层预定深度，以高压喷射流使固化浆液与土体混合，凝固硬化加固地基的方法。一般沿基础周围均匀分布，根数和直径需要根据计算确定。

6

附属设施养护

6.1 排水设施

6.1.1 桥面排水的病害及损伤

为了保障桥面行车畅通、安全,应迅速排除桥面上的积水,防止桥面结构受降水侵蚀,降水渗入梁体会引起腐蚀而影响桥梁结构的耐久性、稳固性,为确保城市桥梁的正常使用,应设置完善的桥面防水和排水设施。

桥面排水设施的缺陷,对桥梁的结构安全影响较大,会导致降水积滞于桥面上,从而容易引起车辆滑移,造成交通事故;排水槽和盖的破坏,也会造成运输事故的发生。桥面积滞水会向桥下溅水,严重影响附近的民宅和过往的行人。导水设施也会对环境造成较大的影响。

桥面排水设施常见的病害损伤有:

(1) 泄水管在外界作用的影响下产生局部破裂、损伤,出现洞穴而产生漏水。

(2) 管体由于接头连接不牢而产生掉落,从而失去排水作用。

(3) 管口被泥石杂物堆积、管内有泥石杂物堵塞,从而造成排水不畅,水流不通。

(4) 引水槽被堆泥杂物堵塞,从而使水流不畅导致积水,槽口破裂损坏而出现漏水等。

6.1.2 排水设施的养护

排水设施日常养护主要包括以下内容:

(1) 桥面纵、横坡应完好,为了迅速排除雨水,防止雨水渗入梁体引起锈蚀而影响桥梁的耐久性,以及防止桥面积水影响行车安全,桥面的泄水孔应定期掏挖,如有损坏应及时修复。桥面泄水孔应完好、畅通、有效,使其可以迅速排除桥面上的雨水,避免桥面水流沿梁侧流泄。当收水口无法正常汇水时,应查明原因后,采取针对性措施,并对收水口周边桥面或引道进行系统改造。

(2) 桥面铺装防水层应有良好的使用性能,防止降水渗入梁体引起腐蚀而影响桥梁结构的耐久性、稳固性。

（3）桥面泄水管和排水槽应完好、畅通，外观整洁美观。雨季前应对桥面泄水管、排水槽进行全面检查和疏通，降水较多地区可加大检修频率，出现堵塞、残缺破损应及时疏通或维修更换。经常疏通排水管，及时清除管内的淤泥和杂物，确保排水通畅。跨河桥梁泄水管下端露出不应少于10cm，立交桥泄水管出口宜高出地面30～50cm或直接接入雨水系统。

（4）对损坏的排水槽、泄水管等设施应及时进行修补或更换，避免降水积滞于桥面上而造成交通事故。

（5）对损坏的导水设施支撑构件应及时进行维修，防止由于支撑构件的损坏而影响排水。

（6）排水设施和导水设施之间的连接应可靠，确保排水系统整体的工作性能。

（7）立交桥除泄水管排水外，其他地方不得往桥下排水，冬季立交桥不得有冰凌悬挂的情况，如有应及时清除。

6.1.3 桥面排水的修理

对损坏的泄水管要及时进行修补，接头不牢已掉落的要重新安装接上，损坏严重的要予以更换；对破裂的引水槽要重新进行修理，长度不足时应予以接长；当槽口太小，不能满足排水需要时要扩大槽口重新修筑；对损坏的导水设施支撑构件进行维修处理；对排水管焊接处的裂缝进行焊接修理，锈蚀、破损严重处予以更换处理。

6.2 人行道

人行道养护要及时修复破损的设施，要分析破损的原因，如自然损坏、人为损坏、自然现象侵蚀等，应针对不同损坏原因进行有效的修复和日常养护维修。桥梁人行道养护应重视防水层和伸缩缝的细节处理，以便形成全桥整体防水和排水系统及桥面伸缩装置贯通。

人行道的养护应符合下列规定：

（1）人行道块件、盲道和缘石应完好、平整。当有松动或缺损时，应及时维修或更换。

（2）表面应平整、无障碍物、无积水，块件应无松动、残缺，相邻块高差应符合要求。

（3）缘石和台阶应稳定牢固，不得缺失。

（4）人行道上检查井不得凸起、沉陷，检查井盖不得缺失。

（5）无障碍坡道及盲道设置应符合现行国家标准《无障碍设计规范》（GB 50763）和《无障碍设施施工验收及维护规范》（GB 50642）的规定。

（6）人行道下埋设管线可能影响城市桥梁安全的施工作业时，应制定城市桥梁安全保护设计方案和相应的施工方案，并签订城市桥梁安全保护协议。

(7) 当人行道维修或更换时，不得损坏防水层，损坏的防水层应及时进行修补。防水层维修应按国家现行相关规范要求进行。修补后的防水层，其防水性能、整体强度、与下层粘结强度和耐久性等指标，应满足原设计要求。

(8) 人行道伸缩缝应平整、直顺、伸缩自如，处于良好的工作状态，有堵塞时应及时清除。伸缩装置对应处的人行道应断开；伸缩装置的密封橡胶带（止水带），损坏后应及时更换，密封橡胶带的选择，应满足原设计的规格和性能要求；当弹塑体伸缩装置出现脱落、翘起时，应及时清除，并重新浇筑；伸缩装置保护带应完好，不得开裂、破损，保护带小面积维修宜采用快速修复材料。

6.3 护栏

城市桥梁的人行护栏和防撞护栏都是桥面系的安全防护设施，人行护栏具有保护行人安全、防止跌落危险的功能；防撞护栏具有阻挡功能、缓冲功能和导向功能，并且具有足够的强度和韧性，与桥梁主体结构可靠连接，既能保障行人的安全，又能抵挡车辆的冲撞，使车辆不致冲出桥外，适用于城市快速路或机动车道外侧未设置人行道或非机动车道的桥梁外侧和中央分隔带。目前，城市桥梁中主要使用的是钢筋混凝土护栏、钢护栏、石材护栏及钢筋混凝土防撞护栏，如图6-1～图6-4所示。

图 6-1　钢筋混凝土护栏

图 6-2　钢护栏

图 6-3　石材护栏

图 6-4　钢筋混凝土防撞护栏

6.3.1 护栏常见病害及成因

护栏与防撞护栏暴露在自然环境条件下,加之受人为作用或车辆的撞击,出现各种各样的病害是不可避免的。其常见病害及成因主要有以下几种情况:

(1) 混凝土表面蜂窝、麻面。

(2) 混凝土开裂、剥落、露筋锈蚀:钢筋混凝土材料的栏杆或护栏表面水泥混凝土剥落露出内嵌的钢筋且钢筋产生锈蚀,如图 6-5 所示。

图 6-5 护栏混凝土开裂、剥落、露筋锈蚀

(3) 防撞护栏预制(后浇)构件锚固失效、扭转露筋。

(4) 钢护栏涂装层油漆脱落、擦伤、划痕、破损,钢护栏锈蚀,护栏变形,连接螺栓松动或丢失,焊缝破损,焊缝锈蚀、脱焊。

(5) 松动错位:原本固定在桥面的栏杆或护栏产生松动或位置错动。病害严重时,不仅严重影响美观,而且存在严重的安全隐患。

(6) 丢失残缺:栏杆或护栏的构件损坏后丢失使栏杆或护栏残缺不全。病害严重时,不仅严重影响美观,而且存在严重的安全隐患,如图 6-6 所示。

图 6-6 护栏丢失残缺

上述病害的主要成因包括施工质量不好、混凝土碳化、保护层不足或老化脱落、锚固不牢或交通荷载撞击、雨水侵蚀等，另外钢护栏病害的主要成因还包括不同金属接触产生电流作用、温度影响而产生胀缩、构件疲劳等。

6.3.2 人行护栏与防撞护栏的设置与养护

人行护栏的设置与养护应符合下列规定：

（1）人行护栏应完整、牢固、美观、有效。当有松动、变形、缺损、锈蚀时，应及时维修或更换；护栏结构不应对交通参与者造成安全隐患。人行护栏的造型、色调与周围环境协调，对重要桥梁宜作景观设计。

（2）人行护栏构件之间的连接应采用能有效避免人员伤害且不易拆卸的方式。

（3）人行护栏的起、讫点和断口处应进行端头处理。

（4）人行道或检修通道外侧的护栏高度不应小于1.1m，非机动车道外侧临空时，护栏高度不应小于1.4m。

（5）人行护栏构件间的最大净间距不得大于110mm，不应采用有蹬踏面的结构，不宜采用横线条护栏。采用金属网状护栏时，网状开口不应大于50mm。

（6）人行护栏应采用坚固、耐久的材料制作，结构设计必须安全可靠，护栏与桥梁面板应进行可靠连接，护栏底座应设置锚筋。

（7）混凝土护栏、石质护栏和金属护栏的损坏，应按原结构和相同材质进行恢复。石质立柱与底座连接应牢固可靠。

（8）当非金属防护护栏褪色严重或有表面脱落时，应清除并维修。

（9）对有涂装的金属护栏，应定期除锈、刷漆。

（10）涂料性能应符合设计要求，表面涂层应均匀、无漏刷、无流淌，涂装应与景观适应，美化涂装应保护钢结构不生锈；局部涂装或整孔、整桥重新涂装用涂料，应与原桥用涂料一致，更换新品种涂装，应将旧涂层清除干净，新旧涂料化学性能应一致；当涂膜维护涂装时，应对局部风化部位按要求进行清理，按原涂装体系逐层进行涂装，新旧涂层间应有50~80mm过渡带，局部修理时干膜总厚度不应小于原涂装干膜的厚度，涂装后应检测漆膜厚度，漆膜厚度不满足设计要求时应重新喷涂；钢表面清理不得在雨、雪、凝露和相对湿度大于80%及风沙天气进行，环氧类漆不得在环境温度10℃以下施工，无机富锌防锈底漆、聚氨酯漆和氟碳面漆不得在环境温度5℃以下施工，涂装后4h内应采取措施保护，不得遭受雨淋；油漆涂层不得有脱落、咬底、漏涂、起泡等缺陷，热喷涂锌、铝金属涂层应致密，均匀一致。

（11）弯道部分、分流和合流口处的护栏，宜设警示标志。

（12）当护栏有严重变形、断裂和残损时，应及时按原结构恢复并应安装整齐、牢固。

（13）伸缩装置处的护栏或护栏维修后，应满足桥梁随温度变化的位移，不得将套筒焊死。

（14）临时防护措施应牢固、醒目，使用时间不宜超过两周。

防撞护栏的设置与养护应符合下列规定：

(1) 设计车速 50km/h 及以上的城市桥梁或隧道中央分隔带断开处，应设置活动护栏，活动护栏的防撞等级应与其所在桥梁段中央分隔带护栏的防撞等级一致。

(2) 不同结构形式或不同刚度防撞护栏的衔接处，应设置过渡段，使护栏的刚度逐渐过渡，并形成一个整体。

(3) 防撞护栏可采用刚性、半刚性或柔性护栏，并根据实际情况采用不同的防护等级和结构形式。

(4) 防撞护栏的起、讫点端部应做安全性处理。

(5) 机动车道外侧未设置人行道或非机动车道的，应设置路侧防撞护栏。

(6) 机动车道外侧设置有人行道或非机动车道的，应设置路侧防撞护栏或路缘石，防撞护栏与路缘石的设置要求见表 6-1。

表 6-1 防撞护栏与路缘石的设置要求

条件	设置要求
位于城市快速路上的桥梁、临空高度大于 6.0m 或水深大于 5.0m 的桥梁、特大悬索桥、斜拉桥、拱桥等有拉索或吊索的桥梁或跨河大桥等桥梁。跨越急流、重要道路、桥梁、铁路、主要航道、水源一级保护区的桥梁	车行道外侧必须采用防撞护栏
符合下列条件之一时： ① 设计速度 50km/h 及以上的城市主干路或次干路； ② 临空高度 3～6m 或水深 2～5m； ③ 跨越道路、桥梁等人工构筑物时	车行道外侧宜设置防撞护栏，当仅采用路缘石与人行道、检修道分隔时，路缘石外露高度不得小于 40cm，且人行道宽度不得小于 2m
其他有机动车行驶的城市桥梁	可采用路缘石与人行道、检修道分隔，路缘石外露高度宜取 25～35cm

(7) 城市快速路桥梁应设置中央分隔带防撞护栏，主干路桥梁应设置中央分隔带防撞护栏或高路缘石，中央分隔带宽度不应小于 2.0m。

(8) 设计速度小于 50km/h 的城市桥梁，当车辆越入对向车道或桥外，可能发生严重事故或严重二次事故的桥梁，宜设置中央分隔带防撞护栏。

(9) 邻近或跨越干线铁路、水库、油库、电站等需要特殊防护的桥梁，防撞护栏应确定合理的碰撞条件并进行特殊设计。

(10) 浸水桥、漫水桥的防撞护栏应结合过水需要，进行特殊设计。

(11) 防撞护栏不得缺损、变形、锈蚀，被撞损后，宜在 3～7d 内恢复。

(12) 对混凝土裂缝大于 3mm、小于 5mm 的防撞护栏，可灌缝封闭。

(13) 对表面露筋且钢筋未变形、拉断的（非结构破坏）防撞护栏，应凿除损坏部分且钢筋除锈，进行防腐处理后，应采用不低于原结构强度的材料进行修补，修补材料与原结构连接应牢固、平整。

(14) 对防撞护栏混凝土裂缝大于 5mm 或因撞击造成结构性破坏的，应拆除该段混凝土结构并重新浇筑。对锚固筋缺损的、应补植锚固筋，钢筋绑扎形式应符合原设计要求。

(15) 严禁使用砖砌筑代替原结构。对被损毁的钢结构，应原样恢复。

(16) 对有涂装的金属护栏，应定期除锈、刷漆，涂装应与景观适应，美化涂装应保护钢结构不生锈；局部涂装或整孔、整桥重新涂装用涂料，应与原桥用涂料一致，更换新品种涂装，应将旧涂层清除干净，新旧涂料化学性能应一致；当涂膜维护涂装时，应对局部风化部位按要求进行清理，按原涂装体系逐层进行涂装，新旧涂层间应有50～80mm过渡带，局部修理时干膜总厚度不应小于原涂装干膜的厚度，涂装后应检测漆膜厚度，漆膜厚度不满足设计要求时，应重新喷涂；钢表面清理不得在雨、雪、凝露和相对湿度大于80%及风沙天气进行，环氧类漆不得在环境温度10℃以下施工，无机富锌防锈底漆、聚氨酯漆和氟碳面漆不得在环境温度5℃以下施工，涂装后4h内应采取措施保护，不得遭受雨淋；油漆涂层不得有脱落、咬底、漏涂、起泡等缺陷，热喷涂锌、铝金属涂层应致密，均匀一致。

（17）在高路堤、桥头、临河路堤、陡坡等桥区，应设置防护栏。防护栏应完整、醒目、有效，缺损期不得超过7d。

（18）在快速路出口匝道的导流岛处，应设置具有消能作用的防撞设施。

人行护栏与防撞护栏的养护措施主要包括：检查路缘石和连接的板或梁工作状态是否良好，确保对立柱起有效的支撑作用；检查护栏中的连接件是否松动或丢失，焊缝是否破损；检查混凝土构件是否存在开裂、剥落、露筋锈蚀现象；检查护栏中保护层或涂装层是否破损；检查桥梁护栏与引道护栏之间是否顺直，不得影响交通车辆的行驶；检查是否存在由于撞击使防撞护栏引起的转动或损伤；检查预制防撞护栏构件锚固部位是否失效。

6.3.3　护栏的维修方法

为了保证行人和车辆的安全，应及时对护栏的病害进行维修，护栏维修应符合下列规定：

（1）钢筋混凝土护栏如发现有裂缝或剥落，轻者可用环氧树脂粘结材料灌注封缝修补，严重者要凿除损坏部分，重新修补完整。

（2）金属护栏要经常刷漆养护，如发现油漆有麻点、脱皮，应重新进行油漆。涂料性能应符合原设计的要求，表面涂层应均匀、不漏刷、不流淌。

（3）当金属或非金属防护护栏褪色严重或有表皮脱落现象时，应清除并维修。

（4）对于防撞护栏构件锚固失效的部位，应及时进行加固。

（5）弯道部分、分流和合流口处的护栏，宜刷涂一段警示图案，以辅助交通指示标志。

6.4　挡土墙、护坡

在城市道路桥梁工程中，为了支承路基填土或山坡土体、防止填土或土体变形失稳，修建各式各样的挡土墙是非常重要的。常见的挡土墙有现浇钢筋混凝土结构挡土墙、装配式钢筋混凝土结构挡土墙、砌体结构挡土墙和加筋土挡土墙。护坡是为防止边坡受冲刷，在坡面上所做的各种铺砌和栽植。挡土墙和护坡如图6-7、图6-8所示。

图 6-7 挡土墙

图 6-8 护坡

挡土墙的主要载荷是土压力和相关的外来载荷,随着其使用时间的增长,挡土墙的稳定性就会减弱,甚至会出现不同程度的失稳现象。尤其是在频繁的外部载荷和地震、水灾等自然因素作用下,挡土墙的失稳现象表现得更加突出。

挡土墙、护坡的养护应符合下列规定:

(1) 挡土墙是用于支挡路堤填土的结构,应经常检查,发现病害及时处理。挡土墙应坚固、耐用、完好。应每季度检查一次,当遇中雨以上降雨时应巡检。当挡土墙倾斜、下沉超过 20mm 或发生鼓胀、位移时,应维修加固。挡土墙断裂应及时加固,当开裂超过 3mm 时,应查明原因后处置。

(2) 护坡是保护桥梁下部结构的防护设施,出现下沉超过规定数值应及时修复。护坡应完好,当下沉超过 30mm、残缺超过 $0.2m^2$ 时,应及时维修。

6.5 声屏障、灯光装饰

6.5.1 声屏障的养护

车辆行驶产生的噪声会影响周围居民的正常生活。为了减少噪声污染,需在城市高架桥梁设置声屏障,如图 6-9 所示。

声屏障的养护应符合下列规定:

(1) 城市桥梁的声屏障应清洁、美观、完整、牢固、有良好的隔声性能。应定期进行清洁、维护,经常清理声屏障周围的垃圾、泥土,保持排水畅通,做到每月清洁冲洗一次;吸声孔不得有堵塞,每年应补充和更换老化的填充物。如出现损坏、缺失,应于一周内进行修补,对于破损严重的声屏障应及时更换。

（2）经常检查声屏障的锚固部位，防止由于声屏障的破损从而导致交通事故，危及行人的安全；新增设声屏障不得影响桥梁结构的安全，应安装牢固。

图 6-9　声屏障

6.5.2　灯光装饰的养护

桥梁的景观灯饰是城市夜景照明的一部分，桥梁亮化需要同时具有观赏性和实用性，在灯光组合中突出桥梁线条结构特色，显示出桥梁自身的魅力，同时确保为市民呈现美丽的城市夜间景观照明。通过桥梁夜景亮化，可以使夜间驾驶人视觉得到舒缓，方便行车，也为夜间出行提供保障。总之，灯光装饰在交通运输中发挥着重要的作用，如图 6-10 所示。

灯光装饰的养护应符合下列规定：

（1）桥梁安装景观灯光装饰，应设置漏电、短路保护和过负荷保护装置，灯光电源应由专人定期检查维护保养，开灯期间应有专人值班，关灯后应拉闸断电。灯光装饰应完整、美观，出现损坏影响视觉效果时，应及时更换维修。安装彩色灯光装饰不得影响桥梁结构的完整和耐久性，不得影响桥梁养护维修。

（2）检查照明设施是否符合标准，对于不符合标准的照明设施及时修理、更换。

（3）照明设施的电线不能外露，接线盒处于良好的工作状态。

（4）照明设备的锚固支承应牢固，应特别注意疲劳损伤的部位。

（5）在台风、暴雨、地震等自然灾害后，应及时对照明设备的检修孔或探孔情况、配电盘及电源线的引入情况和油漆状况进行检查。

图 6-10　灯光装饰

6.6　调治构造物

调治构造物是桥梁渡河段内用于导流和调治水流的构筑物。其主要作用是保证和改善桥渡在汛期的工作条件，调治水流分布和流向，引导水流及其挟带物顺畅地通过桥孔，以避免或减轻水流对桥梁、引道路基及桥位河段的危害，改善通航条件，保证桥梁的正常使用及河岸附近各种设施的安全。调治构造物有导流堤、梨形堤、丁坝、顺坝和格坝等，如图 6-11 所示。

(a) 导流堤

(b) 丁坝　　　　　　　　　　　　　(c) 顺坝

图 6-11　调治构造物

调治构造物的养护应符合下列规定：

(1) 导流堤、梨形堤、丁坝、顺坝和格坝等调治构造物，应保持结构完好，引导水流应均匀、顺畅地通过桥孔。

(2) 调治构造物应定期巡查，特别是洪水前后，应加强巡查及时清除调治构造物上的漂浮物，如杂草、荆棘等。

(3) 为确保调治构造物对桥梁起到保护作用，汛期前应对调治构造物进行维护检修，经常检查裂缝、松散等缺陷，发现后应及时修补，不得有大于 $0.3m^2$ 的空洞缺损、大于 5mm 的开裂、大于 $0.2m^2$ 的塌陷和松散等缺陷。如调治构造物上出现较大裂缝或坍塌等损坏超过标准范围的缺陷，应在汛期前及时完成修复工作。

6.7 桥头搭板

当桥台背后引道部分填土高度较大或建桥位置地基软弱时，即使对回填材料及其施工再加注意，由于长时间桥台与填土的相对沉降引起的台背与引道交界处附近的凹凸不平，几乎是不可避免的。为了防止此类现象，采用作为桥台与引道的缓冲器——桥台搭板。桥台搭板用于防止桥端连接部分的沉降而采取的措施，可以有效地减缓车辆和桥台所受的冲击作用。桥台搭板设置在台后引道面层下，搁置在桥台或悬臂梁板端部和填土之间，连接桥台和引道的钢筋混凝土承载板。随着填土的沉降而能够转动，车辆行驶时可起到缓冲作用，即使台背填土沉降也不至于产生凹凸不平。桥台搭板特别适用行车要求较高的城市道路和高等级公路上，又称"桥头搭板"，如图 6-12 所示。

图 6-12 桥头搭板

6.7.1 桥头搭板常见病害

桥头搭板脱空是导致搭板断裂、桥头跳车，影响行车安全和舒适性的常见病害。桥涵建成通车后，季节性水位变化及多雨季节地表水入渗，直接导致锥坡或涵洞口挡墙后板下土体的强度软化，进而土基逐渐沉降变形，出现局部弱支撑、裂缝、不均匀沉降，致使搭板支承面下形成局部脱空，当重车通过时，搭板由均匀支承变为不均匀支承，并在脱空区最大沉降值处的板下位置产生应力集中，逐渐产生的裂隙进一步使后部应力增大，当应力超过允许弯拉应力，搭板就开始断裂，特别是搭板过长时，更易产生断裂。早期不及时发现，就会使板体断裂、沉陷、翻浆，最后导致跳车甚至出现险情。

在行车荷载作用下，搭板沉陷与脱空区吻合，形成新的差异变形区，导致更为严重的跳车。另外，搭板脱空区的扩展，将危及搭板下枕梁的稳定性。这种现象在高等级公路上比较普遍，严重影响行车的速度、舒适性和安全性。桥头搭板很多病害都是因为台背回填土施工质量太差，桥梁桥头跳车现象普遍，及时发现、采取措施是十分必要的。

6.7.2 桥头搭板的养护

桥头搭板的养护应符合下列规定：

（1）位于城市快速路、主干路和次干路上的桥梁，桥头宜设搭板。搭板宽度宜与桥台侧墙内缘相齐，并用柔性材料隔离，最小宽度不应小于行车道宽度。搭板长度不宜小于6m，其厚度不易小于0.3m。

（2）桥头搭板是桥头填土与桥台之间的过渡结构，搭板随土方沉降而下沉，桥头搭板下沉后影响路面平整度，造成跳车，影响行车安全。北方地区冬季因冻胀路堤会上升，春季化冻后会下沉；雨季也会造成下沉，在重车反复碾压、撞击下也会下沉。桥头搭板应完好，当桥头搭板下沉、破损、断裂及板底脱空时，应及时修复。

（3）当桥头不均匀沉降（桥头跳车）时，应及时接顺。对不均匀沉降严重的，应查明原因后处置。

6.8 标志牌

城市桥梁上各类标识标牌应鲜明醒目、完整、准确规范，不得误挂或缺失。

标志牌的养护应符合下列规定：

（1）在桥头前30~50m处应设置桥名标志，并宜在距桥头最近的路口出口处设置预告桥名标志，如桥名标志和预告桥名标志间距小于100m时，可不设预告桥名标志。桥名牌应包括桥名、建造年月。

（2）根据桥梁设计荷载，应设置相应限载标志或限制轴重标志。

（3）为防止行驶中的车辆越出行驶限界，撞击到桥梁墩柱结构、主梁结构、隧道洞口的入口两侧和顶部结构、交通标志支撑结构等限界结构，应在限界结构处设置限界结构防撞设施及标志。

（4）根据具体情况可设置慢行标志、限速标志、禁止超车、禁止危险品运输车辆标志、注意横风、易滑路面等交通标志。

(5) 桥名牌、限载牌和限高牌等标志设施应保持完好、清晰。

(6) 当桥名牌、限载牌和限高牌等标志设施松动或倾斜时，应及时修复，严重破损的应及时更换。

6.9 其他设施

其他设施的养护应符合下列规定：

(1) 桥梁的防护网、隔离带、遮光板、限高门架、绿化、夜间航空障碍灯、航道灯、照明设施、防雷装置、自动扶梯、垂直电梯等设施应完整、牢固、美观、有效，出现破损、变形等情况不能发挥其功能时，需及早维修。

(2) 遮光板及各类指示标志应完整、有效，不得误挂和缺项，遮光板既可以指示行车路线，又可以防止会车时由于逆光而造成的事故，因此，遮光板必须经常检查，一旦发现变形、缺失、损坏后应及时修复。

(3) 快速路两侧宜设置防护网，上跨快速路及铁路的天桥、有人行步道的立交桥两侧应设防护网。快速路设置防护网可有效地阻止行人的穿行，既保护行人安全，又可以确保车辆行驶安全。防护网宜采用网身轻巧、造型新颖、美观耐用的材料，整体应稳定牢固、防锈抗氧化，网身应保持完好无破洞，网上保持干净无杂物。防护网应完整、美观、有效，定期检查维护。

(4) 设置限高门架是为保证桥梁安全，防止车辆因超高撞击桥梁梁体，造成梁体损坏，限高门架应稳固，并应定期进行检查维护。对松动或被车冲撞的，应立即进行维修。反光警示标志应及时清洗，保持醒目，当油漆褪色、掉漆时，应及时进行翻新。

(5) 防雷装置对桥梁受雷击时起着均压、屏蔽等作用，保护桥体本身及桥上人和设备的安全。故桥梁防雷装置不容破坏，应经常检查。检查时应采用仪器设备对接地线电阻进行测试，对接地线电阻不满足要求的应及时更换。特别对于系杆拱桥、悬索桥、斜拉桥等特殊结构桥梁，都属于高结构物，在雷雨季节受雷击的概率较高，雷击可直接造成桥体的结构破坏和桥面行人的伤亡，还会对桥上安装的电气、通信和监控等弱电子设备造成影响。桥梁防雷装置应保持完好。避雷针接地线附近严禁堆放物品和修建任何设施。严禁挖掘地线的覆土，并应采取防冲刷措施。避雷针和引下线及地线，每年春季鸣雷前应检测。当防雷性能降低时，必须及时修理。

(6) 索塔的爬梯和工作电梯，应每季度检查保养一次。在上塔前应先检查其可靠性，严禁非检修人员登梯。爬梯宜每 5 年除锈涂漆养护一次。

(7) 桥区内绿化不仅要美观，还要不影响桥梁使用功能、耐久性和养护，不得腐蚀桥梁结构和影响桥梁安全，不得影响桥梁养护、检查和行车安全。若防护设施与绿化设施存在不协调，应以防护设施为主。桥区内绿化支架、花盆、外饰面板和绿化排水系统应完好、牢固、整洁，且每季度检查一次，当遇台风等恶劣天气时应加强巡检。支架不得锈蚀、变形、脱落，花盆不得锈蚀、开裂、失稳、坠落，外饰面板不得松动、脱落、破损。绿化排水系统应完整、排水顺畅，且无漏水现象。

（8）自动扶梯和垂直乘客电梯都属特种设备，电梯的制造、安装、维护、运营、检查、检测必须符合《中华人民共和国特种设备安全法》、《自动扶梯和自动人行道的制造与安装安全规范》（GB 16899—2011）、《特种设备使用管理规则》（TSG 08—2017）等国家法律条文及现行标准的规定。自动扶梯、垂直电梯应由专业人员维修、保养，并应执行相应安全技术标准的要求。应按规定时间进行安全检查，对安全检查不合格的严禁使用。自动扶梯停运期间不得作为人行梯道使用。

7 城市桥梁安全防护

7.1 城市桥梁安全保护区域

7.1.1 安全保护区域的基本概念

城市桥梁安全保护区域是指桥梁下的空间和桥梁主体垂直投影面周边一定距离范围内的区域，包括水域或陆域。城市桥梁养护应按结构形式、桥梁类型的不同划定城市桥梁安全保护区域范围，编制监督管理方案，发现桥梁安全隐患应及时进行处置。

由于城市桥梁结构类型复杂、可能损害城市桥梁的限制性作业行为多样、桥梁周边的水文地质条件不同，因此桥梁养护管理部门应按不同结构形式、不同类型城市桥梁的专业论证数据划定城市桥梁安全保护区域范围，同时向社会公示。

在城市桥梁安全保护区域范围内禁止下列行为：

(1) 从事采砂、取土、挖掘、爆破等危及城市桥梁安全的作业或者活动。
(2) 堆放、储存易燃易爆或者其他危险物品。
(3) 捕鱼、泊船。
(4) 其他危及城市桥梁安全的行为。

在城市桥梁安全保护区域内，从事可能影响城市桥梁安全的施工作业时，应制定城市桥梁安全保护设计方案和相应的施工方案，并签订城市桥梁安全保护协议。城市桥梁安全保护设计方案包括作业区域、作业内容、开竣工日期、技术保护措施、施工设计图纸等内容。

城市桥梁安全保护协议通常包括以下内容：

(1) 作业对城市桥梁影响的分析评估。
(2) 相关城市桥梁安全保护的设计方案。
(3) 作业的安全保护措施及施工方案。
(4) 在作业期间及后续阶段，城市桥梁的沉降、位移等监测方案。
(5) 监测资料的报送内容和形式。
(6) 施工应急预案。

(7) 其他需要的技术要求等。

在城市桥梁安全保护区域内，从事可能影响城市桥梁安全的施工作业时，对可能影响城市桥梁安全运行的，应由具有相应资质的专业检测单位进行桥梁结构检测，编制检测报告，并根据检测结果采取相应的加固措施。同时应由具有相应资质的专业检测单位编制监测方案，施工作业期间，对相关城市桥梁进行动态监测，并定期报送城市桥梁动态监测记录。

动态监测的主要内容应包括：

(1) 安全保护区域内地面沉降、土体侧移。

(2) 城市桥梁的垂直位移、水平位移等。

(3) 城市桥梁的墩台、基础、支座和接头连接部分的位移、转角等。

(4) 影响城市桥梁安全的其他监控内容。

对城市桥梁进行动态监测前，应根据使用情况、现有状态及设计要求制定其沉降、位移的监控值及报警值。

7.1.2 安全保护区域的划分

在城市桥梁安全保护区域内可能影响城市桥梁安全的施工作业行为包括：

(1) 河道疏浚、河道挖掘等施工作业。

(2) 建筑打桩、修建地下结构物、盾构顶进、管线顶进、（架）埋设管线、爆破、基坑开挖、降水工程等作业。

(3) 大面积堆物或减少载荷量超过 $20kN/m^2$ 的作业。

(4) 其他可能损害城市桥梁的作业。

根据可能影响城市桥梁安全的不同的施工作业行为，有以下几种城市桥梁安全保护区域的划分方法。

(1) 基坑工程的城市桥梁安全保护区域

基坑开挖会对桥梁周边土体造成一定的扰动，从而引起桥梁沉降、倾斜、转动等，改变桥梁结构受力，甚至其内力变化将超出桥梁承载能力，造成桥梁破坏。对此，应采取相应技术措施提高基坑安全度，并采取必要的监测和保护措施，确保桥梁结构安全，使用功能完备。

基坑工程安全等级应根据环境条件、工程地质条件、水文地质条件等进行划分。为便于桥梁养护管理人员操作，将基坑工程根据开挖深度划分为三级，如表 7-1 所示。

表 7.1 基坑安全等级划分

基坑安全等级	开挖深度 H（m）
一级基坑工程	$H>12$
二级基坑工程	$7 \leqslant H \leqslant 12$
三级基坑工程	$H<7$

基坑工程的城市桥梁安全保护区域按表 7-2 划分。

表 7-2　按基坑工程划分的城市桥梁安全保护区域

桥梁类型	桥梁安全保护区域（m）		
	一级基坑	二级基坑	三级基坑
特大桥	75	65	55
大桥	65	55	50
中桥	55	50	45
小桥、涵洞	50	45	40

注：桥梁类型划分参考《城市桥梁设计规范》(CJJ 11—2011)。

对于列为近代优秀保护建筑或文物的桥梁，需提高保护等级，按大桥划定保护区域，并应进行专项设计，经评审通过后方可实施。

（2）桩基工程的城市桥梁安全保护区域

按成桩方法和对周围土体扰动程度的不同，将桩基工程分为三类：

① 挤土桩，主要是各类打入或压入的预制桩、封底的钢管桩和混凝土管桩、沉管灌注桩等。

② 部分挤土桩，主要是各类打入或压入的 I 型或 H 型钢桩、钢板桩、开口式的钢管桩、螺旋桩等。

③ 非挤土桩，主要是各类挖孔或钻孔桩、预钻孔埋入桩等。

由于部分挤土桩的挤土程度难以定量确定，出于安全考虑，把部分挤土桩归入挤土桩的类别中，按挤土桩和非挤土桩两大类进行管理。

桩基工程的城市桥梁安全保护区域按表 7-3 划分。

表 7.3　按桩基工程划分的桥梁安全保护区域

桥梁类型	桥梁安全保护区域（m）	
	挤土桩	非挤土桩
特大桥	80	40
大桥	60	30
中桥	50	25
小桥、涵洞	40	20

注：桥梁类型划分参考《城市桥梁设计规范》(CJJ 11—2011)。

（3）修建地下结构物、盾构顶进、埋设管线、降水工程等作业的城市桥梁安全保护区域，可划为桥梁垂直投影面周边各 60m 范围。

（4）疏浚作业的城市桥梁安全保护区域可划为桥梁跨越的河道上下游（桥梁垂直投影面两侧）各 30m 范围。

（5）爆破作业的城市桥梁安全保护区域可划为桥梁垂直投影面周边 200m 范围。

（6）堆载（或卸载）作业的城市桥梁安全保护区域可划为桥梁垂直投影面周边 50m 范围。

（7）跨江、河桥梁河道上下游两侧各 200m 范围内的水域、50m 范围内的陆域。

（8）立交桥、高架桥和人行天桥两侧各 5m 范围内的陆域。

7.2 超重车辆过桥

7.2.1 超重车辆过桥前的准备工作

超重车辆是指其车辆总重或轴重超出桥梁设计荷载标准或城市桥梁养护管理部门公布的限定荷载标准的车辆。城市桥梁应设置限载标志，限定荷载标准可依据各地区城市桥梁设计荷载、技术状况、交通状况等具体情况确定。限载标志应符合现行国家标准《道路交通标志和标线 第2部分：道路交通标志》（GB 5768.2）的规定。

超重车辆过桥前，应根据城市桥梁的实际状况，进行一次全面检查与检测。检测桥梁的结构性能及桥梁的各项技术状况，并检查车辆是否办理通行手续、检查超重车辆的各项技术状况。根据检查与检测结果，采用检算和荷载试验的方法，对城市桥梁实际承载能力进行评定，保证桥梁的安全性，使其处于良好的技术状态，确保其使用寿命，保证道路的正常运营。

超重车辆通过桥梁前，应经设计单位专项验算，必要时应进行加固设计和采取相应技术措施，并应详细记录存档。超重车辆过桥应由桥梁养护管理部门组织评估，评估的主要依据包括：车辆的主要技术指标；桥梁的设计文件（或竣工文件）及其他技术档案资料；对桥梁现状进行现场检测的数据；设计单位专项验算文件等。

当车辆荷载超过桥梁承载能力时，应由桥梁养护管理部门进行评估、加固。加固应由桥梁设计单位验算和进行加固设计，并经养护管理单位审核后方可实施。超重车辆过桥前的加固措施应重点满足超重车辆过桥的承载力要求，并兼顾对桥梁原有损伤的加固和提高桥梁耐久性的要求，必要时应组织专家论证。

当超重车辆通过桥梁时，应观测记录桥梁位移、变形、裂缝发展变化情况等，必要时，还应观测应力、应变等，并及时反馈记录。不同桥型的应力、应变观测资料可以为桥梁运营和同类桥梁的超重车辆过桥提供参考。

当超重车辆通过桥梁 0.5h 后，首先应当对主梁线形进行测量，看是否留下残余挠度，并检查桥面及主梁有无可见的裂缝，伸缩缝有无损坏。如有异常，则应组织有关专家讨论修补或加固处理方案。此外，还应对吊索、主缆等进行力学性能检查，对锚室顶板、桥墩及支座等进行检查。

7.2.2 超重车辆过桥措施

当车辆荷载超过桥梁限载的车辆通过桥梁时，应采取技术措施，由城市桥梁主管部门的专门技术人员组织指挥，并应详细记录存档。超重车辆过桥通常可采用下列措施：

（1）小跨径桥梁和圬工拱桥，在下部结构和地基受力许可条件下，可在桥面上临时设钢梁或木梁，大梁上铺设木桥面板，以供重车直接行驶。常用的有全桥跨越法和部分跨越法，如图 7-1 和图 7-2 所示。

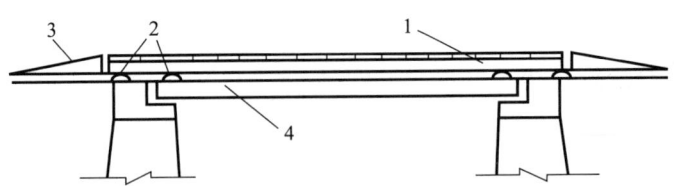

图 7-1　全桥跨越法示意
1—加固梁；2—枕木；3—跳板；4—原有上部结构

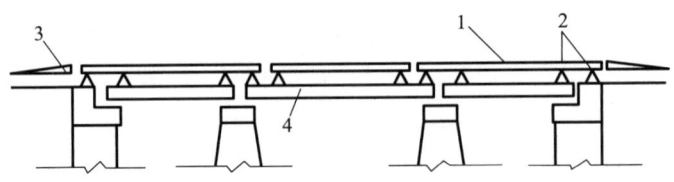

图 7-2　部分跨越法示意
1—加固梁；2—枕木；3—跳板；4—原有上部结构

（2）较大跨径和技术情况复杂的桥梁，应委托设计部门进行加固设计。

（3）梁式桥采用在桥下设临时支撑，以减小跨径，但应验算梁的强度。临时支撑不得影响城市正常的交通。

（4）通过加固无法达到通过超重车辆通行要求的桥梁，宜进行改建，或者在原桥的附近修建临时便桥通过。

超重车辆通过桥梁，应选用多轴多轮的运载车辆，并应选取桥梁技术状况较好、加固工程费用较低的路线通过。多轴多轮的运载车辆可以改善桥面的应力状况，对于轮压超过设计要求的车辆还应进行局部应力分析或者采用临时铺装层等方法减小应力集中。

当车辆荷载超过桥梁限载的车辆通过桥梁时，应符合下列规定：

（1）应临时禁止其他车辆过桥。

（2）应沿桥梁的中心行驶，车速不得超过 5km/h。

（3）不得在桥上制动、变速、停留。

对大跨径桥梁，超重车与拖车应按照桥梁荷载受力影响线保持一定车距，临时禁止其他车辆通行，以改善超重车过桥时的受力状况。

当超重车辆通过桥梁时，应观测记录桥梁位移、变形、裂缝发展变化情况等，必要时，还应观测应力、应变等，并及时反馈记录。不同桥型的应力、应变观测资料可以为桥梁运营和同类桥梁的超重车辆过桥提供参考。

7.3　桥下空间

7.3.1　桥下空间利用的原则

城市桥梁桥下空间是指桥梁垂直投影面下除水面、铁路、道路以外的空间及场地。

桥下空间属于城市桥梁安全管理范围，城市桥梁桥下空间应统一规划、管理，合理、科学、安全使用。

未经批准，任何单位和个人不能擅自利用城市桥梁桥下空间。

桥下空间使用应满足城市桥梁安全需求，宜用于停放车辆、设置道路养护管理设施或进行绿化。桥下空间不得用于商贸、餐饮、娱乐、机动车辆维修场地等用途。禁止在城市桥梁下的陆域空间从事搭建建（构）筑物等妨碍桥梁检测与维护的活动。

以"安全、有序、整洁、规范、美观"为目标，对城市桥梁桥下空间进行科学、合理利用，建立长效管理机制，保障桥梁完好、安全，有序利用桥下空间，使桥梁桥下空间成为美化城市、便民利民的新亮点。

城市桥梁桥下空间的利用应当遵循"安全第一、公益优先、合理利用、兼顾现状、整体协调"的原则，合理利用桥下空间。桥下空间利用不得影响城市桥梁日常养护、维修、检测作业。

（1）安全第一。桥下空间依附于桥梁结构而产生，只有在确保桥梁安全和道路通行安全的前提下才可以对桥梁桥下空间进行利用。

（2）公益优先。桥下空间具有较强的公共属性，应当在优先满足公共需求的前提下，进一步发挥其更多的实用价值。

（3）合理利用。应当科学规划，集约利用桥下空间资源，改变现有粗放式管理方式，适当配套城市基础设施。

（4）兼顾现状。对于现状利用符合周边规划和安全规定的桥下空间，应允许其按照目前利用方式继续利用。

（5）整体协调。桥下空间利用应与城市整体市容达成和谐，使用用途尽量和周边景观相融合，有利于提升城市魅力。

城市桥梁日常养护、维修需占用桥下空间，使用单位必须积极配合，桥下搭建建（构）筑物不得影响桥梁检测作业。

7.3.2 桥下空间利用的要求

城市桥梁桥下空间利用应当首先用于城市绿化建设，也可用于道路抢修、抢险和养护、维修材料、设施、设备停放；临时汽车停车场、公交站（场）、出租车待客点、公共自行车站点等公共交通设施类利用。城市桥梁桥下空间利用原则上不得用于商业开发。

桥下空间使用单位负责桥下空间的日常管理和维护工作，必须达到"安全、有序、整洁、规范、美观"的要求，桥下搭建建（构）筑物应征得城市桥梁养护管理部门同意。当桥下搭建建（构）筑物时，与桥梁底面、桥墩、桥台的距离不应少于1.5m，且不得将桥墩、桥台封闭在内，同时应采取措施保护桥梁设施。

城市桥梁桥下空间的利用和设施建设应当符合以下要求：

（1）桥下空间利用应当预留桥梁检修作业空间和安全通道，并设置保护桥梁墩柱、排水管道等的设施。桥下空间利用不得影响桥梁安全、检测、养护维修和使用功能，并符合救急、抢修、消防等要求。

（2）桥下空间的利用设计，要配套照明、绿化、消防、交通安全、标志、标线、安防监控等设施。

（3）水、电等管线应敷设于自然地面以下，不得悬空架设。特殊情况需要依附桥梁设施的，应当按照规定办理审批手续，且不得破损桥梁设施。

（4）桥下若有路线交叉的，桥下所建设施不应遮挡路线交叉处各种道路交通标志、标线，应确保过往车辆和行人通视良好，保障正常通行。

（5）桥下空间用于绿化的，绿化应符合道路建设管理和技术规范要求，不得覆盖、腐蚀桥梁结构和影响桥梁安全。

（6）桥下空间用于城市管理设施的，场地内应整洁、平整、防滑，并满足排水要求。城市管理配套用房应当采用轻质、牢固、阻燃、耐用材料。严禁设置燃气、电炉及进行明火作业。设施内机具停放应划分固定区域，并采取防尘措施。场内应当设置灭火器，醒目处设置"严禁火种"禁令标志。

（7）桥下空间用于停车场的，停车场应平整、防滑，并满足排水强度要求。出入口须设置限高防撞设施标志。停车场内应示明通道、车辆走向路线、停车车位等交通标志标线。桥梁墩柱周边应设置防撞设施。禁止停放化学危险品车辆和其他装载易燃易爆物品的车辆。公交站（场）的设置应按照国家相关规范实施。停车场可根据实际需求增设充电桩等配套服务设施。

（8）桥下空间利用施工作业时，施工机具设备和临时堆积物（堆土）不得影响桥身、桥墩（台）的安全。

城市桥梁桥下空间利用的日常管理按照"谁使用、谁负责"的原则，由使用桥下空间的单位负责维护和保养，履行秩序管理。桥下空间使用单位不得擅自改变桥下空间使用用途或以任何形式转让给第三方。

城市桥梁桥下空间使用单位使用城市桥梁桥下空间，应当对城市桥梁设施采取防撞、防碰、防擦等保护措施，与城市桥梁设施保持安全间距，保证城市桥梁设施正常的养护维修，确保城市桥梁设施安全运行。

城市桥梁桥下空间范围内禁止下列行为：

（1）设立生产、储存、销售易燃、易爆、剧毒、放射性等危险物品场所、设施，或者停（堆）放、装（卸）载危险物品。

（2）设立洗车、修车、加油、商业、餐饮、娱乐、集贸市场等各种经营场所、设施。

（3）用于生产、生活、居住或者使用燃气、电炉及明火。

（4）擅自对交通安全、通信、监控、收费、供电、防护构筑物、上下水、管理用房等桥梁附属设施设备进行拆改或者填塞，损坏排水管（沟），以及其他任何有损桥梁附属设施设备的行为。

（5）损坏、骑压、占用各类地下管线及相关设施和附属物。

（6）乱搭建、乱开挖、乱堆倒、乱涂贴、乱摆卖等。

（7）法律、法规、规章和规范性文件等禁止的其他行为。

城市桥梁桥下空间使用单位应建立健全消防安全管理制度、环境卫生管理制度，并应满足以下要求：

（1）按消防部门规定配备足够的消防设备，定期检查维修，保持完好和有效性，灭火器周围不得存放其他物品。桥下消防通道内不得停放车辆或杂物。

（2）桥下空间不得存放汽油、柴油等易燃、易爆、化学危险品。

（3）桥下空间场地不得加油、使用煤气罐及明火。

（4）桥下空间应保持清洁卫生，保证空间内干净整洁，地面无垃圾、杂草、堆放物、污水、污迹，墙面无乱贴、乱画、乱挂及小广告等。

（5）护栏或护网应保持完整、清洁，不得悬挂物品。

（6）桥下空间地面应采用沥青混凝土、水泥混凝土或石材等硬质材料铺装。地表面要平整、完好，不得有坑洞、碎裂，保证排水通畅无积水。

（7）桥下空间使用单位应制定消防预案、防汛预案，并定期组织演练。

因交通、道路运营需要或新建、改建、扩建及大中修养护需要利用桥下空间的，桥梁管养单位应收回桥下空间使用权，使用桥下空间的单位和个人应无条件退让。当使用桥下空间的桥跨结构出现重大安全隐患时，桥梁管养单位（或桥梁业主）应通知桥下空间使用单位停止桥下空间的一切活动。

对未利用的桥下空间，桥梁管养单位在条件允许的情况下应因地制宜设置护栏、种植绿化，或进行封闭隔离，加强巡查，做好道路桥梁保护工作。

参考文献

[1] 中华人民共和国交通运输部. 公路桥梁承载能力检测评定规程: JTG/T J21—2011 [S]. 北京: 人民交通出版社, 2011.

[2] 中华人民共和国住房和城乡建设部. 城市桥梁工程施工与质量验收规范: CJJ 2—2008 [S]. 北京: 中国建筑工业出版社, 2008.

[3] 河南省住房和城乡建设厅. 城市桥梁检测技术规程: DBJ41/T127—2013 [S]. 郑州: 郑州大学出版社, 2013.

[4] 中华人民共和国交通运输部. 公路桥涵设计通用规范: JTG D60—2015 [S]. 北京: 人民交通出版社, 2015.

[5] 中华人民共和国交通运输部. 公路钢筋混凝土及预应力混凝土桥涵设计规范: JTG 3362—2018 [S]. 北京: 人民交通出版社, 2018.

[6] 中华人民共和国交通部. 公路圬工桥涵设计规范: JTG D61—2005 [S]. 北京: 人民交通出版社, 2005.

[7] 中华人民共和国交通运输部. 公路桥涵地基与基础设计规范: JTG 3363—2019 [S]. 北京: 人民交通出版社, 2019.

[8] 中华人民共和国建设部. 城市人行天桥与人行地道技术规范: CJJ 69—95 [S]. 北京: 中国建筑工业出版社, 1995.

[9] 中华人民共和国住房和城乡建设部. 城市桥梁养护技术标准: CJJ 99—2017 [S]. 北京: 中国建筑工业出版社, 2017.

[10] 张光海. 城市桥梁养护指南 [M]. 郑州: 黄河水利出版社, 2015.

[11] 姚玲森. 桥梁工程 [M]. 2版. 北京: 人民交通出版社, 2008.

[12] 刘龄嘉. 桥梁工程 [M]. 北京: 人民交通出版社, 2006.

[13] 钟华栋. 浅谈大跨度钢箱梁悬索桥典型病害及研究 [J]. 四川建材, 2017 (7): 138-139.